STATISTICAL TABLES OF NATIONAL INCOME,
EXPENDITURE AND OUTPUT OF THE U.K. 1855-1965

published under the joint auspices of
THE   NOMICS

                    ONOMIC SOCIETY
            tables previously published as part of
National Income, Expenditure and Output of the United Kingdom, 1855-1965
(*Studies in the National Income and Expenditure of the United Kingdom,* Volume 6)

STATISTICAL TABLES OF NATIONAL INCOME, EXPENDITURE AND OUTPUT OF THE U.K. 1855-1965

C. H. FEINSTEIN

UNIVERSITY LECTURER AND FELLOW OF
CLARE COLLEGE CAMBRIDGE

CAMBRIDGE UNIVERSITY PRESS

CAMBRIDGE
LONDON · NEW YORK · MELBOURNE

Published by the Syndics of the Cambridge University Press
The Pitt Building, Trumpington Street, Cambridge CB2 1RP
Bentley House, 200 Euston Road, London NW1 2DB
32 East 57th Street, New York, NY 10022, USA
296 Beaconsfield Parade, Middle Park, Melbourne 3206, Australia

© Department of Applied Economics, University of Cambridge 1972

Library of Congress catalogue card number: 76-19627

ISBN 0 521 21396 7

First published as part of *National Income, Expenditure and Output of the
United Kingdom, 1855-1965* 1972
Issued separately, with a new introduction 1976

Printed in Great Britain
at the
University Printing House, Cambridge
(Harry Myers, University Printer)

INTRODUCTION

The present volume is published with the generous support of the Royal Economic Society and the Department of Applied Economics, University of Cambridge, in order to make more widely available the long-run estimates of national income and related series originally published in 1972 under the title *National Income, Expenditure and Output of the United Kingdom, 1855-1965* (*N.I.E.O.*). This was the sixth and final volume of the *Studies in the National Income and Expenditure of the United Kingdom* edited by Professor Stone.

The primary object of *N.I.E.O.* was to bring together in a single volume a complete set of national accounts for the inter-war years (1920-38) in a form which was as nearly as possible consistent in concept and definition with the official estimates published for 1948-65 by the Central Statistical Office,[1] and to extend these wherever possible to cover the years from 1855 to 1920 and from 1938 to 1948. These estimates of national income, expenditure and output at current and constant prices were supplemented by long-run series for the capital stock, population, employment and unemployment, prices and wages. The 65 tables containing these series were accompanied by a lengthy text which included for every series a statement of the definitions adopted; a brief indication of the sources and methods of estimation for those series based on the published work of others, and a detailed statement for series presented for the first time in *N.I.E.O.*; and an assessment of the consistency and reliability of each series.

Users of the present work will need to refer to *N.I.E.O.* for a full account of the definition or method of estimation of any particular series but the following brief comments may be helpful.

Summary tables

Table 1 runs from 1855 and represents the aggregation of factor incomes to show G.D.P., G.N.P. and N.N.P., all *at current factor cost*. The aggregates for 1948-65 differ from those in the Blue Books because the residual error (i.e. the difference between the income and expenditure side estimates) is not treated as a component of the income estimates but is shown separately in Table 4. In this, as in most other tables, two estimates are given for 1920: the first is consistent with earlier years both in definition and in the inclusion of Southern Ireland; the second is consistent in definition with later years and covers the United Kingdom of Great Britain and Northern Ireland. The extent of these differences in 1920 is indicated below.

Tables 2 and 3 provide alternative estimates of G.D.P. and G.N.P. at current factor cost and at market prices built up from the expenditure side; and in Table 4 this estimate of G.D.P. at factor cost is compared with the estimate derived from the income data. A 'compromise estimate' is then calculated by taking an arithmetic mean of the two series after certain adjustments to the expenditure estimates; the differences between the two series and the construction of the compromise estimate are discussed in detail in *N.I.E.O.*, pp. 12-18.

Table 5 again covers the period 1870-1965 from the expenditure side, but here the estimates are given *at constant prices*. For this four main price bases are used: 1900 prices for 1870-1913, 1938 prices for 1913-48, 1948 prices for 1938 and 1948, and 1958 prices for 1948-65. Given these sets of constant price estimates it is possible to obtain a very rough indication of the changes in the volume of expenditure over the whole period by calculating a single quantity index in which the separate links are chained together, and this is done in Tables 6 and 7. The first and second links are spliced together at 1913, a Fisher 'ideal' index is used for 1938 to 1948 and the fourth link is spliced on at 1948.

A broadly similar procedure was followed for the estimates of output at constant prices in Table 8, though there are certain differences in the underlying base years. The index for G.D.P. at constant

---

[1] The C.S.O. estimates were based mainly on *National Income and Expenditure 1968* (the 'Blue Book'), H.M.S.O., 1968. A detailed description of these estimates is given in *National Accounts Statistics: Sources and Methods*, H.M.S.O., 1968.

factor cost from the output side is compared in Table 6 with the expenditure side index and also with a third index obtained by dividing the current price estimate of factor incomes by the implied price deflator for G.D.P. derived from the expenditure estimates. A 'compromise estimate' for real output is then derived by taking the mean of the output, expenditure and income indices. For further discussion of these series see *N.I.E.O.*, pp. 18-20.

Sector tables

As in the Blue Book the economy is divided into five sectors. The first covers all *persons* and also certain non-profit-making bodies serving individuals, the life funds of life assurance companies and the funds of occupational pension schemes. The second covers *corporate productive enterprises,* both companies and public corporations. There is a third sector for the transactions of the *Central Government* and a fourth for that of *local authorities*; and the final sector, representing the *rest of the world*, is designed to record all transactions between residents of the United Kingdom and non-residents.

A revenue and expenditure account for each of the five sectors is given in Tables 10 to 13 and 15, and Table 14 aggregates the accounts for the Central Government and local authorities to provide a summary of the transactions of the public authorities (but not public corporations) with the other sectors. In each of the sector tables the attempt is made to eliminate all intra-sector transactions. In Table 16 the estimates of savings by each sector (before providing for depreciation and stock appreciation) are brought together in a combined capital account; and after adjustment for stock appreciation and the residual error are related to the estimates of total investment, i.e. gross domestic fixed capital formation, stockbuilding and net investment abroad.

Consistency of the estimates

Most of the component national accounts series (see Tables 21-54), on which the summary and sector tables are based, are the product of separate and generally independent sets of estimates for three main sub-periods: pre-1914 (or 1920), 1920-38 and 1948-65, with heavy reliance on interpolation to fill in the two war-time periods. There are, quite commonly, major differences between the periods in their underlying sources and methods of estimation, and the main breaks in the long-run continuity of the series are thus most likely to occur in 1920 and in 1938.

The conclusion drawn in *N.I.E.O.* after a detailed review of all the possible sources of inconsistency in the series was that the G.D.P. or G.N.P. estimates and their major components – at current and at constant prices – can for most purposes be regarded as continuous series, consistently defined and measured, over the whole period from 1855 to 1965.[1] There are a number of identified breaks, the most important of which are listed below, but it is only for detailed analysis of short-term fluctuations around the years 1920 or 1938 that these are likely to be a material factor in the use of the data.

On the income side the main discontinuity around 1938 is in the series for income from self-employment, where the rise from £615 m. in 1938 to £696 m. in 1939 shown in Table 1 somewhat overstates the actual increase.[2]

The series for rent and trading profits have minor and offsetting changes in definition between 1938 and 1939.[3] Since they are offsetting they have no effect on G.D.P. or G.N.P., and they are too small to be of significance relative to the profits series; but they are sufficiently large in relation to the estimates for rent to warrant a certain caution in any analysis of movements in income from rent around 1938.

The difference between the two estimates given for 1920 for the income series (e.g. in Table 1 or 21) results partly from changes in definition or estimation which are made at this point, and partly from the inclusion of Southern Ireland in the first estimate (and in earlier years) but not in the second estimate (or in later years). A reconciliation of the two sets of estimates for 1920 is shown below (£m.):[4]

---

[1] See *N.I.E.O.*, pp. 8-10 for further comment on the consistency of the series. The above conclusion does not apply to the capital stock data discussed on p. viii below.
[2] This occurs because the present estimate for non-farm income from self-employment (see Table 29) ends in 1938 at a lower level than the Blue Book estimate for 1938 which was taken with the corresponding estimate for 1946 as the basis for the interpolation for 1939-45. The difference occurs in the estimation of necessarily uncertain items such as the allowance to be made for incomes evading tax. For further discussion see *N.I.E.O.*, pp. 42-3 and 138.
[3] See further *N.I.E.O.*, pp. 9, 157 and 181.
[4] See also *N.I.E.O.*, p. 10. For further details see *N.I.E.O.* as follows: rows 4 and 5: pp. 157 and 181; row 6: pp. 128 and 157; row 7: p. 33.

	Income from employment	Farm income	Non-farm income from self-employment and gross trading profits of companies	Rent	G.D.P.
1. Pre-1920 basis (U.K.)	3,525	197	1,233	259	5,434
2. *Less* Southern Ireland	123	36	25	11	195
3. Pre-1920 basis (G.B. + N.I.)	3,402	161	1,208	248	5,239
4. Owner-occupied trading property	.	.	+43	−43	.
5. Royalties, etc.	.	.	−19	+19	.
6. Bank interest, financial concerns, etc.	.	.	−20	.	−20
7. Casual earnings, etc.	+47	.	.	.	+47
8. Post-1920 basis (G.B. + N.I.)	3,449	161	1,212	224	5,266

On the expenditure side there are no major discontinuities at either date, and the difference between the two estimates given for 1920 is the amount allowed for Southern Ireland.

Reliability of the estimates

The reliability of the estimates is considered in detail in *N.I.E.O.*, with assessments based partly on comparison with other estimates, partly on the comparison of the independent estimates provided (e.g. for G.D.P. from income and from expenditure data in Table 4), and partly on a subjective evaluation of the likely margins of error in each series. *N.I.E.O.* should be consulted for full details but the following summary of the reliability grades suggested for the main series may be a useful reminder of the approximate nature of many of the series.

Reliability grades for the main series of income and expenditure 1855–1938

	pre-1870	1870–89	1890–1913	1924–38
Income from employment	C	C	B	A
Income from self-employment	} D	C	C	B
Gross trading profits of companies			B	B
Gross trading surplus of public corporations	.	.	.	A
Rent	B	B	B	B
Net property income from abroad	C	C	B	B
Consumers' expenditure	.	C	B	A
Public authorities' current expenditure	.	B	B	A
Gross domestic fixed capital formation	C	C	B/C	B
Stockbuilding and stock appreciation	D	D	D	D
Exports and imports of goods and services	C	B	B	B
Taxes on expenditure	.	B	A	A
G.D.P. or G.N.P.	C	C	B	A

Grade	Margin of error
A = Firm estimates	± less than 5%
B = Good estimates	± 5% to 15%
C = Rough estimates	± 15% to 25%
D = Conjectures	± more than 25%

Revision of the estimates since N.I.E.O.

As noted above the estimates for 1948-65 were generally taken from the 1968 Blue Book, and a number of the figures for this period have been the subject of minor revisions in subsequent Blue Books. However, the effect of these is slight and the main series given in the latest (1975) Blue Book for 1965 and earlier years are not significantly different: for example, for the income and expenditure estimates of G.N.P. at current factor cost the latest estimates for 1965 are respectively 0.3% and 1.2% higher than the estimates given in Tables 1 and 2. The current price estimates for 1948-65 thus remain broadly correct, and they can be extended to 1974 from the 1975 Blue Book without serious inconsistency in definition or measurement. The constant price series are also essentially unchanged except that the estimates in money terms are currently shown at 1970 prices (and not, as in Table 5, at 1958 prices) but the base years underlying the estimates (and the corresponding indices of real output) have not been changed prior to 1963.

With two exceptions the estimates for years prior to 1948 remain as published in *N.I.E.O.* The first, and most important, exception is the series for the stock of fixed capital (Tables 43-46) and this in turn has consequences for the estimates of capital consumption and of net domestic fixed capital formation, and also affects the capital per worker and capital-output ratios given in Table 20. The second is the estimate for the book value of stocks and work in progress in Table 49.

The basic weakness in the capital stock series relates to the estimates for 1855-1919. These were originally published (*N.I.E.O.*, p. 198) with 'loud warnings as to their margin of error', and it was said that of all series in the book this was the one with the 'best claim for early revision'. Research undertaken since 1972 has unfortunately shown that these warnings were fully justified. A paper on 'Capital Accumulation and Economic Growth in Great Britain, 1760-1860' to be published in 1977 in the *Cambridge Economic History of Europe,* Volume VII, provides for the first time a reasonably reliable foundation for estimates of the capital stock in the mid-nineteenth century, and indicates that the estimates derived in *N.I.E.O.* by extrapolating backwards from 1920 produce an estimate for *c.* 1860 which is very much too high. It is not yet possible to make revised estimates for the period 1855-1920 but it seems likely that the estimates for the *gross* stock should be reduced by about 25% at the beginning of the period, with the correction diminishing steadily to perhaps 5-10% by 1914. I hope in due course to provide a complete and consistent series covering the whole period 1760 to 1948, but for the present the series for 1855-1920 in Tables 43, 44 and 46 should be regarded as withdrawn, and the problem of the large discrepancy in 1938 (see *N.I.E.O.*, p. 199) remains.

The other series which will be revised in the light of the subsequent work on the period prior to 1860 is the estimate for the book value of stocks; preliminary results suggest that the estimates for 1856 and 1870 given in Table 49 are significantly too low, and this might also apply to 1900 and 1913.

Errata

Table 9, page T27: 1927
    Stock appreciation: £18 m. should be £28 m.
    G.D.P. at factor cost: £4014 m. should be £4024 m.
Table 16, page T40: 1927
    Stock appreciation: £18 m. should be £28 m.
    Residual error: £121 m. should be £111 m.
Table 43, page T97: 1913
    Dwellings: £3.15 b. should be £3.51 b.

TABLES 1–65

LIST OF TABLES

SUMMARY TABLES

1. Factor incomes in the gross national product, 1855–1965 — T4
2. Gross national product by category of expenditure, 1870–1965 — T8
3. Final expenditure, gross domestic and gross national product – at market prices and at factor cost, 1870–1965 — T10
4. The residual error and a compromise estimate of gross domestic product at factor cost, 1870–1965 — T12
5. Gross domestic and gross national product, by category of expenditure at constant prices, 1870–1965 — T14
6. Index numbers of gross domestic product at constant factor cost, 1855–1965 — T18
7. Index numbers of the main categories of expenditure and of gross national product at constant factor cost, 1870–1965 — T21
8. Index numbers of output at constant factor cost, 1855–1965 — T24
9. Gross domestic product by industry and type of income, 1920–38 — T26

SECTOR TABLES

10. Personal income and expenditure, 1920–38 and 1946–65 — T28
11. Corporate income appropriation account, 1920–38 and 1946–65 — T30
12. Current account of Central Government (including National Insurance Funds), 1900–65 — T31
13. Current account of local authorities, 1900–65 — T33
14. Current account of combined public authorities, 1900–65 — T35
15. International transactions, 1870–1965 — T37
16. Combined capital account, 1920–38 and 1946–65 — T40

SELECTED RATIOS

17. Income, consumption and real income, per head of the population, 1855–1965 — T42
18. Percentage distribution of gross domestic product at current prices by factor incomes, 1855–1965 — T44
19. Percentage distribution of gross national product at constant prices, by category of expenditure, 1870–1965 — T47
20. Indices of output, labour and capital; and ratios of output to labour, capital to labour and capital to output, at constant prices, 1855–1965 — T51

PERSONAL INCOME AND EXPENDITURE

21. Income from employment, 1855–1965 — T54
22. Income from employment by industry, 1920–38 — T57
23. Farm incomes, 1855–1946 — T60
24. Consumers' expenditure at current prices, 1900–65 — T61
25. Consumers' expenditure at constant prices, 1900–65 — T65

GROSS TRADING PROFITS

26. Gross trading profits of companies, public corporations, local authority trading enterprises; and non-farm income from self-employment – main industrial orders, 1920–38 — T70
27. Gross trading profits of companies, public corporations, local authority trading enterprises; and non-farm income from self-employment – manufacturing and other industries, 1920–38 — T71
28. Gross trading profits of companies, public corporations, local authority trading enterprises; and non-farm income from self-employment – transport, distribution and finance, 1920–38 — T73
29. Gross trading profits of companies, public corporations, local authority trading enterprises; and non-farm income from self-employment – by type of enterprise, 1889–1913 and 1920–38 — T74
30. Gross trading profits of companies, public corporations, local authority trading enterprises; and non-farm income from self-employment – by industry and type of enterprise, 1927 and 1937 — T75
31. Gross trading profits of companies and public enterprises, distinguishing 'sometime nationalised' and 'never nationalised' industries, 1920–38 and 1948–65 — T76

CORPORATE INCOME

32. Corporate income appropriation account, 1920–38 — T77

CENTRAL GOVERNMENT

33. Central Government current expenditure on goods and services, at current and at constant prices, 1920–38 — T78
34. Central Government capital account, 1920–38 — T79

LOCAL AUTHORITIES

35. Local authority current expenditure on goods and services, at current and at constant prices, 1920–38 — T80
36. Local authority capital account, 1920–38 — T81

BALANCE OF PAYMENTS

37. Balance of payments, current account, 1900–65 — T82
38. Invisible items, 1920–38 — T84

LIST OF TABLES

CAPITAL FORMATION

39 Gross domestic fixed capital formation at current prices, by type of asset and by sector, 1856–1965 T 85
40 Gross domestic fixed capital formation at constant prices, by type of asset, 1856–1965 T 88
41 Gross domestic fixed capital formation at current prices, by industry, 1882–1938 and 1948–65 T 91
42 Gross domestic fixed capital formation at constant prices, by industry, 1882–1938 and 1948–65 T 94
43 Gross and net reproducible capital stock at constant replacement cost, by type of asset, 1855–1965 T 96
44 Gross reproducible capital stock at constant replacement cost, by industry, selected years, 1880–1965 T 99
45 Gross reproducible capital stock at constant replacement cost, manufacturing industry, 1920–38 and 1948–65 T 101
46 Gross and net reproducible capital stock at current replacement cost, by type of asset, 1855–1965 T 103
47 Net domestic fixed capital formation at current prices, by type of asset, 1856–1965 T 106
48 Net domestic fixed capital formation at constant prices, by type of asset, 1856–1965 T 108
49 Book value of stocks and work in progress, selected years, 1856–1965 T 110
50 Overseas assets less liabilities, at current prices, selected years, 1856–1965 T 110

REAL PRODUCT

51 Index of industrial production, by main orders, 1855–1965 T 111
52 Index of industrial production, selected manufacturing industries, 1855–1948 T 114
53 Index numbers of output at constant factor cost, distribution and other services, 1855–1965 T 116
54 Index numbers of output at constant factor cost, Great Britain, 1855–1920 T 118

POPULATION AND LABOUR FORCE

55 Mid-year home population of Great Britain and Ireland, 1855–1965 T 120
56 Population of the United Kingdom, classified by age, 1861–1965 T 123
57 Working population, employment and unemployment, 1855–1965 T 125
58 Employment and unemployment, 1920–38 T 128
59 Total persons in employment, by industry, 1920–38 and 1948–65 T 129
60 Classification of the total working population by industry, census years, 1861–1911 T 131

PRICES AND WAGES

61 Price indices for main categories of goods and services, 1870–1965 T 132
62 Price indices for consumers' goods and services, 1900–65 T 134
63 Price indices for capital goods, 1855–1965 T 136
64 Price indices for exports and imports of goods, and terms of trade, 1870–1965 T 139
65 Indices of wage rates, wage earnings and retail prices, 1855–1965 T 140

TABLE 1 FACTOR INCOMES IN THE GROSS NATIONAL PRODUCT, 1855–1965

(£M.)

	Income from employment[a] (1)	Income from self-employment[a] (2)	Gross trading profits of companies[a] (3)	Gross trading surplus of public corporations[a] (4)	Gross trading surplus of other public enterprises[a] (5)	Rent[b] (6)	Total domestic income[a] (7)	Stock appreciation (8)	Gross domestic product at factor cost (9)	Net property income from abroad (10)	Gross national product[c] (11)	Capital consumption (12)	Net national product (13)
1855	328		208			93	629	...	629	13	642	47	595
1856	336		227			94	657	...	657	15	672	47	625
1857	321		226			97	644	...	644	16	660	46	614
1858	308		228			99	635	...	635	16	651	46	605
1859	337		221			102	660	...	660	17	677	45	632
1860	350		231			102	683	...	683	19	702	45	657
1861	350		260			106	716	...	716	20	736	45	691
1862	352		275			108	735	...	735	21	756	46	710
1863	364		293			109	766	...	766	21	787	48	739
1864	376		305			112	793	...	793	23	816	50	766
1865	398		309			115	822	...	822	24	846	51	795
1866	409		316			116	841	...	841	26	867	52	815
1867	409		301			117	827	...	827	28	855	51	804
1868	400		306			119	825	...	825	31	856	51	805
1869	414		317			121	852	...	852	33	885	52	833
1870	431		360			127	918	...	918	35	953	54	899
1871	457		402			130	989	...	989	39	1,028	56	972
1872	512		409			133	1,054	...	1,054	44	1,098	61	1,037
1873	559		429			137	1,125	...	1,125	52	1,177	66	1,111
1874	547		407			140	1,094	...	1,094	57	1,151	67	1,084
1875	544		391			143	1,078	...	1,078	58	1,136	64	1,072
1876	542		372			149	1,063	...	1,063	57	1,120	64	1,056
1877	545		359			152	1,056	...	1,056	55	1,111	64	1,047
1878	526		342			155	1,023	...	1,023	55	1,078	63	1,015
1879	518		325			156	999	...	999	56	1,055	61	994
1880	529		357			157	1,043	...	1,043	58	1,101	64	1,037
1881	547		375			159	1,081	...	1,081	59	1,140	64	1,076
1882	580		377			161	1,118	...	1,118	63	1,181	65	1,116
1883	587		355			161	1,103	...	1,103	64	1,167	65	1,102
1884	568		339			162	1,069	...	1,069	67	1,136	63	1,073

Year													
1885	555			330			165	1,050		1,050	70	1,120	62	1,058
1886	551			351			166	1,068		1,068	74	1,142	60	1,082
1887	579			363			166	1,108		1,108	79	1,187	60	1,127
1888	614			398			168	1,180		1,180	84	1,264	60	1,204
1889	674	296		126		4	170	1,270		1,270	89	1,359	63	1,296
1890	704	294		124	—	5	172	1,299		1,299	94	1,393	67	1,326
1891	705	281		116	—	5	172	1,279		1,279	94	1,373	66	1,307
1892	701	250		108	—	5	174	1,238		1,238	95	1,333	65	1,268
1893	704	241		115	—	6	177	1,243		1,243	95	1,338	64	1,274
1894	722	278		143	—	6	184	1,333		1,333	93	1,426	64	1,362
1895	737	281		152	—	6	189	1,365		1,365	94	1,459	64	1,395
1896	766	279		158	—	6	192	1,401		1,401	96	1,497	66	1,431
1897	785	291		175	—	6	196	1,453		1,453	97	1,550	69	1,481
1898	824	303		201	—	7	200	1,535		1,535	101	1,636	73	1,563
1899	857	331		227	—	7	204	1,626		1,626	103	1,729	80	1,649
1900	909	323		230	—	8	209	1,679		1,679	104	1,783	88	1,695
1901	908	304		216	—	8	213	1,649		1,649	106	1,755	87	1,668
1902	899	314		223	—	10	217	1,663		1,663	109	1,772	85	1,687
1903	908	287		208	—	11	221	1,635		1,635	112	1,747	86	1,661
1904	893	285		204	—	14	225	1,621		1,621	113	1,734	87	1,647
1905	913	310		228	—	13	227	1,691		1,691	123	1,814	89	1,725
1906	952	332		258	—	14	230	1,786		1,786	134	1,920	93	1,827
1907	1,008	348		271	—	15	233	1,875		1,875	144	2,019	98	1,921
1908	975	310		242	—	15	235	1,777		1,777	151	1,928	97	1,831
1909	987	314		245	—	17	237	1,800		1,800	158	1,958	97	1,861
1910	1,027	329		261	—	17	239	1,873		1,873	170	2,043	100	1,943
1911	1,065	353		272	—	18	243	1,951		1,951	177	2,128	103	2,025
1912	1,114	366		308	—	21	246	2,055		2,055	187	2,242	110	2,132
1913	1,160	367		326	—	20	249	2,122		2,122	200	2,322	116	2,206
1914	1,260		674		—	21	252	2,207	(−50)	2,157	190	2,347	116	2,231
1915	1,556		870		—	26	259	2,711	(−200)	2,511	165	2,676	159	2,517
1916	1,858		1,165		—	31	272	3,326	(−350)	2,976	200	3,176	191	2,985
1917	2,340		1,339		—	49	278	4,006	(−250)	3,756	195	3,951	229	3,722
1918	2,881		1,462		—	71	281	4,695	(−100)	4,595	175	4,770	264	4,506
1919	3,076		1,631		—	36	284	5,027	(−200)	4,827	165	4,992	321	4,671
1920[d]	3,525		1,430			20	259	5,234	(+200)	5,434	254	5,688	455	5,223
1921	3,449	752		621		20	224	5,066	(+350)	5,266	246	5,512	435	5,077
1922	2,835	618		343		25	252	4,423	62	4,073	178	4,601	352	4,249
1923	2,411	626		437		44	270	3,850	62	3,788	177	4,027	314	3,713
	2,318	614		456		44	267	3,654	−45	3,699	176	3,830	288	3,542

T 5

T6

TABLE 1 (cont.)

(£M.)

	Income from employment (1)	Income from self-employment[a] (2)	Gross trading profits of companies[a] (3)	Gross trading surplus of public corporations[a] (4)	Gross trading surplus of other public enterprises[a] (5)	Rent[b] (6)	Total domestic income[a] (7)	Stock appreciation (8)	Gross domestic product at factor cost[c] (9)	Net property income from abroad (10)	Gross national product[c] (11)	Capital consumption (12)	Net national product (13)
1924	2,376	633	477	—	40	278	3,804	−40	3,764	196	3,960	283	3,677
1925	2,419	652	468	—	42	290	3,871	139	4,010	232	4,242	283	3,959
1926	2,336	642	420	—	40	299	3,737	56	3,793	237	4,030	283	3,747
1927	2,505	653	478	—	48	311	3,995	28	4,023	239	4,262	279	3,983
1928	2,497	670	474	—	51	330	4,022	18	4,040	240	4,280	284	3,996
1929	2,545	668	485	—	52	347	4,097	80	4,177	243	4,420	293	4,127
1930	2,485	616	411	—	54	362	3,928	213	4,141	215	4,356	291	4,065
1931	2,382	552	360	—	55	373	3,722	63	3,785	163	3,948	290	3,658
1932	2,357	548	321	1	58	387	3,672	34	3,706	127	3,833	283	3,550
1933	2,402	590	380	3	59	390	3,824	−45	3,779	154	3,933	283	3,650
1934	2,507	596	464	7	60	396	4,030	−5	4,025	167	4,192	282	3,910
1935	2,597	629	514	8	60	413	4,221	−26	4,195	181	4,376	298	4,078
1936	2,744	663	627	9	60	425	4,528	−98	4,430	195	4,625	317	4,308
1937	2,908	631	717	9	62	448	4,775	−67	4,708	205	4,913	357	4,556
1938	2,989	615	687	10	62	460	4,823	109	4,932	192	5,124	370	4,754
1939	3,215	696	865		76	480	5,332	(−200)	5,132	165	5,297	390	4,907
1940	3,843	791	1,109		77	485	6,305	(−500)	5,805	165	5,970	440	5,530
1941	4,535	892	1,238		90	475	7,230	(−150)	7,080	140	7,220	500	6,720
1942	5,042	949	1,377		136	475	7,979	(−100)	7,879	100	7,979	530	7,449
1943	5,472	977	1,405		149	495	8,498	(−50)	8,448	90	8,538	620	7,918
1944	5,751	991	1,388		134	470	8,734	(−50)	8,684	80	8,764	650	8,114
1945	5,889	1,074	1,350		119	405	8,837	(−50)	8,787	80	8,867	640	8,227
1946	5,758	1,126	1,476	20	86	429	8,895	−125	8,770	85	8,855	690	8,165
1947	6,227	1,210	1,694	36	119	472	9,758	−450	9,308	150	9,458	770	8,688
1948	6,785	1,305	1,793	117	103	456	10,559	−325	10,234	235	10,469	848	9,621
1949	7,246	1,375	1,843	155	103	463	11,185	−200	10,985	219	11,204	893	10,311
1950	7,627	1,389	2,126	196	139	539	12,016	−650	11,366	396	11,762	953	10,809
1951	8,501	1,437	2,483	260	117	552	13,350	−750	12,600	342	12,942	1,101	11,841
1952	9,107	1,490	2,180	277	40	598	13,692	50	13,742	252	13,994	1,240	12,754
1953	9,634	1,539	2,313	321	63	671	14,541	75	14,616	229	14,845	1,289	13,556
1954	10,284	1,578	2,576	354	108	737	15,637	−75	15,562	250	15,812	1,340	14,472
1955	11,244	1,661	2,886	315	112	791	17,009	−196	16,813	174	16,987	1,461	15,526
1956	12,262	1,713	2,928	345	122	853	18,223	−208	18,015	229	18,244	1,584	16,660

1957	12,958	1,772	3,075	323	128	913	19,169	−187	18,982	249	19,231	1,691	17,540
1958	13,465	1,780	2,983	340	155	1,061	19,784	5	19,789	293	20,082	1,791	18,291
1959	14,102	1,883	3,317	391	164	1,153	21,010	−90	20,920	260	21,180	1,844	19,336
1960	15,164	2,004	3,739	539	179	1,244	22,869	−135	22,734	231	22,965	1,933	21,032
1961	16,397	2,104	3,646	645	96	1,340	24,228	−173	24,055	252	24,307	2,065	22,242
1962	17,289	2,142	3,599	751	71	1,446	25,298	−149	25,149	333	25,482	2,197	23,285
1963	18,160	2,202	4,113	846	78	1,553	26,952	−211	26,741	394	27,135	2,318	24,817
1964	19,662	2,326	4,616	931	91	1,676	29,302	−340	28,962	413	29,375	2,492	26,883
1965	21,218	2,518	4,820	995	96	1,831	31,478	−354	31,124	470	31,594	2,697	28,897

ᵃ Before providing for depreciation and stock appreciation.
ᵇ Before providing for depreciation.
ᶜ Alternative estimates of G.N.P. and G.D.P. at current factor cost are given in Table 2, column (10), and Table 3, column (9). For detailed comparison of the two G.D.P. estimates see Chapter 1.4 and Table 4.

ᵈ From 1855 to 1920 (first row) Southern Ireland is included; from 1920 (second row) onwards it is excluded. There are also certain differences in definition affecting income from employment, trading profits, and rent. See pp. 9–10.

TABLE 2 GROSS NATIONAL PRODUCT BY CATEGORY OF EXPENDITURE, 1870–1965

(£M.)

	Consumers' expenditure (1)	Public authorities' current expenditure on goods and services (2)	Gross domestic fixed capital formation (3)	Value of physical increase in stocks and work in progress[a] (4)	Total domestic expenditure at market prices (5)	Exports and property income from abroad (6)	Less Imports and property income paid abroad (7)	Less Taxes on expenditure (8)	Subsidies (9)	Gross national product at factor cost[b] (10)
1870	954	55	64	25	1,098	363	306	74	—	1,081
1871	1,004	56	81	40	1,181	412	334	75	—	1,184
1872	1,065	57	91	10	1,223	458	359	78	—	1,244
1873	1,123	55	94	5	1,277	464	376	80	—	1,285
1874	1,123	58	109	35	1,325	454	374	80	—	1,325
1875	1,118	60	115	20	1,313	434	376	81	—	1,290
1876	1,126	61	124	15	1,326	407	376	83	—	1,274
1877	1,133	62	120	10	1,325	406	396	84	—	1,251
1878	1,120	64	110	5	1,299	394	370	85	—	1,238
1879	1,057	69	90	−5	1,211	397	365	82	—	1,161
1880	1,146	70	97	40	1,353	448	413	82	—	1,306
1881	1,125	71	94	10	1,300	462	400	85	—	1,277
1882	1,157	74	96	15	1,342	480	417	87	—	1,318
1883	1,190	76	102	30	1,398	483	431	87	—	1,363
1884	1,162	76	93	—	1,331	467	395	88	—	1,315
1885	1,138	83	80	—	1,301	438	375	87	—	1,277
1886	1,126	80	69	5	1,280	435	356	87	—	1,272
1887	1,162	78	68	30	1,338	458	368	88	—	1,340
1888	1,186	78	74	20	1,358	486	393	90	—	1,361
1889	1,227	80	84	25	1,416	518	433	93	—	1,408
1890	1,253	85	89	15	1,442	535	427	95	—	1,455
1891	1,315	87	94	25	1,521	512	439	96	—	1,498
1892	1,314	87	97	5	1,503	492	428	97	—	1,470
1893	1,310	89	93	—	1,492	467	409	98	—	1,452
1894	1,336	91	99	30	1,556	463	413	102	—	1,504
1895	1,355	97	99	30	1,581	476	420	107	—	1,530
1896	1,406	102	113	35	1,656	497	446	111	—	1,596
1897	1,435	106	132	15	1,688	497	455	113	—	1,617
1898	1,500	112	158	35	1,805	504	474	115	—	1,720
1899	1,561	136	183	35	1,915	542	494	121	—	1,842
1900	1,637	182	199	—	2,018	579	543	128	—	1,926
1901	1,677	202	197	25	2,101	573	549	136	—	1,989
1902	1,686	190	197	5	2,078	579	547	146	—	1,964
1903	1,699	169	198	−5	2,061	601	553	146	—	1,963
1904	1,719	163	187	5	2,074	616	562	151	—	1,977
1905	1,736	163	177	15	2,091	670	579	152	—	2,030
1906	1,766	163	175	20	2,124	749	625	153	—	2,095
1907	1,811	163	150	10	2,134	831	665	155	—	2,145
1908	1,813	167	128	−30	2,078	765	613	150	—	2,080
1909	1,831	173	132	20	2,156	790	645	151	—	2,150
1910	1,877	182	136	30	2,225	880	702	164	—	2,239
1911	1,936	188	132	30	2,286	912	705	167	—	2,326
1912	2,006	196	136	20	2,358	977	770	172	—	2,393
1913	2,070	203	160	45	2,478	1,040	801	175	—	2,542
1914	2,074	324	160	50	2,608	900	765	176	5	2,572
1915	2,384	1,045	130	−200	3,359	940	995	214	6	3,096
1916	2,581	1,332	115	−300	3,728	1,230	1,170	236	14	3,566
1917	2,979	1,685	148	−100	4,712	1,320	1,300	223	24	4,533
1918	3,600	1,842	161	100	5,703	1,180	1,465	266	85	5,237
1919	4,535	935	226	100	5,796	1,700	1,745	396	113	5,468

TABLE 2 (cont.) (£M.)

	Consumers' expenditure (1)	Public authorities' current expenditure on goods and services (2)	Gross domestic fixed capital formation (3)	Value of physical increase in stocks and work in progress[a] (4)	Total domestic expenditure at market prices (5)	Exports and property income from abroad (6)	Less Imports and property income paid abroad (7)	Less Taxes on expenditure (8)	Subsidies (9)	Gross national product at factor cost[b] (10)
1920[c]	5,246	520	500	−100	6,166	2,369	2,051	519	133	6,098
	5,020	488	482	−100	5,890	2,445	2,107	494	124	5,858
1921	4,315	489	458	−100	5,162	1,405	1,255	530	128	4,910
1922	3,842	435	381	−91	4,567	1,369	1,180	512	73	4,317
1923	3,717	395	334	−65	4,381	1,424	1,244	480	26	4,107
1924	3,777	398	374	−6	4,543	1,486	1,414	444	14	4,185
1925	3,878	412	420	133	4,843	1,480	1,447	457	28	4,447
1926	3,833	420	401	17	4,671	1,344	1,382	473	24	4,184
1927	3,887	423	426	44	4,780	1,418	1,346	499	20	4,373
1928	3,939	425	420	18	4,802	1,422	1,325	513	20	4,406
1929	3,983	435	442	40	4,900	1,429	1,359	499	23	4,494
1930	3,932	443	435	91	4,901	1,184	1,185	481	24	4,443
1931	3,805	443	408	−3	4,653	858	989	481	22	4,063
1932	3,683	431	347	1	4,462	764	823	515	25	3,913
1933	3,696	430	357	−58	4,425	772	784	515	29	3,927
1934	3,802	446	427	29	4,704	821	845	540	33	4,173
1935	3,935	483	456	5	4,879	921	898	558	36	4,380
1936	4,080	536	517	−6	5,127	949	976	590	33	4,543
1937	4,289	617	574	60	5,540	1,113	1,159	613	31	4,912
1938	4,392	749	592	83	5,816	1,010	1,062	627	40	5,177
1939	4,539	1,179	540	100	6,358	950	1,190	687	47	5,478
1940	4,799	2,952	520	200	8,471	860	1,650	902	99	6,878
1941	5,104	4,097	480	100	9,781	870	1,680	1,222	172	7,921
1942	5,410	4,581	450	−100	10,341	870	1,520	1,357	206	8,540
1943	5,525	4,983	360	100	10,968	1,020	1,690	1,456	238	9,080
1944	5,846	5,056	300	−200	11,002	1,260	1,910	1,466	254	9,140
1945	6,391	4,190	350	−200	10,731	1,110	1,930	1,453	296	8,754
1946	7,273	2,282	925	−126	10,354	1,775	2,085	1,573	384	8,855
1947	8,028	1,735	1,199	269	11,231	2,067	2,493	1,816	469	9,458
1948	8,609	1,756	1,422	175	11,962	2,758	2,761	2,013	571	10,517
1949	8,969	1,975	1,577	65	12,586	3,067	3,050	1,993	523	11,133
1950	9,461	2,062	1,700	−210	13,013	3,807	3,492	2,065	474	11,737
1951	10,215	2,423	1,889	575	15,102	4,497	4,838	2,270	467	12,958
1952	10,766	2,883	2,106	50	15,805	4,590	4,511	2,292	417	14,009
1953	11,475	3,025	2,359	125	16,984	4,495	4,414	2,365	362	15,062
1954	12,163	3,108	2,552	56	17,879	4,671	4,545	2,501	419	15,923
1955	13,110	3,170	2,829	300	19,409	5,045	5,175	2,652	347	16,974
1956	13,821	3,427	3,103	259	20,610	5,564	5,291	2,827	359	18,415
1957	14,582	3,584	3,381	238	21,785	5,855	5,548	2,966	407	19,533
1958	15,362	3,672	3,492	111	22,637	5,836	5,422	3,040	385	20,396
1959	16,175	3,919	3,736	174	24,004	6,013	5,788	3,200	369	21,398
1960	16,990	4,163	4,120	595	25,868	6,305	6,479	3,391	487	22,790
1961	17,903	4,497	4,619	323	27,342	6,581	6,474	3,643	586	24,392
1962	18,991	4,822	4,731	69	28,613	6,834	6,601	3,896	600	25,550
1963	20,195	5,080	4,906	212	30,393	7,216	6,958	4,048	560	27,163
1964	21,577	5,395	5,860	639	33,471	7,665	7,878	4,455	510	29,313
1965	22,956	5,919	6,331	416	35,622	8,260	8,142	4,994	564	31,310

[a] Estimates for 1870–1920 and 1939–45 are orders of magnitude and are not based on direct measurement of stocks and work-in-progress; see Chapter 9.3.

[b] See Table 1, note c.

[c] From 1870 to 1920 (first row) Southern Ireland is included; from 1920 (second row) onwards it is excluded.

TABLE 3   FINAL EXPENDITURE, GROSS DOMESTIC AND GROSS NATIONAL PRODUCT – AT MARKET PRICES AND AT FACTOR COST, 1870–1965   (£M.)

	At market prices							At factor cost[a]	
	Total domestic expenditure[b] (1)	Exports of goods and services (2)	Total final expenditure (3)	*Less* Imports of goods and services (4)	Gross domestic product (5)	Net property income from abroad (6)	Gross national product (7)	Total final expenditure (8)	Gross domestic product[c] (9)
1870	1,098	326	1,424	304	1,120	35	1,155	1,350	1,046
1871	1,181	370	1,551	331	1,220	39	1,259	1,476	1,145
1872	1,223	411	1,634	356	1,278	44	1,322	1,556	1,200
1873	1,277	408	1,685	372	1,313	52	1,365	1,605	1,233
1874	1,325	393	1,718	370	1,348	57	1,405	1,638	1,268
1875	1,313	372	1,685	372	1,313	58	1,371	1,604	1,232
1876	1,326	346	1,672	372	1,300	57	1,357	1,589	1,217
1877	1,325	347	1,672	392	1,280	55	1,335	1,588	1,196
1878	1,299	335	1,634	366	1,268	55	1,323	1,549	1,183
1879	1,211	337	1,548	361	1,187	56	1,243	1,466	1,105
1880	1,353	386	1,739	409	1,330	58	1,388	1,657	1,248
1881	1,300	399	1,699	396	1,303	59	1,362	1,614	1,218
1882	1,342	412	1,754	412	1,342	63	1,405	1,667	1,255
1883	1,398	414	1,812	426	1,386	64	1,450	1,725	1,299
1884	1,331	395	1,726	390	1,336	67	1,403	1,638	1,248
1885	1,301	363	1,664	370	1,294	70	1,364	1,577	1,207
1886	1,280	355	1,635	350	1,285	74	1,359	1,548	1,198
1887	1,338	373	1,711	362	1,349	79	1,428	1,623	1,261
1888	1,358	396	1,754	387	1,367	84	1,451	1,664	1,277
1889	1,416	422	1,838	426	1,412	89	1,501	1,745	1,319
1890	1,442	434	1,876	420	1,456	94	1,550	1,781	1,361
1891	1,521	411	1,932	432	1,500	94	1,594	1,836	1,404
1892	1,503	390	1,893	421	1,472	95	1,567	1,796	1,375
1893	1,492	365	1,857	402	1,455	95	1,550	1,759	1,357
1894	1,556	363	1,919	406	1,513	93	1,606	1,817	1,411
1895	1,581	375	1,956	413	1,543	94	1,637	1,849	1,436
1896	1,656	394	2,050	439	1,611	96	1,707	1,939	1,500
1897	1,688	392	2,080	447	1,633	97	1,730	1,967	1,520
1898	1,805	395	2,200	466	1,734	101	1,835	2,085	1,619
1899	1,915	431	2,346	486	1,860	103	1,963	2,225	1,739
1900	2,018	467	2,485	535	1,950	104	2,054	2,357	1,822
1901	2,101	458	2,559	540	2,019	106	2,125	2,423	1,883
1902	2,078	460	2,538	537	2,001	109	2,110	2,392	1,855
1903	2,061	479	2,540	543	1,997	112	2,109	2,394	1,851
1904	2,074	492	2,566	551	2,015	113	2,128	2,415	1,864
1905	2,091	535	2,626	567	2,059	123	2,182	2,474	1,907
1906	2,124	601	2,725	611	2,114	134	2,248	2,572	1,961
1907	2,134	671	2,805	649	2,156	144	2,300	2,650	2,001
1908	2,078	597	2,675	596	2,079	151	2,230	2,525	1,929
1909	2,156	615	2,771	628	2,143	158	2,301	2,620	1,992
1910	2,225	691	2,916	683	2,233	170	2,403	2,752	2,069
1911	2,286	715	3,001	685	2,316	177	2,493	2,834	2,149
1912	2,358	768	3,126	748	2,378	187	2,565	2,954	2,206
1913	2,478	816	3,294	777	2,517	200	2,717	3,119	2,342
1914	2,608	685	3,293	740	2,553	190	2,743	3,122	2,382
1915	3,359	750	4,109	970	3,139	165	3,304	3,901	2,931
1916	3,728	1,000	4,728	1,140	3,588	200	3,788	4,506	3,366
1917	4,712	1,085	5,797	1,260	4,537	195	4,732	5,598	4,338
1918	5,703	940	6,643	1,400	5,243	175	5,418	6,462	5,062
1919	5,796	1,470	7,266	1,680	5,586	165	5,751	6,983	5,303

TABLE 3 (cont.)   (£M.)

	At market prices					Net property income from abroad (6)	At factor cost[a]		
	Total domestic expenditure[b] (1)	Exports of goods and services (2)	Total final expenditure (3)	*Less* Imports of goods and services (4)	Gross domestic product (5)		Gross national product (7)	Total final expenditure (8)	Gross domestic product[c] (9)
	6,166	2,049	8,215	1,985	6,230	254	6,484	7,829	5,844
1920[d]	5,890	2,128	8,018	2,036	5,982	246	6,228	7,648	5,612
1921	5,162	1,166	6,328	1,194	5,134	178	5,312	5,926	4,732
1922	4,567	1,113	5,680	1,101	4,579	177	4,756	5,241	4,140
1923	4,381	1,161	5,542	1,157	4,385	176	4,561	5,088	3,931
1924	4,543	1,200	5,743	1,324	4,419	196	4,615	5,313	3,989
1925	4,843	1,158	6,001	1,357	4,644	232	4,876	5,572	4,215
1926	4,671	1,017	5,688	1,292	4,396	237	4,633	5,239	3,947
1927	4,780	1,090	5,870	1,257	4,613	239	4,852	5,391	4,134
1928	4,802	1,092	5,894	1,235	4,659	240	4,899	5,401	4,166
1929	4,900	1,096	5,996	1,269	4,727	243	4,970	5,520	4,251
1930	4,901	884	5,785	1,100	4,685	215	4,900	5,328	4,228
1931	4,653	632	5,285	926	4,359	163	4,522	4,826	3,900
1932	4,462	578	5,040	764	4,276	127	4,403	4,550	3,786
1933	4,425	573	4,998	739	4,259	154	4,413	4,512	3,773
1934	4,704	608	5,312	799	4,513	167	4,680	4,805	4,006
1935	4,879	690	5,569	848	4,721	181	4,902	5,047	4,199
1936	5,127	697	5,824	919	4,905	195	5,100	5,267	4,348
1937	5,540	843	6,383	1,094	5,289	205	5,494	5,801	4,707
1938	5,816	757	6,573	1,001	5,572	192	5,764	5,986	4,985
1939	6,358	700	7,058	1,100	5,958	160	6,118	6,418	5,318
1940	8,471	600	9,071	1,550	7,521	160	7,681	8,268	6,718
1941	9,781	600	10,381	1,550	8,831	140	8,971	9,331	7,781
1942	10,341	600	10,941	1,350	9,591	100	9,691	9,790	8,440
1943	10,968	740	11,708	1,500	10,208	90	10,298	10,490	8,990
1944	11,002	970	11,972	1,700	10,272	80	10,352	10,760	9,060
1945	10,731	800	11,531	1,700	9,831	80	9,911	10,374	8,674
1946	10,354	1,430	11,784	1,825	9,959	85	10,044	10,595	8,770
1947	11,231	1,652	12,883	2,228	10,655	150	10,805	11,536	9,308
1948	11,962	2,196	14,158	2,434	11,724	235	11,959	12,716	10,282
1949	12,586	2,495	15,081	2,697	12,384	219	12,603	13,611	10,914
1950	13,013	2,995	16,008	3,076	12,932	396	13,328	14,417	11,341
1951	15,102	3,648	18,750	4,331	14,419	342	14,761	16,947	12,616
1952	15,805	3,760	19,565	3,933	15,632	252	15,884	17,690	13,757
1953	16,984	3,687	20,671	3,835	16,836	229	17,065	18,668	14,833
1954	17,879	3,837	21,716	3,961	17,755	250	18,005	19,634	15,673
1955	19,409	4,177	23,586	4,481	19,105	174	19,279	21,281	16,800
1956	20,610	4,598	25,208	4,554	20,654	229	20,883	22,740	18,186
1957	21,785	4,836	26,621	4,778	21,843	249	22,092	24,062	19,284
1958	22,637	4,707	27,344	4,586	22,758	293	23,051	24,689	20,103
1959	24,004	4,850	28,854	4,885	23,969	260	24,229	26,023	21,138
1960	25,868	5,149	31,017	5,554	25,463	231	25,694	28,113	22,559
1961	27,342	5,370	32,712	5,515	27,197	252	27,449	29,655	24,140
1962	28,613	5,504	34,117	5,604	28,513	333	28,846	30,821	25,217
1963	30,393	5,814	36,207	5,950	30,257	394	30,651	32,719	26,769
1964	33,471	6,088	39,559	6,714	32,845	413	33,258	35,614	28,900
1965	35,622	6,491	42,113	6,843	35,270	470	35,740	37,683	30,840

[a] These estimates are obtained by deducting taxes on expenditure less subsidies (see columns (8) and (9) of Table 2) from the estimates at market prices in columns (3) and (5).

[b] For components see Table 2, columns (1) to (4).

[c] See Table 1, note c.

[d] For 1870 to 1920 (first estimate) Southern Ireland is included; from 1920 (second estimate) onwards it is excluded.

T12 TABLES

TABLE 4 THE RESIDUAL ERROR AND A COMPROMISE ESTIMATE OF GROSS DOMESTIC PRODUCT AT FACTOR COST, 1870–1965 (£M.)

	Expenditure data (1)	Income data (2)	Residual error (1)−(2) (3)	(3) as % of (2) (4)	Compromise estimate (5)
1870	1,046	918	128	13.9	956
1871	1,145	989	156	15.8	1,040
1872	1,200	1,054	146	13.9	1,101
1873	1,233 *1,263*	1,125	108 *138*	9.6 *12.3*	1,168
1874	1,268 *1,238*	1,094	174 *144*	15.9 *13.2*	1,142
1875	1,232	1,078	154	14.3	1,133
1876	1,217	1,063	154	14.5	1,120
1877	1,196	1,056	140	13.3	1,108
1878	1,183	1,023	160	15.6	1,087
1879	1,105 *1,125*	999	106 *126*	10.6 *12.6*	1,048
1880	1,248 *1,228*	1,043	205 *185*	19.7 *17.7*	1,122
1881	1,218	1,081	137	12.7	1,138
1882	1,255 *1,285*	1,118	137 *167*	12.3 *14.9*	1,191
1883	1,299 *1,269*	1,103	196 *166*	17.8 *15.0*	1,177
1884	1,248	1,069	179	16.7	1,152
1885	1,207	1,050	157	15.0	1,124
1886	1,198	1,068	130	12.2	1,130
1887	1,261	1,108	153	13.8	1,183
1888	1,277	1,180	97	8.2	1,229
1889	1,319 *1,369*	1,270	49 *99*	3.9 *7.8*	1,320
1890	1,361 *1,391*	1,299	62 *92*	4.8 *7.1*	1,345
1891	1,404 *1,374*	1,279	125 *95*	9.8 *7.4*	1,327
1892	1,375 *1,345*	1,238	137 *107*	11.1 *8.6*	1,292
1893	1,359 *1,337*	1,243	116 *94*	9.3 *7.6*	1,290
1894	1,411	1,333	78	5.9	1,372
1895	1,436	1,365	71	5.2	1,401
1896	1,500	1,401	99	7.1	1,451
1897	1,520	1,453	67	4.6	1,487
1898	1,619	1,535	84	5.5	1,577
1899	1,739	1,626	113	6.9	1,683
1900	1,822 *1,862*	1,679	143 *183*	8.5 *10.9*	1,771
1901	1,883 *1,843*	1,649	234 *194*	14.2 *11.8*	1,746
1902	1,855	1,663	192	11.5	1,759
1903	1,851	1,635	216	13.2	1,743
1904	1,864	1,621	243	15.0	1,743
1905	1,907	1,691	216	12.8	1,799
1906	1,961	1,786	175	9.8	1,874
1907	2,001	1,875	126	6.7	1,938
1908	1,929	1,777	152	8.6	1,853
1909	1,992	1,800	192	10.7	1,896
1910	2,069	1,873	196	10.5	1,971
1911	2,149	1,951	198	10.1	2,050
1912	2,206	2,055	151	7.3	2,131
1913	2,342	2,122	220	10.4	2,232
1914	2,382	2,157	225	10.4	2,270
1915	2,931	2,511	420	16.7	2,721
1916	3,366	2,976	390	13.1	3,171
1917	4,338	3,756	582	15.5	4,047
1918	5,062	4,595	467	10.2	4,829
1919	5,303	4,827	476	9.9	5,065
1920[a]	5,844	5,434	410	7.5	5,639
	5,612	5,266	346	6.6	5,439
1921	4,732	4,423	309	7.0	4,578
1922	4,140	3,850	290	7.5	3,995

TABLE 4 (cont.)

(£M.)

	Expenditure data (1)	Income data (2)	Residual error (1)−(2) (3)	Residual error (3) as % of (2) (4)	Compromise estimate (5)
1923	3,931	3,654	277	7.6	3,793
1924	3,989	3,764	225	6.0	3,877
1925	4,215	4,010	205	5.1	4,113
1926	3,947	3,793	154	4.1	3,870
1927	4,134	4,023	111	2.8	4,079
1928	4,166	4,040	126	3.1	4,103
1929	4,251	4,177	74	1.8	4,214
1930	4,228	4,141	87	2.1	4,185
1931	3,900	3,785	115	3.0	3,843
1932	3,786	3,706	80	2.2	3,746
1933	3,773	3,779	−6	−0.2	3,776
1934	4,006	4,025	−19	−0.5	4,016
1935	4,199	4,195	4	0.1	4,197
1936	4,348	4,430	−82	−1.9	4,389
1937	4,707	4,708	−1	−0.02	4,708
1938	4,985	4,932	53	1.1	4,959
1939	5,318	5,132	186	3.6	5,225
1940	6,718	5,805	913	15.7	6,262
1941	7,781	7,080	701	9.9	7,431
1942	8,440	7,879	561	7.1	8,160
1943	8,990	8,448	542	6.4	8,719
1944	9,060	8,684	376	4.3	8,872
1945	8,674	8,787	−113	−1.3	8,731
1946[b]	8,770	8,770	—	—	8,770
1947[b]	9,308	9,308	—	—	9,308
1948	10,282	10,234	48	0.5	10,258
1949	10,914	10,985	−71	−0.6	10,950
1950	11,341	11,366	−25	−0.2	11,354
1951	12,616	12,600	16	0.1	12,608
1952	13,757	13,742	15	0.1	13,750
1953	14,833	14,616	217	1.5	14,725
1954	15,673	15,562	111	0.7	15,618
1955	16,800	16,813	−13	−0.1	16,807
1956	18,186	18,015	171	0.9	18,101
1957	19,284	18,982	302	1.6	19,133
1958	20,103	19,789	314	1.6	19,946
1959	21,138	20,920	218	1.0	21,029
1960	22,559	22,734	−175	−0.8	22,647
1961	24,140	24,055	85	0.4	24,098
1962	25,217	25,149	68	0.3	25,183
1963	26,769	26,741	28	0.1	26,755
1964	28,900	28,962	−62	−0.2	28,931
1965	30,840	31,124	−284	−0.9	30,982

[a] For 1870 to 1920 (first row) Southern Ireland is included; from 1920 (second row) onwards it is excluded.

[b] In 1946 and 1947 the component estimates were adjusted by the C.S.O. so as to eliminate the residual error; no details of the adjustments are available.

SOURCE: (1) Table 1, column (9). For the revisions for stockbuilding given in italics for certain years between 1873 and 1901 see p. 17.
(2) Table 3, column (9).
(5) Arithmetic average of the expenditure data (after adjustment for trend from 1870 to 1887 and for stockbuilding) and the income data. For explanation and discussion see Chapter 1.4. The adjusted expenditure figures for 1870–87 are:

1870	994	1876	1,177	1882	*1,264*
1871	1,091	1877	1,160	1883	*1,251*
1872	1,147	1878	1,151	1884	*1,234*
1873	*1,211*	1879	*1,097*	1885	*1,197*
1874	*1,190*	1880	*1,201*	1886	*1,192*
1875	1,188	1881	1,195	1887	1,258

T14

TABLE 5 GROSS DOMESTIC AND GROSS NATIONAL PRODUCT, BY CATEGORY OF EXPENDITURE AT CONSTANT PRICES, 1870–1965

(i) 1870–1913 at 1900 prices[a]

(£M.)

	At 1900 market prices											At 1900 factor cost			
	Consumers' expenditure (1)	Public authorities' current expenditure on goods and services (2)	Gross domestic fixed capital formation (3)	Value of physical increase in stocks and work in progress[b] (4)	Exports of goods and services[a] (5)	Total final expenditure (6)	Less Imports of goods and services[a] (7)	Gross domestic product (8)	Net Property income from abroad (9)	Gross national product (10)	Adjustment to factor cost (11)	(8)–(11) Gross domestic product (12)	(10)–(11) Gross national product (13)	Capital consumption (14)	(13)–(14) Net national product (15)
1870	928	57	66	15	219	1,285	189	1,096	22	1,118	80	1,016	1,038	54	984
1871	963	57	81	30	254	1,385	221	1,164	26	1,190	84	1,080	1,106	54	1,052
1872	976	56	83	5	257	1,377	222	1,155	27	1,182	87	1,068	1,095	55	1,040
1873	998	52	79	5	248	1,382	232	1,150	32	1,182	90	1,060	1,092	57	1,035
1874	1,032	56	94	20	251	1,453	236	1,217	36	1,253	93	1,124	1,160	57	1,103
1875	1,047	59	109	15	252	1,482	250	1,232	39	1,271	95	1,137	1,176	58	1,118
1876	1,058	61	122	10	251	1,502	256	1,246	39	1,285	96	1,150	1,189	59	1,130
1877	1,072	62	120	10	257	1,521	262	1,259	37	1,296	96	1,163	1,200	60	1,140
1878	1,084	65	114	5	261	1,529	264	1,265	40	1,305	96	1,169	1,209	61	1,148
1879	1,070	72	98	−5	278	1,513	274	1,239	42	1,281	94	1,145	1,187	62	1,125
1880	1,126	71	99	30	306	1,632	295	1,337	42	1,379	96	1,241	1,283	64	1,219
1881	1,118	73	98	5	328	1,622	288	1,334	43	1,377	96	1,238	1,281	65	1,216
1882	1,138	76	99	10	334	1,657	303	1,354	46	1,400	96	1,258	1,304	65	1,239
1883	1,176	79	107	25	346	1,733	320	1,413	48	1,461	98	1,315	1,363	66	1,297
1884	1,180	81	103	—	344	1,708	309	1,399	53	1,452	98	1,301	1,354	67	1,287
1885	1,191	89	91	—	331	1,702	312	1,390	59	1,449	98	1,292	1,351	69	1,282
1886	1,198	88	83	5	340	1,714	315	1,399	66	1,465	98	1,301	1,367	68	1,299
1887	1,243	86	83	25	359	1,796	333	1,463	73	1,536	100	1,363	1,436	69	1,367
1888	1,260	86	88	15	381	1,830	344	1,486	75	1,561	100	1,386	1,461	71	1,390
1889	1,286	87	97	20	398	1,888	374	1,514	78	1,592	103	1,411	1,489	71	1,418
1890	1,310	89	99	10	397	1,905	374	1,531	84	1,615	105	1,426	1,510	72	1,438
1891	1,365	92	109	25	378	1,969	382	1,587	83	1,670	108	1,479	1,562	74	1,488
1892	1,359	92	114	5	375	1,945	388	1,557	88	1,645	109	1,448	1,536	74	1,462
1893	1,365	95	113	—	354	1,927	380	1,547	90	1,637	108	1,439	1,529	76	1,453
1894	1,420	99	120	30	372	2,041	411	1,630	94	1,724	111	1,519	1,613	77	1,536

TABLE 5 (cont.)

(i) 1870–1913 at 1900 prices[a] (continued)

At 1900 market prices | | | | | | | | At 1900 factor cost | |
|---|---|---|---|---|---|---|---|---|---|---|
| 1895 | 1,455 | 105 | 121 | 399 | 30 | 1,678 | 98 | 1,776 | 114 | 1,564 | 1,662 | 77 | 1,585 |
| 1896 | 1,515 | 110 | 137 | 416 | 35 | 1,757 | 100 | 1,857 | 117 | 1,640 | 1,740 | 79 | 1,661 |
| 1897 | 1,524 | 113 | 157 | 418 | 15 | 1,761 | 101 | 1,862 | 119 | 1,642 | 1,743 | 81 | 1,662 |
| 1898 | 1,588 | 116 | 181 | 419 | 40 | 1,862 | 104 | 1,966 | 122 | 1,740 | 1,844 | 83 | 1,761 |
| 1899 | 1,641 | 140 | 197 | 439 | 40 | 1,965 | 104 | 2,069 | 127 | 1,838 | 1,942 | 85 | 1,857 |
| 1900 | 1,637 | 182 | 199 | 421 | — | 1,934 | 98 | 2,032 | 128 | 1,806 | 1,904 | 88 | 1,816 |
| 1901 | 1,669 | 204 | 207 | 432 | 25 | 2,010 | 103 | 2,113 | 130 | 1,880 | 1,983 | 89 | 1,894 |
| 1902 | 1,678 | 193 | 217 | 450 | 10 | 2,018 | 108 | 2,126 | 130 | 1,888 | 1,996 | 94 | 1,902 |
| 1903 | 1,685 | 171 | 222 | 468 | — | 2,018 | 109 | 2,127 | 129 | 1,889 | 1,998 | 96 | 1,902 |
| 1904 | 1,709 | 165 | 210 | 476 | 5 | 2,031 | 109 | 2,140 | 129 | 1,902 | 2,011 | 97 | 1,914 |
| 1905 | 1,719 | 164 | 202 | 518 | 10 | 2,065 | 119 | 2,184 | 131 | 1,934 | 2,053 | 100 | 1,953 |
| 1906 | 1,749 | 162 | 194 | 552 | 20 | 2,111 | 125 | 2,236 | 132 | 1,979 | 2,104 | 102 | 2,002 |
| 1907 | 1,772 | 159 | 162 | 587 | 10 | 2,115 | 128 | 2,243 | 134 | 1,981 | 2,109 | 99 | 2,010 |
| 1908 | 1,766 | 163 | 142 | 549 | −25 | 2,041 | 139 | 2,180 | 132 | 1,909 | 2,048 | 106 | 1,942 |
| 1909 | 1,774 | 170 | 146 | 572 | 15 | 2,108 | 144 | 2,252 | 129 | 1,979 | 2,123 | 107 | 2,016 |
| 1910 | 1,803 | 176 | 148 | 589 | 25 | 2,181 | 147 | 2,328 | 131 | 2,050 | 2,197 | 108 | 2,089 |
| 1911 | 1,857 | 181 | 141 | 606 | 25 | 2,232 | 157 | 2,389 | 135 | 2,097 | 2,254 | 109 | 2,145 |
| 1912 | 1,869 | 184 | 138 | 650 | 15 | 2,225 | 163 | 2,388 | 136 | 2,089 | 2,252 | 111 | 2,141 |
| 1913 | 1,937 | 188 | 157 | 672 | 40 | 2,341 | 173 | 2,514 | 140 | 2,201 | 2,374 | 114 | 2,260 |

(ii) 1913–48 at 1938 prices

At 1938 market prices | | | | | | | | At 1938 factor cost | |
|---|---|---|---|---|---|---|---|---|---|---|
| 1913 | 3,544 | 370 | 270 | 793 | 80 | 4,591 | 204 | 4,795 | 511 | 4,080 | 4,284 | 199 | 4,085 |
| 1914 | 3,560 | 530 | 274 | 747 | 80 | 4,626 | 197 | 4,823 | 507 | 4,119 | 4,316 | 198 | 4,118 |
| 1915 | 3,637 | 1,590 | 182 | 789 | −300 | 5,091 | 146 | 5,237 | 517 | 4,574 | 4,720 | 224 | 4,496 |
| 1916 | 3,335 | 1,810 | 130 | 731 | −350 | 5,084 | 135 | 5,219 | 480 | 4,604 | 4,739 | 224 | 4,515 |
| 1917 | 3,074 | 1,980 | 144 | 624 | −100 | 5,109 | 106 | 5,215 | 415 | 4,694 | 4,800 | 221 | 4,579 |
| 1918 | 3,045 | 1,890 | 143 | 636 | 80 | 5,018 | 100 | 5,118 | 405 | 4,613 | 4,713 | 221 | 4,492 |
| 1919 | 3,485 | 830 | 172 | 715 | 80 | 4,580 | 72 | 4,652 | 474 | 4,106 | 4,178 | 224 | 3,954 |
| 1920[c] | 3,493 | 475 | 295 | 711 | −60 | 4,273 | 73 | 4,346 | 513 | 3,760 | 3,833 | 261 | 3,572 |
| | 3,343 | 446 | 284 | 730 | −60 | 4,096 | 70 | 4,166 | 489 | 3,607 | 3,677 | 251 | 3,426 |
| 1921 | 3,143 | 452 | 326 | 642 | −70 | 3,857 | 96 | 3,953 | 455 | 3,402 | 3,498 | 256 | 3,242 |

TABLE 5 (cont.)

(ii) 1913–48 at 1938 prices (continued)

(£M.)

	Consumers' expenditure (1)	Public authorities' current expenditure on goods and services (2)	Gross domestic fixed capital formation (3)	Value of physical increase in stocks and work in progress[b] (4)	Exports of goods and services[a] (5)	Total final expenditure (6)	*Less* Imports of goods and services[a] (7)	Gross domestic product (8)	Net Property income from abroad (9)	Gross national product (10)	Adjustment to factor cost (11)	(8)–(11) Gross domestic product (12)	(10)–(11) Gross national product (13)	Capital consumption (14)	(13)–(14) Net national product (15)
												At 1938 market prices		At 1938 factor cost	
1922	3,254	424	300	−63	816	4,731	739	3,992	102	4,094	450	3,542	3,644	260	3,384
1923	3,349	400	308	−45	895	4,907	792	4,115	121	4,236	458	3,657	3,778	264	3,514
1924	3,428	403	359	−4	923	5,109	871	4,238	129	4,367	473	3,765	3,894	272	3,622
1925	3,508	417	410	88	919	5,342	893	4,449	153	4,602	483	3,966	4,119	279	3,840
1926	3,496	424	397	12	843	5,172	929	4,243	170	4,413	474	3,769	3,939	283	3,656
1927	3,631	430	442	33	948	5,484	945	4,539	180	4,719	494	4,045	4,225	288	3,937
1928	3,690	435	438	14	955	5,532	915	4,617	178	4,795	500	4,117	4,295	292	4,003
1929	3,765	444	461	31	986	5,687	961	4,726	184	4,910	510	4,216	4,400	303	4,097
1930	3,822	455	463	79	849	5,668	948	4,720	185	4,905	510	4,210	4,395	313	4,082
1931	3,863	466	454	−3	684	5,464	984	4,480	173	4,653	500	3,980	4,153	321	3,832
1932	3,839	466	396	1	669	5,371	878	4,493	146	4,639	485	4,008	4,154	326	3,828
1933	3,937	471	409	−72	678	5,423	879	4,544	183	4,727	498	4,046	4,229	330	3,899
1934	4,051	482	498	34	704	5,769	918	4,851	192	5,043	517	4,334	4,526	330	4,196
1935	4,163	515	518	6	794	5,996	963	5,033	206	5,239	537	4,496	4,702	337	4,365
1936	4,285	562	565	−6	771	6,177	987	5,190	210	5,400	557	4,633	4,843	345	4,498
1937	4,357	627	584	56	810	6,434	1,023	5,411	192	5,603	577	4,834	5,026	361	4,665
1938	4,392	749	592	83	757	6,573	1,001	5,572	192	5,764	587	4,985	5,177	370	4,807
1939	4,416	1,134	530	100	700	6,880	1,090	5,790	158	5,948	600	5,190	5,348	380	4,968
1940	3,999	2,646	460	150	480	7,735	1,110	6,625	114	6,739	589	6,036	6,150	390	5,760
1941	3,837	3,317	370	60	410	7,994	970	7,024	88	7,112	610	6,414	6,502	390	6,112
1942	3,796	3,478	320	−50	370	7,914	820	7,094	61	7,155	607	6,487	6,548	380	6,168
1943	3,751	3,594	220	60	410	8,035	810	7,225	49	7,274	613	6,612	6,661	380	6,281
1944	3,864	3,364	170	−120	520	7,798	900	6,898	42	6,940	614	6,284	6,326	370	5,956
1945	4,108	2,733	190	−120	420	7,331	860	6,471	40	6,511	631	5,840	5,880	360	5,520
1946	4,533	1,500	480	70	710	7,293	860	6,433	40	6,473	643	5,790	5,830	360	5,470
1947	4,675	1,058	560	140	710	7,143	865	6,278	58	6,336	637	5,641	5,699	365	5,334
1948	4,719	1,017	603	80	865	7,284	845	6,439	82	6,521	633	5,806	5,888	368	5,520

TABLE 5 (cont.)

(iii) 1938 and 1948 at 1948 prices

				At 1948 market prices					At 1948 factor cost	
1938	8,584	1,360	1,411	181	1,939	13,475	2,855	10,620	548	11,168	1,434	9,186	9,734	852	8,882
1948	8,609	1,756	1,422	175	2,196	14,158	2,434	11,724	235	11,959	1,442	10,282	10,517	848	9,669

(iv) 1948–65 at 1958 prices

				At 1958 market prices					At 1958 factor cost	
1948	12,531	3,072	2,135	250	3,113	21,101	3,328	17,773	321	18,094	2,053	15,720	16,041	1,267	14,774
1949	12,765	3,255	2,333	90	3,454	21,897	3,589	18,308	292	18,600	2,099	16,209	16,501	1,313	15,188
1950	13,116	3,255	2,459	−275	3,947	22,502	3,620	18,882	466	19,348	2,148	16,734	17,200	1,361	15,839
1951	12,941	3,502	2,469	615	3,907	23,434	3,873	19,561	306	19,867	2,229	17,332	17,638	1,405	16,233
1952	12,876	3,857	2,479	65	3,825	23,102	3,584	19,518	230	19,748	2,192	17,326	17,556	1,440	16,116
1953	13,450	3,962	2,748	135	3,985	24,280	3,867	20,413	231	20,644	2,282	18,131	18,362	1,493	16,869
1954	13,995	3,947	2,982	54	4,210	25,188	4,009	21,179	253	21,432	2,397	18,782	19,035	1,556	17,479
1955	14,559	3,832	3,150	313	4,470	26,324	4,413	21,911	171	22,082	2,493	19,418	19,589	1,623	17,966
1956	14,682	3,806	3,294	244	4,665	26,691	4,426	22,265	223	22,488	2,481	19,784	20,007	1,671	18,336
1957	14,985	3,751	3,469	250	4,784	27,239	4,537	22,702	236	22,938	2,538	20,164	20,400	1,730	18,670
1958	15,362	3,672	3,492	111	4,707	27,344	4,586	22,758	293	23,051	2,655	20,103	20,396	1,791	18,605
1959	16,080	3,744	3,768	179	4,836	28,607	4,887	23,720	260	23,980	2,919	20,801	21,061	1,857	19,204
1960	16,735	3,824	4,132	595	5,110	30,396	5,472	24,924	228	25,152	3,075	21,849	22,077	1,936	20,141
1961	17,127	3,964	4,524	325	5,261	31,201	5,432	25,769	248	26,017	3,113	22,656	22,904	2,019	20,885
1962	17,517	4,091	4,500	73	5,348	31,529	5,536	25,993	329	26,322	3,122	22,871	23,200	2,093	21,107
1963	18,375	4,153	4,582	206	5,573	32,889	5,743	27,146	380	27,526	3,322	23,824	24,204	2,179	22,025
1964	19,082	4,221	5,366	581	5,764	35,014	6,266	28,748	386	29,134	3,529	25,219	25,605	2,297	23,308
1965	19,421	4,391	5,580	365	6,025	35,782	6,321	29,461	434	29,895	3,509	25,952	26,386	2,402	23,984

a For exports and imports of goods and services the average prices of 1899 and 1902 were used in place of 1900 prices; and there were several changes within each sub-period in the base year prices used for compiling the underlying volume series. See Chapter 6.1, p. 117.

b Estimates for 1870–1920 and 1939–45 are orders of magnitude and are not based on direct measurement of stocks and work-in-progress. See Chapter 9.3.

c For 1870 to 1920 (first estimate) Southern Ireland is included; from 1920 (second estimate) onwards it is excluded.

TABLE 6 INDEX NUMBERS OF GROSS DOMESTIC PRODUCT AT CONSTANT FACTOR COST, 1855–1965

$(1913 = 100)$[a]

| | Output data (1) | Expenditure data | | Income data (3) | Compromise estimate (4) |
		Unadjusted for trend 1870–87 (2)	Adjusted for trend 1870–87 (2A)		
1855	33.5	..	..	31.8	32.7
1856	35.0	..	..	33.0	34.0
1857	35.6	..	..	33.6	34.6
1858	35.5	..	..	33.8	34.7
1859	36.6	..	..	34.5	35.6
1860	37.8	..	..	35.0	36.4
1861	38.1	..	..	36.7	37.4
1862	38.7	..	..	36.7	37.7
1863	38.9	..	..	37.1	38.0
1864	40.3	..	..	37.6	39.0
1865	41.7	..	..	38.7	40.2
1866	42.9	..	..	38.6	40.8
1867	41.8	..	..	39.0	40.4
1868	43.0	..	..	40.3	41.7
1869	42.7	..	..	41.4	42.0
1870	45.3	46.2	43.9	44.7	44.6
1871	47.4	49.1	46.8	46.7	47.0
1872	47.9	48.5	46.4	47.1	47.1
1873	48.9	48.2 *49.4*	47.1	48.5	48.2
1874	50.3	51.1 *49.9*	*48.0*	48.7	49.0
1875	51.0	51.7	*49.8*	49.9	50.2
1876	51.3	52.2	*50.5*	50.3	50.7
1877	51.0	52.8	*51.2*	51.5	51.2
1878	51.9	53.1	*51.7*	50.7	51.4
1879	50.0	52.0 *52.9*	*51.6*	51.9	51.2
1880	54.5	56.4 *55.5*	*54.3*	52.0	53.6
1881	56.2	56.2	*55.1*	55.2	55.5
1882	57.4	57.2 *58.6*	*57.7*	56.2	57.1
1883	59.0	59.7 *58.3*	*57.5*	56.0	57.5
1884	58.4	59.1	*58.4*	56.0	57.6
1885	57.5	58.7	*58.2*	56.3	57.3
1886	57.7	59.1	*58.8*	58.2	58.2
1887	59.6	61.9	*61.8*	60.1	60.5
1888	62.3		63.0	64.3	63.2
1889	65.3		64.1 *66.5*	68.1	66.6
1890	66.2		64.8 *66.2*	68.2	66.9
1891	67.3		67.2 *65.8*	67.6	66.9
1892	66.1		65.8 *64.4*	65.3	65.3
1893	65.4		65.4 *64.4*	66.0	65.3
1894	68.1		69.0	72.0	69.7
1895	70.2		71.1	74.5	71.9
1896	73.3		74.5	76.8	74.9
1897	74.5		74.6	78.6	75.9
1898	77.2		79.1	82.6	79.6
1899	79.0		83.5	86.1	82.9
1900	79.6		82.1 *83.9*	83.5	82.3
1901	80.8		85.4 *83.6*	82.6	82.3
1902	82.4		85.8	84.9	84.4

TABLE 6 (cont.)

(1913 = 100)

	Output data (1)	Expenditure data (2)	Income data (3)	Compromise estimate (4)
1903	81.2	85.8	83.6	83.5
1904	82.5	86.4	83.0	84.0
1905	85.7	87.9	86.0	86.5
1906	87.8	89.9	90.5	89.4
1907	90.2	90.0	93.2	91.1
1908	87.3	86.7	88.1	87.4
1909	88.7	89.9	89.6	89.4
1910	90.2	93.1	93.2	92.2
1911	93.8	95.3	95.5	94.9
1912	96.4	94.9	97.7	96.3
1913	100.0	100.0	100.0	100.0
1914	..	101.0	100.9	101.0
1915	..	112.1	106.0	109.1
1916	..	112.8	110.1	111.5
1917	..	115.0	109.9	112.5
1918	..	113.1	113.3	113.2
1919	..	100.6	101.1	100.9
1920[b]	97.5	92.2	94.6	94.8
	93.7	88.5	91.6	91.3
1921	82.3	83.4	86.0	83.9
1922	88.5	86.9	89.2	88.2
1923	91.4	89.7	92.0	91.0
1924	96.0	92.3	96.1	94.8
1925	98.9	97.3	102.1	99.4
1926	96.6	92.4	98.0	95.7
1927	105.0	99.1	106.2	103.4
1928	105.0	101.0	108.1	104.7
1929	107.7	103.4	112.2	107.8
1930	106.0	103.3	111.6	107.0
1931	102.3	97.6	104.6	101.5
1932	102.5	98.3	106.2	102.3
1933	106.8	99.3	109.8	105.3
1934	112.6	106.2	117.7	112.2
1935	117.6	110.3	121.7	116.5
1936	124.0	113.6	127.8	121.8
1937	128.7	118.6	130.9	126.1
1938	127.1	122.2	133.4	127.6
1939	..	124.8	133.0	128.9
1940	..	145.2	138.4	141.8
1941	..	154.3	155.0	154.7
1942	..	156.1	160.8	158.5
1943	..	159.0	164.9	162.0
1944	..	151.2	159.9	155.6
1945	..	140.5	157.1	148.8
1946	133.6	139.4	153.9	142.3
1947	135.0	135.7	149.8	140.2
1948	141.1	139.7	153.4	144.7
1949	146.1	144.0	160.0	150.0

TABLE 6 (cont.)

(1913 = 100)

	Output data (1)	Expenditure data (2)	Income data (3)	Compromise estimate (4)
1950	151.5	148.7	164.5	154.9
1951	154.9	154.0	169.7	159.5
1952	153.8	154.0	169.8	159.2
1953	160.0	161.2	175.3	165.5
1954	166.7	166.9	182.9	172.2
1955	172.4	172.6	190.6	178.5
1956	174.0	175.8	192.2	180.7
1957	177.0	179.2	194.7	183.6
1958	176.8	178.7	194.2	183.2
1959	184.8	185.0	202.1	190.6
1960	194.7	194.1	215.9	201.6
1961	198.2	201.3	221.4	207.0
1962	200.9	203.3	223.8	209.3
1963	207.6	211.7	233.4	217.6
1964	220.0	224.1	247.9	230.7
1965	225.8	230.7	257.0	237.8

^a Chained indices shown with 1913 = 100; for the actual weight base years used in each of the sub-periods see Table 5 and further details on pp. 4 and 207.

^b For 1855 to 1920 (first row) Southern Ireland is included; from 1920 (second row) onwards it is excluded.

SOURCE: (1) See Table 8, column (5).
(2) Calculated from Table 5, column (12). For the revisions for stockbuilding given in italics for certain years between 1873 and 1901 see p. 17.
(2A) Column (2) adjusted downward by an amount declining linearly from 5% in 1870 to zero in 1888. For explanation see p. 18.
(3) Calculated from Table 1, column (9), divided by Table 61, column (7).
(4) This is an arithmetic average of the indices in columns (1), (2) (1870–87: 2A) and (3). For discussion see Chapter 1.4. It should be noted that for 1914–19 and 1939–45 the compromise estimate is based on columns (2) and (3) only; this particularly affects the comparison between 1939–45 and the years from 1946 onwards.

TABLE 7 INDEX NUMBERS OF THE MAIN CATEGORIES OF EXPENDITURE AND OF GROSS NATIONAL PRODUCT AT CONSTANT FACTOR COST, 1870–1965

(1913 = 100)[a]

	At constant market prices						
	Consumers' expenditure (1)	Public authorities' current expenditure on goods and services (2)	Gross domestic fixed capital formation (3)	Exports of goods and services (4)	Imports of goods and services (5)	Net property income from abroad (6)	Gross national product at constant factor cost (7)
1870	48.0	30.4	42.0	31.7	28.1	12.7	43.7
1871	49.7	30.4	51.6	36.8	32.9	15.1	46.6
1872	50.4	29.8	52.9	37.2	33.0	15.6	46.1
1873	51.5	27.7	50.3	35.9	34.5	18.5	46.0
1874	53.3	29.8	59.9	36.4	35.1	20.8	48.9
1875	54.2	31.4	69.4	36.5	37.2	22.6	49.5
1876	54.6	32.4	77.7	36.4	38.1	22.6	50.1
1877	55.4	33.0	76.4	37.2	39.0	21.4	50.5
1878	56.0	34.6	72.6	37.8	39.3	23.1	50.9
1879	55.3	38.3	62.4	40.2	40.8	24.3	50.0
1880	58.1	37.9	63.1	44.3	43.9	24.3	54.0
1881	57.7	38.9	62.4	47.5	42.9	24.8	54.0
1882	58.7	40.5	63.1	48.3	45.1	26.6	54.9
1883	60.7	42.1	68.2	50.1	47.6	27.8	57.4
1884	61.0	43.1	65.6	49.8	46.0	30.7	57.0
1885	61.6	47.4	58.0	47.9	46.4	34.1	56.9
1886	61.8	46.8	52.9	49.3	46.9	38.2	57.6
1887	64.2	45.7	52.9	52.0	49.6	42.2	60.5
1888	65.1	45.7	56.1	55.1	51.2	43.4	61.5
1889	66.4	46.4	61.8	57.6	55.7	45.1	62.7
1890	67.7	47.4	63.1	57.5	55.7	48.5	63.6
1891	71.1	49.0	69.4	54.7	56.8	48.0	66.4
1892	70.9	49.0	72.6	54.3	57.7	50.9	65.3
1893	71.1	50.6	72.0	51.3	56.5	52.0	65.0
1894	73.2	52.6	76.4	53.9	61.2	54.4	67.9
1895	75.1	55.9	77.1	57.8	64.3	56.6	70.0
1896	78.2	58.5	87.3	60.2	67.9	57.8	73.3
1897	78.7	60.1	100.0	60.5	69.3	58.4	73.4
1898	82.0	61.7	115.3	60.6	71.7	60.1	77.7
1899	84.8	74.5	125.5	63.6	73.2	60.1	81.8
1900	84.5	96.8	126.8	60.9	75.1	56.6	80.2
1901	86.2	108.5	131.8	62.5	78.4	59.5	83.5
1902	86.6	102.6	138.2	65.1	78.9	62.5	84.1
1903	87.0	90.9	141.4	67.7	78.5	63.0	84.2
1904	88.2	87.9	133.8	68.9	79.4	63.0	84.7
1905	88.7	87.2	128.7	74.9	81.6	68.8	86.5
1906	90.3	86.2	123.6	79.9	84.2	72.2	88.6
1907	91.4	94.6	103.2	84.9	85.6	73.9	88.8
1908	91.2	86.6	90.4	78.7	81.7	80.3	86.3
1909	91.6	90.5	93.0	83.2	85.1	83.3	89.4
1910	93.1	93.5	94.3	89.5	87.6	84.9	92.5
1911	95.9	96.4	89.8	91.8	90.2	90.8	94.9
1912	96.5	97.8	87.9	96.8	96.7	94.3	94.9
1913	100.0	100.0	100.0	100.0	100.0	100.0	100.0

TABLE 7 (cont.)

(1913 = 100)

At constant market prices

	Consumers' expenditure (1)	Public authorities' current expenditure on goods and services (2)	Gross domestic fixed capital formation (3)	Exports of goods and services (4)	Imports of goods and services (5)	Net property income from abroad (6)	Gross national product at constant factor cost (7)
1914	100.5	143.3	101.5	82.9	94.2	96.5	100.7
1915	102.6	429.8	67.3	68.8	99.5	71.5	110.1
1916	94.1	489.3	48.2	79.5	92.2	66.1	110.5
1917	86.7	535.2	53.3	56.7	78.7	51.9	112.0
1918	85.9	510.7	53.1	44.3	80.2	49.0	109.9
1919	98.3	224.3	63.8	65.0	90.2	35.3	97.5
1920[b]	98.5	128.3	109.2	69.7	89.6	35.7	89.4
	94.3	120.4	105.3	72.6	92.0	34.3	85.7
1921	88.7	122.1	120.8	57.8	80.9	47.0	81.6
1922	91.8	114.6	111.2	72.8	93.2	50.0	85.0
1923	94.5	108.1	114.0	79.9	99.9	59.3	88.2
1924	96.8	108.9	132.9	82.4	109.8	63.2	90.8
1925	99.0	112.8	152.0	82.0	112.6	75.0	96.1
1926	98.6	114.6	147.1	75.3	117.2	83.3	91.9
1927	102.5	116.2	163.8	84.6	119.2	88.2	98.6
1928	104.1	117.6	162.3	85.3	115.4	87.2	100.2
1929	106.2	120.0	170.8	88.0	121.2	90.1	102.7
1930	107.8	122.9	171.5	75.8	119.6	90.7	102.5
1931	109.0	125.9	168.2	61.1	124.1	84.8	96.9
1932	108.3	125.9	146.7	59.7	110.7	71.5	96.9
1933	111.0	127.3	151.5	60.5	110.9	89.7	98.7
1934	114.3	130.4	184.4	62.8	115.8	94.1	105.6
1935	117.5	139.3	191.9	70.9	121.5	100.9	109.7
1936	120.9	151.8	209.2	68.8	124.5	102.9	112.9
1937	122.9	169.4	216.2	72.3	129.0	94.1	117.3
1938	123.9	202.4	219.3	67.6	126.3	94.1	120.8
1939	120.4	298.8	195.3	62.2	138.1	77.6	121.7
1940	109.2	697.4	169.3	42.6	140.7	56.0	140.0
1941	104.8	874.1	136.2	36.5	123.0	43.2	148.1
1942	103.6	916.6	118.0	32.9	103.9	30.0	149.0
1943	102.4	947.0	81.1	36.5	102.7	24.1	151.7
1944	105.5	886.4	62.5	46.2	114.0	20.7	144.0
1945	112.1	720.2	70.0	37.4	109.0	19.6	133.9
1946	123.7	395.3	176.8	63.1	109.0	19.6	132.7
1947	127.5	278.9	206.1	63.1	109.6	28.5	129.7
1948	128.7	268.0	222.1	76.9	107.1	40.3	133.9
1949	131.1	284.0	242.8	85.3	115.5	36.6	137.8
1950	134.8	284.0	255.9	97.5	116.4	58.4	143.6
1951	133.0	305.5	256.8	96.5	124.6	38.4	147.2
1952	132.3	336.4	257.9	94.8	115.3	28.9	146.6
1953	138.2	345.7	286.0	98.4	124.4	29.0	153.3
1954	143.7	344.3	310.3	104.0	129.0	31.7	158.9
1955	149.6	334.4	327.9	110.4	141.9	21.4	163.5
1956	150.8	332.0	342.8	115.2	142.4	27.9	167.0
1957	153.9	327.3	361.0	118.2	146.0	29.6	170.3
1958	157.9	320.4	363.4	116.3	147.6	36.8	170.3
1959	165.2	326.7	392.1	119.5	157.2	32.6	175.8

TABLE 7 (cont.) (1913 = 100)

	At constant market prices						
	Consumers' expenditure (1)	Public authorities' current expenditure on goods and services (2)	Gross domestic fixed capital formation (3)	Exports of goods and services (4)	Imports of goods and services (5)	Net property income from abroad (6)	Gross national product at constant factor cost (7)
1960	172.0	333.6	430.0	126.2	176.0	28.6	184.3
1961	176.0	345.7	470.8	129.9	174.7	31.1	191.2
1962	179.9	356.9	468.2	132.1	178.2	41.3	193.7
1963	188.8	362.3	476.8	137.6	184.7	47.7	202.1
1964	196.0	368.2	558.3	142.4	201.6	48.4	213.8
1965	199.5	383.0	580.5	148.8	203.4	54.5	220.4

a Chained indices shown with 1913 = 100; for the actual base years used in the sub-periods see Table 5 and the further details on p. 4.

b From 1870 to 1920 (first row) Southern Ireland is included; from 1920 (second row) onwards it is excluded.

SOURCE: See Table 5, columns (1), (2), (3), (5), (7), (9) and (13). For 1938–48 see Chapter 1.1, p. 4.

TABLE 8 INDEX NUMBERS OF OUTPUT AT CONSTANT FACTOR COST, 1855–1965

$(1913 = 100)$[a]

	Agriculture, forestry and fishing (1)	Industrial production[b] (2)	Transport and communication[c] (3)	Distribution and other services[b] (4)	Gross domestic product (5)
1855	99.3	26.3	19.7	33.1	33.5
1856	99.3	28.1	21.4	34.3	35.0
1857	100.0	29.1	21.8	35.0	35.6
1858	100.0	28.5	21.4	35.0	35.5
1859	100.7	30.0	23.1	35.9	36.6
1860	100.7	31.7	24.0	36.9	37.8
1861	101.5	31.7	24.5	37.3	38.1
1862	101.5	32.4	24.5	37.8	38.7
1863	102.1	32.5	25.3	38.3	38.9
1864	102.1	35.0	25.3	38.8	40.3
1865	102.9	37.3	27.1	39.9	41.7
1866	103.6	38.7	28.4	40.8	42.9
1867	100.7	36.4	27.9	40.9	41.8
1868	107.8	36.4	29.7	42.1	43.0
1869	103.6	35.8	29.7	42.5	42.7
1870	107.2	40.2	31.4	43.8	45.3
1871	104.3	43.5	34.1	45.5	47.4
1872	99.3	44.8	34.1	45.9	47.9
1873	102.1	45.3	34.9	47.0	48.9
1874	110.0	46.4	36.2	48.2	50.3
1875	110.7	46.7	37.1	49.2	51.0
1876	104.3	47.5	37.6	49.8	51.3
1877	95.0	47.4	38.4	50.4	51.0
1878	102.9	47.3	38.9	51.1	51.9
1879	82.8	45.6	38.9	51.2	50.0
1880	100.0	50.3	41.9	53.8	54.5
1881	100.0	53.5	43.2	55.0	56.2
1882	95.0	55.7	45.0	56.2	57.4
1883	101.5	56.5	46.7	57.6	59.0
1884	103.6	54.4	46.3	57.7	58.4
1885	100.7	52.1	46.3	58.1	57.5
1886	104.3	51.0	46.7	58.7	57.7
1887	97.9	55.1	49.3	60.4	59.6
1888	100.0	58.3	51.5	62.3	62.3
1889	102.1	62.4	54.6	64.3	65.3
1890	103.6	63.3	55.5	65.2	66.2
1891	106.4	64.1	57.2	66.4	67.3
1892	102.9	61.0	56.8	66.7	66.1
1893	98.7	60.0	56.3	66.6	65.4
1894	100.7	63.5	59.4	69.0	68.1
1895	99.3	66.5	62.0	70.7	70.2
1896	99.3	71.4	65.1	72.4	73.3
1897	96.4	73.4	66.4	73.7	74.5
1898	100.7	77.0	68.6	75.7	77.2
1899	97.9	80.1	70.3	76.9	79.0
1900	95.8	80.1	71.2	78.2	79.6
1901	97.2	80.3	72.5	80.1	80.8
1902	100.7	81.7	74.2	81.5	82.4
1903	92.2	80.0	75.1	81.5	81.2
1904	97.2	81.0	77.3	82.4	82.5
1905	98.7	85.7	79.9	84.6	85.7

TABLE 8 (cont.)

(1913 = 100)

	Agriculture, forestry and fishing (1)	Industrial production[b] (2)	Transport and communication[c] (3)	Distribution and other services[b] (4)	Gross domestic product (5)
1906	92.2	89.3	82.5	86.4	87.8
1907	100.0	91.0	85.6	88.5	90.2
1908	102.9	83.7	83.8	88.4	87.3
1909	105.0	84.3	86.0	90.1	88.7
1910	103.6	85.5	88.6	91.9	90.2
1911	101.5	91.5	92.1	94.5	93.8
1912	100.0	93.9	96.1	97.4	96.4
1913	100.0	100.0	100.0	100.0	100.0
1920[d]	93.0	99.3	98.0	97.3	97.5
	71.5	97.9	95.1	93.8	93.7
1921	72.8	79.7	85.9	85.2	82.3
1922	73.7	92.2	99.9	86.6	88.5
1923	74.9	97.6	109.3	87.1	91.4
1924	72.6	108.4	113.0	88.8	96.0
1925	78.2	112.7	114.6	90.6	98.9
1926	80.5	106.6	109.6	90.8	96.6
1927	80.7	122.8	120.8	94.5	105.0
1928	85.4	119.5	122.4	95.9	105.0
1929	85.6	125.5	127.2	96.2	107.7
1930	87.7	120.1	126.5	96.6	106.0
1931	79.9	112.3	120.3	96.2	102.3
1932	83.7	111.9	116.0	96.9	102.5
1933	89.7	119.3	118.2	99.3	106.8
1934	90.8	131.2	122.1	101.9	112.6
1935	88.5	141.2	125.7	104.7	117.6
1936	87.1	153.9	132.0	107.9	124.0
1937	86.7	163.1	137.9	110.0	128.7
1938	85.7	158.7	137.6	110.1	127.1
1946	94.9	162.6	157.0	118.1	133.6
1947	91.0	171.3	164.0	113.4	135.0
1948	97.9	186.0	176.4	112.7	141.1
1949	105.2	196.8	180.6	113.9	146.1
1950	107.7	208.0	184.7	116.3	151.5
1951	110.1	214.8	193.0	116.9	154.9
1952	112.6	210.0	195.1	116.9	153.8
1953	115.0	222.0	199.2	120.6	160.0
1954	117.4	235.6	201.3	124.2	166.7
1955	116.2	247.6	205.5	126.9	172.4
1956	122.4	248.6	209.6	128.2	174.0
1957	124.8	253.1	209.6	130.5	177.0
1958	122.4	250.3	207.5	132.4	176.8
1959	127.2	263.1	215.8	138.4	184.8
1960	135.8	281.6	228.3	142.2	194.7
1961	135.8	285.1	232.4	146.0	198.2
1962	140.7	288.1	234.5	148.0	200.9
1963	145.5	297.9	242.8	152.5	207.6
1964	154.1	320.9	257.3	158.6	220.0
1965	157.9	330.2	267.7	162.2	225.8

[a] Chained indices shown with 1913 = 100; for the actual base years used in the sub-periods see p. 207.
[b] Indices for selected components are given in Tables 51–3.
[c] Covers all road goods vehicles including those owned by other industries.
[d] For 1855 to 1920 (first row) Southern Ireland is included; from 1920 (second row) onwards it is excluded. An estimate for 1855 to 1920 excluding Ireland is given in Table 54.

TABLE 9   GROSS DOMESTIC PRODUCT BY INDUSTRY AND TYPE OF INCOME, 1920–38[a]

(£M.)

	1920	1921	1922	1923	1924	1925	1926	1927	1928	1929	1930	1931	1932	1933	1934	1935	1936	1937	1938
Agriculture, forestry and fishing																			
Income from employment	124	118	85	74	77	82	83	81	82	82	79	76	74	72	72	72	73	73	74
Income from self-employment, rent and other trading income	200	161	135	113	106	97	93	76	82	82	90	77	75	98	111	104	117	93	102
Total	324	279	220	187	183	179	176	157	164	164	169	153	149	170	183	176	190	166	176
Mining and quarrying																			
Income from employment	304	196	164	185	192	169	94	150	129	135	128	117	108	105	110	110	121	135	137
Gross profits and other trading income	43	20	21	31	26	14	17	4	—	16	14	13	9	10	13	16	22	28	28
Total	347	216	185	216	218	183	111	154	129	151	142	130	117	115	123	126	143	163	165
Manufacturing																			
Income from employment	1,214	893	768	732	754	766	744	802	801	816	751	686	688	719	766	797	859	930	946
Gross profits and other trading income	372	239	344	341	360	364	335	364	358	361	311	263	257	286	334	374	436	496	478
Total	1,586	1,132	1,112	1,073	1,114	1,130	1,079	1,166	1,159	1,177	1,062	949	945	1,005	1,100	1,171	1,295	1,426	1,424
Building and contracting																			
Income from employment	190	170	123	116	123	136	140	150	148	149	152	145	131	137	150	162	174	184	188
Gross profits and other trading income	38	34	34	30	32	38	36	42	40	40	37	33	33	34	36	39	45	45	48
Total	228	204	157	146	155	174	176	192	188	189	189	178	164	171	186	201	219	229	236
Gas, electricity and water																			
Income from employment	45	43	39	37	37	39	41	42	43	44	45	45	45	46	47	50	53	55	58
Gross profits and other trading income	32	31	41	45	44	46	43	51	52	54	57	58	60	62	60	63	66	69	70
Total	77	74	80	82	81	85	84	93	95	98	102	103	105	108	107	113	119	124	128
Transport																			
Income from employment	285	256	229	220	226	227	213	229	229	230	225	214	205	202	208	214	224	233	236
Gross profits and other trading income	155	155	136	107	107	110	92	121	117	120	100	92	78	89	105	110	123	142	129
Total	440	411	365	327	333	337	305	350	346	350	325	306	283	291	313	324	347	375	365
Communication																			
Income from employment	48	52	44	40	40	41	42	44	44	44	45	43	42	42	43	46	49	52	55
Gross profits and other trading income	5	6	6	6	7	8	9	10	11	12	13	14	15	15	16	15	16	17	18
Total	53	58	50	46	47	49	51	54	55	56	58	57	57	57	59	61	65	69	73

TABLE 9 (cont.)

	1920	1921	1922	1923	1924	1925	1926	1927	1928	1929	1930	1931	1932	1933	1934	1935	1936	1937	1938
Distributive trades																			
Income from employment	277	246	215	205	205	219	229	243	252	261	267	273	282	290	296	301	312	324	330
Gross profits and other trading income[b]	302	240	312	312	317	326	312	332	342	334	296	269	246	274	277	303	335	343	316
Total	579	486	527	517	522	545	541	575	594	595	563	542	528	564	573	604	647	667	646
Insurance, banking and finance																			
Income from employment	133	117	104	105	109	113	117	119	120	122	122	119	119	123	128	130	133	137	138
Gross profits and other income[c]	161	132	125	128	133	144	150	154	174	187	134	124	133	134	142	153	165	164	161
Rent[d]	54	62	68	63	70	80	83	89	103	113	121	125	134	131	133	143	146	160	164
Adjustment for net interest[e]	−182	−162	−138	−139	−145	−153	−161	−160	−174	−199	−163	−154	−150	−145	−153	−163	−176	−189	−184
Total	166	149	159	157	167	184	189	202	223	223	214	214	236	243	250	263	268	272	279
Ownership of dwellings																			
Rent	143	163	175	177	181	183	190	197	203	211	219	226	232	238	242	249	257	265	271
Public administration and defence																			
Income from employment	316	255	217	194	193	195	196	197	196	200	204	204	200	198	204	213	223	237	259
Other services																			
Income from employment	407	396	336	320	328	337	344	350	354	361	366	365	367	373	386	401	419	440	457
Gross profits and other trading income	189	177	178	185	191	200	202	210	217	221	214	200	193	196	207	218	232	234	233
Total	596	573	514	505	519	537	546	560	571	582	580	565	560	569	593	619	651	674	690
All industries and services																			
Income from employment	3,343	2,742	2,324	2,228	2,284	2,324	2,243	2,407	2,398	2,444	2,384	2,287	2,261	2,307	2,410	2,496	2,640	2,800	2,878
Gross profits and other trading	1,512	1,258	1,437	1,399	1,429	1,457	1,401	1,490	1,525	1,552	1,443	1,340	1,315	1,422	1,523	1,624	1,784	1,867	1,834
Income not allocated[f]	211	74	28	71	90	90	94	99	100	102	102	96	96	95	98	100	105	109	111
Stock appreciation	+200	+350	62	−45	−40	139	56	18	18	80	213	63	34	−45	−5	−26	−98	−67	109
Gross domestic product at factor cost	5,266	4,424	3,851	3,653	3,763	4,010	3,794	4,014	4,041	4,178	4,142	3,786	3,706	3,779	4,026	4,194	4,431	4,709	4,932

[a] The contribution of each industry to the gross domestic product before providing for depreciation and stock appreciation.
[b] Includes the following amounts for government trading (£ m): 1920, −4; 1921, −2; 1922, 5; 1923, 3.
[c] Includes the Post Office Savings Bank.
[d] Income arising from land and buildings rented to trading concerns or public authorities (irrespective of the industry in which the owner of the building is engaged) plus the imputed rental of buildings owned and used by public authorities other than for their trading activities.
[e] See Chapter 7.1, p. 141.
[f] See Tables 22 and 26.

SOURCE: Tables 22, 23 and 26 plus work-sheets for estimates of rent (see also Table 8.1) and Central Government trading income.

TABLE 10   PERSONAL INCOME AND EXPENDITURE, 1920–38 AND 1946–65   (£M.)

T28

	Personal income (before tax)							Taxes on income				Disposable income, expenditure and savings		
	Income from employment (1)	Income from self-employment (2)	Rent, dividends and net interest (3)	Current grants from public authorities (4)	Transfers abroad (net) and taxes paid abroad (5)	Current transfers to charities from companies (6)	Total (7)	Payments (8)	Additions to reserves (9)	National insurance and health contributions (10)	Total (11)	Personal disposable income (12)	Consumers' expenditure (13)	Balance: savings[a] (14)
1920	3,449	752	926	160	1	..	5,288	333	−30	28	331	4,957	5,020	−63
1921	2,835	618	928	206	3	..	4,590	301	−26	47	322	4,268	4,315	−47
1922	2,411	626	885	195	4	..	4,121	306	−45	59	320	3,801	3,842	−41
1923	2,318	614	901	177	—	..	4,010	262	−17	62	307	3,703	3,717	−14
1924	2,376	633	948	174	6	..	4,137	258	−9	64	313	3,824	3,777	47
1925	2,419	652	985	181	5	..	4,242	254	−25	65	294	3,948	3,878	70
1926	2,336	642	1,009	203	3	..	4,193	227	1	75	303	3,890	3,833	57
1927	2,505	653	1,006	196	5	..	4,365	219	1	80	300	4,065	3,887	178
1928	2,497	670	1,035	201	6	..	4,409	226	5	82	313	4,096	3,939	157
1929	2,545	668	1,052	209	5	..	4,479	226	−2	82	306	4,173	3,983	190
1930	2,485	616	1,076	239	10	..	4,426	231	31	81	343	4,083	3,932	151
1931	2,382	552	1,032	282	10	..	4,258	262	−16	82	328	3,930	3,805	125
1932	2,357	548	975	282	10	..	4,172	286	−30	89	345	3,827	3,683	144
1933	2,402	590	949	272	7	..	4,220	252	−6	90	336	3,884	3,696	188
1934	2,507	596	945	268	4	..	4,320	243	−11	94	326	3,994	3,802	192
1935	2,597	629	991	273	3	..	4,493	229	12	98	339	4,154	3,935	219
1936	2,744	663	1,053	266	4	..	4,730	229	25	104	358	4,372	4,080	292
1937	2,908	631	1,103	264	3	..	4,909	262	23	107	392	4,517	4,289	228
1938	2,989	615	1,157	280	2	..	5,043	293	16	109	418	4,625	4,392	233
1946	5,758	1,126	1,274	672	15	..	8,845	1,067	63	170	1,300	7,545	7,273	272
1947	6,227	1,210	1,357	682	−34	..	9,442	983	85	232	1,300	8,142	8,028	114
1948	6,785	1,305	1,217	705	−31	..	9,981	971	25	335	1,331	8,650	8,609	41
1949	7,246	1,375	1,204	745	−18	..	10,552	996	25	436	1,457	9,095	8,969	126
1950	7,627	1,389	1,268	756	11	..	11,051	1,017	5	440	1,462	9,589	9,461	128
1951	8,501	1,437	1,268	785	−8	..	11,983	1,162	40	452	1,654	10,329	10,215	114
1952	9,107	1,490	1,285	911	−8	..	12,785	1,177	−14	476	1,639	11,146	10,766	380
1953	9,634	1,539	1,393	1,002	6	..	13,574	1,134	9	525	1,668	11,906	11,475	431
1954	10,284	1,578	1,447	1,021	4	9	14,343	1,236	33	532	1,801	12,542	12,163	379
1955	11,244	1,661	1,534	1,116	−9	9	15,555	1,330	35	594	1,959	13,596	13,110	486
1956	12,262	1,713	1,547	1,194	−26	11	16,701	1,452	20	642	2,114	14,587	13,821	766
1957	12,958	1,772	1,633	1,253	−28	12	17,600	1,602	−1	657	2,259	15,341	14,582	759
1958	13,465	1,780	1,844	1,485	−4	13	18,583	1,696	50	859	2,605	15,978	15,362	616
1959	14,102	1,883	2,056	1,637	−8	15	19,685	1,776	15	897	2,688	16,997	16,175	822

TABLE 10 (*cont.*)

	Personal income (before tax)							Taxes on income				Disposable income, expenditure and savings		
	Income from employment (1)	Income from self-employment (2)	Rent, dividends and net interest (3)	Current grants from public authorities (4)	Transfers abroad (net) and taxes paid abroad (5)	Current transfers to charities from companies (6)	Total (7)	Payments (8)	Additions to reserves (9)	National insurance and health contributions (10)	Total (11)	Personal disposable income (12)	Consumers' expenditure (13)	Balance: savings[a] (14)
1960	15,164	2,004	2,372	1,654	−5	17	21,206	1,991	95	913	2,999	18,207	16,990	1,217
1961	16,397	2,104	2,616	1,804	−1	19	22,939	2,249	20	1,072	3,341	19,598	17,903	1,695
1962	17,289	2,142	2,732	1,983	−8	21	24,159	2,458	−30	1,197	3,625	20,534	18,991	1,543
1963	18,160	2,202	3,001	2,237	−23	24	25,601	2,510	17	1,303	3,830	21,771	20,195	1,576
1964	19,662	2,326	3,300	2,371	−31	26	27,654	2,801	95	1,444	4,340	23,314	21,577	1,737
1965	21,218	2,518	3,595	2,732	−40	28	30,051	3,344	107	1,685	5,136	24,915	22,956	1,959

[a] Before providing for depreciation and stock appreciation.

TABLE 11 CORPORATE INCOME APPROPRIATION ACCOUNT, 1920–38 AND 1946–65 (£M.)

	Corporate income				Allocation of income					Balance
	Income arising in the U.K.									
	Gross trading profits of companies and public corporations[a] (1)	Rent and non-trading income (2)	Income from abroad[b] (3)	Total (4)	Dividends and interest accruing[c] (5)	Current transfers to charities (6)	Profits due abroad[d] and taxes paid abroad (7)	U.K. taxes on income accruing[e] (8)	Total (9)	Undistributed income after taxation[a] (10)
1920	621	128	184	933	485	..	26	170	681	252
1921	343	125	127	595	399	..	17	113	529	66
1922	437	109	142	688	389	..	20	12	421	267
1923	456	113	151	720	435	..	24	61	520	200
1924	477	116	168	761	444	..	27	80	551	210
1925	468	121	188	777	465	..	30	48	543	234
1926	420	125	188	733	462	..	30	58	550	183
1927	478	122	184	784	471	..	30	64	565	219
1928	474	133	179	786	478	..	30	64	572	214
1929	485	157	181	823	509	..	31	59	599	224
1930	411	125	157	693	486	..	27	70	583	110
1931	360	127	108	595	435	..	19	52	506	89
1932	322	140	88	550	422	..	15	36	473	77
1933	383	134	106	623	416	..	20	59	495	128
1934	471	144	116	731	430	..	23	50	503	228
1935	522	153	126	801	507	..	26	64	597	204
1936	636	170	144	950	571	..	30	89	690	260
1937	726	197	166	1,089	614	..	36	118	768	321
1938	697	190	148	1,035	608	..	33	135	776	259
1946	1,496	247	270	2,013	655	..	178	550	1,383	630
1947	1,730	280	338	2,348	683	..	179	678	1,540	808
1948	1,910	308	471	2,689	684	..	222	746	1,652	1,037
1949	1,998	307	475	2,780	693	..	241	748	1,682	1,098
1950	2,322	332	674	3,328	757	..	254	855	1,866	1,462
1951	2,743	357	734	3,834	790	..	316	1,169	2,275	1,559
1952	2,457	407	726	3,590	857	..	360	977	2,194	1,396
1953	2,634	449	683	3,766	908	..	342	1,000	2,250	1,516
1954	2,930	488	706	4,124	1,035	9	329	1,032	2,405	1,719
1955	3,201	571	737	4,509	1,091	9	402	970	2,472	2,037
1956	3,273	676	828	4,777	1,205	11	435	1,021	2,672	2,105
1957	3,398	763	874	5,035	1,310	12	490	1,011	2,823	2,212
1958	3,323	795	965	5,083	1,457	13	511	870	2,851	2,232
1959	3,708	786	992	5,486	1,662	15	595	782	3,054	2,432
1960	4,278	916	955	6,149	1,937	17	548	1,033	3,535	2,614
1961	4,291	987	983	6,261	2,198	19	537	915	3,669	2,592
1962	4,350	986	1,081	6,417	2,293	21	581	826	3,721	2,696
1963	4,959	994	1,158	7,111	2,511	24	610	833	3,978	3,133
1964	5,547	1,136	1,308	7,991	2,727	26	739	1,016	4,508	3,483
1965	5,815	1,320	1,461	8,596	3,089	28	799	685	4,601	3,995

[a] Before providing for depreciation and stock appreciation.
[b] Trading profits of British companies operating abroad plus non-trading income; after deducting depreciation allowances but before providing for stock appreciation.
[c] Before deduction of tax.
[d] Net of United Kingdom tax and after deducting depreciation allowances but before providing for stock appreciation.
[e] Excluding tax on distributed income

NOTE: For further details of corporate income and allocation of income, 1920–38, see Table 32.

TABLE 12 CURRENT ACCOUNT OF CENTRAL GOVERNMENT (INCLUDING NATIONAL INSURANCE FUNDS), 1900–65

(£M.)

	Receipts							Expenditure							Balance
	Gross trading surplus[a] (1)	Rent, interest and dividends (2)	Taxes on income (3)	Taxes on expenditure (4)	National insurance and health contributions (5)	Current grants from overseas governments (6)	Total (7)	Current expenditure on goods and services (8)	Subsidies (9)	National insurance benefits (10)	Other current grants to personal sector (11)	Debt interest (12)	Current grants to local authorities (13)	Current grants paid abroad (14)	Total (15)	Current balance[a] (16)
1900	1	5	20	78	—	—	104	123	—	—	6	21	16	1	167	−63
1901	1	6	30	83	—	—	120	139	—	—	6	22	16	4	187	−67
1902	1	6	36	89	—	—	132	122	—	—	6	24	16	7	175	−43
1903	1	6	37	86	—	—	130	97	—	—	4	27	18	3	149	−19
1904	1	6	29	87	—	—	123	84	—	—	2	26	22	1	135	−12
1905	1	7	31	86	—	—	125	80	—	—	1	26	23	1	131	−6
1906	1	7	31	85	—	—	124	78	—	—	1	25	25	1	130	−6
1907	1	7	32	86	—	—	126	76	—	—	1	23	25	1	126	—
1908	1	7	33	79	—	—	120	77	—	—	1	23	25	1	127	−7
1909	1	7	33	77	—	—	118	81	—	—	9	23	24	1	138	−20
1910	1	8	40	88	—	—	137	88	—	—	10	23	24	1	146	−9
1911	1	8	42	89	—	—	140	91	—	—	12	23	25	1	152	−12
1912	3	8	44	92	10	—	157	96	—	3	13	23	25	1	161	−4
1913	3	8	45	92	19	—	167	100	—	6	13	23	25	1	168	−1
1914	3	8	49	90	20	—	170	217	5	10	14	24	26	3	299	−129
1915	6	9	82	126	21	1	245	939	6	9	14	52	26	5	1,051	−806
1916	10	13	235	149	21	1	429	1,228	14	8	16	107	26	4	1,403	−974
1917	26	14	430	135	22	31	658	1,575	24	8	36	167	29	10	1,849	−1,191
1918	47	21	531	169	22	39	829	1,717	85	9	63	248	32	6	2,160	−1,331
1919	13	21	629	277	22	19	981	763	113	10	155	310	50	7	1,408	−427
1920[b]	−1	26	622	356	29	7	1,039	297	132	16	147	320	67	11	990	+49
1921	−1	26	609	334	28	7	1,003	277	123	15	137	320	66	11	949	+54
1922	2	30	503	343	47	47	972	259	126	71	117	303	77	9	962	+10
1923	10	29	431	331	59	15	875	214	72	64	108	307	77	9	851	+24
1924	8	31	377	313	62	14	805	181	25	56	100	315	77	13	767	+38
1925	6	32	351	281	64	7	741	180	13	59	96	315	79	9	751	−10
1926	7	36	344	289	65	17	758	186	26	65	95	313	82	5	772	−14
1927	8	43	308	293	75	20	747	187	22	80	94	328	84	5	800	−53
1928	9	47	296	309	80	24	765	185	17	78	94	303	87	5	769	−11
1929	10	50	286	321	82	25	774	181	17	88	93	312	88	6	785	−4
1930	11	55	295	317	82	25	785	182	20	98	92	316	104	6	818	−33
1931	12	57	303	308	81	30	791	180	21	130	91	304	128	5	859	−68
1932	13	46	328	312	82	21	802	181	19	154	110	283	132	5	884	−82
1933	14	35	352	348	89	1	839	177	22	125	135	279	125	5	868	−29
1934	14	33	310	346	90	1	794	176	26	108	139	243	124	6	822	−28
1935	15	33	291	365	94	2	800	184	30	108	133	226	126	6	813	−13

TABLE 12 (cont.)

(£M.)

	Receipts							Expenditure								Balance
	Gross trading surplus[a] (1)	Rent, interest and dividends (2)	Taxes on income (3)	Taxes on expenditure (4)	National insurance and health contributions (5)	Current grants from overseas governments (6)	Total (7)	Current expenditure on goods and services (8)	Subsidies (9)	National insurance benefits (10)	Other current grants to personal sector (11)	Debt interest (12)	Current grants to local authorities (13)	Current grants paid abroad (14)	Total (15)	Current balance[a] (16)
1935	14	33	284	373	98	1	803	209	32	110	133	227	134	6	851	−48
1936	14	33	288	396	104	—	835	252	29	105	131	223	139	6	885	−50
1937	15	33	326	413	107	—	894	322	27	107	131	228	139	6	960	−66
1938	16	34	383	415	109	1	958	439	35	122	132	232	142	8	1,110	−152
1939	19	34	438	464	110	—	1,065	829	41	114	127	234	178	15	1,538	−473
1940	20	30	627	674	120	—	1,471	2,557	93	105	142	243	225	13	3,378	−1,907
1941	31	30	1,055	997	125	—	2,238	3,651	166	89	176	265	278	12	4,637	−2,399
1942	76	31	1,332	1,132	143	—	2,714	4,143	200	92	193	313	269	18	5,228	−2,514
1943	89	32	1,722	1,228	144	—	3,215	4,566	232	95	214	361	245	16	5,729	−2,514
1944	73	31	1,916	1,234	141	—	3,395	4,638	248	101	235	405	240	11	5,878	−2,483
1945	58	1	1,935	1,206	137	—	3,337	3,758	289	104	286	450	247	60	5,194	−1,857
1946	42	−8	1,728	1,304	170	—	3,236	1,812	375	133	504	486	255	104	3,669	−433
1947	75	−15	1,508	1,509	232	—	3,309	1,208	457	272	368	519	275	55	3,154	155
1948	74	83	1,610	1,696	335	—	3,798	1,223	557	334	333	509	294	41	3,291	507
1949	80	107	1,795	1,667	436	—	4,085	1,428	509	379	330	507	302	40	3,495	590
1950	115	108	1,811	1,728	440	—	4,202	1,491	460	388	329	507	313	51	3,539	663
1951	93	147	1,926	1,906	452	4	4,528	1,788	452	406	338	550	352	65	3,951	577
1952	15	176	2,173	1,900	476	120	4,860	2,189	399	473	391	609	389	69	4,519	341
1953	32	198	2,116	1,932	525	105	4,908	2,286	343	527	427	639	416	69	4,707	201
1954	75	222	2,147	2,041	532	50	5,067	2,320	399	531	436	637	441	70	4,834	233
1955	78	251	2,319	2,177	594	46	5,465	2,324	322	614	434	708	490	70	4,962	503
1956	86	288	2,364	2,271	642	26	5,677	2,474	330	670	447	723	544	73	5,261	416
1957	90	300	2,592	2,351	657	21	6,011	2,533	377	702	471	705	621	75	5,484	527
1958	113	348	2,725	2,390	859	3	6,438	2,544	356	912	487	780	660	77	5,816	622
1959	116	394	2,758	2,486	897	—	6,651	2,706	341	987	558	774	711	82	6,159	492
1960	129	426	2,725	2,620	913	—	6,813	2,864	456	992	564	861	780	94	6,611	202
1961[c]	46	505	3,078	2,812	1,072	—	7,513	3,063	544	1,125	571	897	828	118	7,146	367
1962	17	602	3,455	2,980	1,197	—	8,251	3,234	561	1,213	648	878	926	121	7,581	670
1963	17	558	3,385	3,034	1,303	—	8,297	3,338	522	1,413	689	931	1,031	132	8,056	241
1964	24	612	3,529	3,359	1,444	—	8,968	3,526	465	1,497	720	943	1,159	163	8,473	495
1965	24	665	4,023	3,766	1,685	—	10,163	3,828	497	1,775	778	969	1,249	177	9,273	890

[a] Before providing for depreciation and stock appreciation.
[b] For 1900 to 1920 (first row) Southern Ireland is included; from 1920 (second row) onwards it is excluded.
[c] From April 1961 the Post Office is treated as a public corporation, not as part of Central Government.

NOTES: 1. In order to maintain consistency with the personal sector taxes on capital are treated as a capital receipt (see Table 34); from the point of view of the Central Government alone, however, they might more properly be included with the current receipts.
2. For further details of receipts and expenditure in selected years see also Tables 4.2 to 4.4 and Table 33.

SECTOR TABLES

TABLE 13 CURRENT ACCOUNT OF LOCAL AUTHORITIES, 1900–65 (£M.)

	Receipts					Expenditure					Balance
	Gross trading surplus[a] (1)	Rent, interest and dividends (2)	Rates and taxes on expenditure (3)	Current grants from Central Government (4)	Total (5)	Current expenditure on goods and services (6)	Housing subsidies (7)	Current grants to persons (8)	Debt interest (9)	Total (10)	Current surplus[a] (11)
1900	7	10	50	16	83	59	—	4	12	75	8
1901	7	11	53	16	87	63	—	4	13	80	7
1902	9	12	57	16	94	68	—	4	14	86	8
1903	10	13	60	18	101	72	—	4	14	90	11
1904	13	14	64	22	113	79	—	4	15	98	15
1905	12	15	66	23	116	83	—	5	16	104	12
1906	13	15	68	25	121	85	—	5	17	107	14
1907	14	16	69	25	124	87	—	5	18	110	14
1908	14	17	71	25	127	90	—	5	18	113	14
1909	16	17	74	24	131	92	—	5	19	116	15
1910	16	17	76	24	133	94	—	5	19	118	15
1911	17	18	78	25	138	97	—	4	20	121	17
1912	18	19	80	25	142	100	—	4	20	124	18
1913	17	19	83	25	144	103	—	4	22	129	15
1914	18	19	86	26	149	107	—	4	22	133	16
1915	20	20	88	26	154	106	—	4	23	133	21
1916	21	20	87	26	154	104	—	4	23	131	23
1917	23	20	88	29	160	110	—	5	23	138	22
1918	24	20	97	32	173	125	—	5	23	153	20
1919	23	21	119	50	213	172	—	6	24	202	11
1920[b]	21	22	163	67	273	223	1	8	27	259	14
	21	21	160	66	268	211	1	8	26	246	22
1921	23	27	187	77	314	230	2	18	34	284	30
1922	34	32	181	77	324	221	1	23	40	285	39
1923	36	36	167	77	316	214	1	21	42	278	38
1924	34	37	163	79	313	218	1	19	43	281	32
1925	35	39	168	82	324	226	2	21	45	294	30
1926	32	44	180	84	340	233	2	29	49	313	27
1927	39	47	190	87	363	238	3	24	54	319	44
1928	41	52	192	88	373	244	3	20	59	326	47
1929	41	55	182	104	382	253	3	19	62	337	45
1930	42	59	173	128	402	263	3	18	65	349	53
1931	42	61	169	132	404	262	3	18	67	350	54
1932	44	64	167	125	400	254	3	22	69	348	52
1933	45	65	169	124	403	254	3	25	68	350	53
1934	45	66	175	126	412	262	3	27	67	359	53
1935	46	67	185	134	432	274	4	30	65	373	59
1936	46	70	194	139	449	284	4	30	65	383	66
1937	47	71	200	139	457	295	4	26	66	391	66
1938	46	74	212	142	474	310	5	26	68	409	65
1939	47	78	223	178	526	350	6	26	71	453	73
1940	47	82	228	225	582	395	6	22	72	495	87
1941	48	83	225	278	634	446	6	19	71	542	92
1942	48	83	225	269	625	438	6	19	69	532	93
1943	49	83	228	245	605	417	6	22	67	512	93
1944	48	83	232	240	603	418	6	25	66	515	88
1945	45	78	247	247	617	432	7	29	63	531	86

TABLE 13 (cont.)

(£M.)

	Receipts					Expenditure					Balance
	Gross trading surplus[a] (1)	Rent, interest and dividends (2)	Rates and taxes on expenditure (3)	Current grants from Central Government (4)	Total (5)	Current expenditure on goods and services (6)	Housing subsidies (7)	Current grants to persons (8)	Debt interest (9)	Total (10)	Current surplus[a] (11)
1946	44	77	269	255	645	470	9	35	61	575	70
1947	44	80	307	275	706	527	12	42	61	642	64
1948	29	89	317	294	729	533	14	38	66	651	78
1949	23	99	326	302	750	547	14	36	72	669	81
1950	24	110	337	313	784	571	14	39	81	705	79
1951	24	122	364	352	862	635	15	41	89	780	82
1952	25	140	392	389	946	694	18	47	104	863	83
1953	31	164	433	416	1,044	739	19	48	123	929	115
1954	33	187	460	441	1,121	788	20	54	142	1,004	117
1955	34	212	475	490	1,211	846	25	68	161	1,100	111
1956	36	242	556	544	1,378	953	29	77	193	1,252	126
1957	38	273	615	621	1,547	1,051	30	80	221	1,382	165
1958	42	302	650	660	1,654	1,128	29	86	241	1,484	170
1959	48	329	714	711	1,802	1,213	28	92	262	1,595	207
1960	50	359	771	780	1,960	1,299	31	98	287	1,715	245
1961	50	396	831	828	2,105	1,434	42	108	335	1,919	186
1962	54	434	916	926	2,330	1,588	39	122	364	2,113	217
1963	61	469	1,014	1,031	2,575	1,742	38	135	392	2,307	268
1964	67	522	1,096	1,159	2,844	1,869	45	154	445	2,513	331
1965	72	603	1,228	1,249	3,152	2,091	67	179	522	2,859	293

[a] Before providing for depreciation and stock appreciation.

[b] For 1900 to 1920 (first row) Southern Ireland is included; from 1920 (second row) onwards it is excluded.

TABLE 14 CURRENT ACCOUNT OF COMBINED PUBLIC AUTHORITIES,[a]
1900–65 (£M.)

	Receipts							Expenditure				Balance
	Taxes on income (1)	Rates and taxes on expenditure (2)	National insurance and health contributions (3)	Gross trading surplus[b] (4)	Rent, interest and dividends[c] (5)	Current grants from overseas governments (6)	Total (7)	Current expenditure on goods and services (8)	Subsidies and grants[d] (9)	Debt interest[c] (10)	Total (11)	Current balance[b] (12)
1900	20	128	—	8	14	—	170	182	11	32	225	−55
1901	30	136	—	8	15	—	189	202	14	33	249	−60
1902	36	146	—	10	16	—	208	190	17	36	243	−35
1903	37	146	—	11	17	—	211	169	11	39	219	−8
1904	29	151	—	14	18	—	212	163	7	39	209	3
1905	31	152	—	13	20	—	216	163	7	40	210	6
1906	31	153	—	14	20	—	218	163	7	40	210	8
1907	32	155	—	15	21	—	223	163	7	39	209	14
1908	33	150	—	15	22	—	220	167	7	39	213	7
1909	33	151	—	17	22	—	223	173	15	40	228	−5
1910	40	164	—	17	23	—	244	182	16	40	238	6
1911	42	167	—	18	24	—	251	188	17	41	246	5
1912	44	172	10	21	25	—	272	196	21	41	258	14
1913	45	175	19	20	25	—	284	203	24	43	270	14
1914	49	176	20	21	25	—	291	324	36	44	404	−113
1915	82	214	21	26	27	1	371	1,045	38	73	1,156	−785
1916	235	236	21	31	31	1	555	1,332	46	128	1,506	−951
1917	430	223	22	49	32	31	787	1,685	83	188	1,956	−1,169
1918	531	266	22	71	39	39	968	1,842	168	269	2,279	−1,311
1919	629	396	22	36	40	19	1,142	935	291	332	1,558	−416
1920[e]	622	519	29	20	45	7	1,242	520	315	344	1,179	63
	609	494	28	20	44	7	1,202	488	295	343	1,126	76
1921	503	530	47	25	53	47	1,205	489	343	333	1,165	40
1922	431	512	59	44	54	15	1,115	435	277	340	1,052	63
1923	377	480	62	44	59	14	1,036	395	216	349	960	76
1924	351	444	64	40	60	7	966	398	197	349	944	22
1925	344	457	65	42	65	17	990	412	214	348	974	16
1926	308	473	75	40	76	20	992	420	232	366	1,018	−26
1927	296	499	80	48	82	24	1,029	423	221	345	989	40
1928	286	513	82	51	88	25	1,045	425	227	357	1,009	36
1929	295	499	82	52	95	25	1,048	435	238	363	1,036	12
1930	303	481	81	54	101	30	1,050	443	268	354	1,065	−15
1931	328	481	82	55	91	21	1,058	443	309	334	1,086	−28
1932	352	515	89	58	83	1	1,098	431	312	332	1,075	23
1933	310	515	90	59	82	1	1,057	430	307	295	1,032	25
1934	291	540	94	60	83	2	1,070	446	307	277	1,030	40
1935	284	558	98	60	85	1	1,086	483	315	277	1,075	11
1936	288	590	104	60	87	—	1,129	536	305	272	1,113	16
1937	326	613	107	62	88	—	1,196	617	301	278	1,196	0
1938	383	627	109	62	92	1	1,274	749	328	284	1,361	−87
1939	438	687	110	66	95	—	1,396	1,179	329	288	1,796	−400
1940	627	902	120	67	96	—	1,812	2,952	381	299	3,632	−1,820
1941	1,055	1,222	125	79	97	—	2,578	4,097	468	320	4,885	−2,307
1942	1,332	1,357	143	126	98	—	3,056	4,581	528	366	5,475	−2,419

TABLE 14 (cont.)

(£M.)

	Receipts							Expenditure				Balance
	Taxes on income (1)	Rates and taxes on expenditure (2)	National insurance and health contributions (3)	Gross trading surplus[b] (4)	Rent, interest and dividends[c] (5)	Current grants from overseas governments (6)	Total (7)	Current expenditure on goods and services (8)	Subsidies and grants[d] (9)	Debt interest[c] (10)	Total (11)	Current balance[b] (12)
1943	1,722	1,456	144	138	99	—	3,559	4,983	585	412	5,980	−2,421
1944	1,916	1,466	141	121	99	—	3,743	5,056	626	456	6,138	−2,395
1945	1,935	1,453	137	103	64	—	3,692	4,190	775	498	5,463	−1,771
1946	1,728	1,573	170	86	54	—	3,611	2,282	1,160	532	3,974	−363
1947	1,508	1,816	232	119	50	—	3,725	1,735	1,206	565	3,506	219
1948	1,610	2,013	335	103	150	—	4,211	1,756	1,317	553	3,626	585
1949	1,795	1,993	436	103	177	—	4,504	1,975	1,308	550	3,833	671
1950	1,811	2,065	440	139	181	—	4,636	2,062	1,281	551	3,894	742
1951	1,926	2,270	452	117	223	4	4,992	2,423	1,317	593	4,333	659
1952	2,173	2,292	476	40	258	120	5,359	2,883	1,397	655	4,935	424
1953	2,116	2,365	525	63	286	105	5,460	3,025	1,433	686	5,144	316
1954	2,147	2,501	532	108	323	50	5,661	3,108	1,510	693	5,311	350
1955	2,319	2,652	594	112	365	46	6,088	3,170	1,532	771	5,473	615
1956	2,364	2,827	642	122	416	26	6,397	3,427	1,625	802	5,854	543
1957	2,592	2,966	657	128	453	21	6,817	3,584	1,735	806	6,125	692
1958	2,725	3,040	859	155	526	3	7,308	3,672	1,947	897	6,516	792
1959	2,758	3,200	897	164	600	—	7,619	3,919	2,088	913	6,920	699
1960	2,725	3,391	913	179	662	—	7,870	4,163	2,235	1,025	7,423	447
1961[f]	3,078	3,643	1,072	96	777	—	8,666	4,497	2,508	1,108	8,113	553
1962	3,455	3,896	1,197	71	912	—	9,531	4,822	2,704	1,118	8,644	887
1963	3,385	4,048	1,303	78	904	—	9,718	5,080	2,929	1,200	9,209	509
1964	3,529	4,455	1,444	91	1,009	—	10,528	5,395	3,044	1,263	9,702	826
1965	4,023	4,994	1,685	96	1,126	—	11,924	5,919	3,473	1,349	10,741	1,183

[a] Central Government (including National Insurance Funds) and local authorities (see Tables 12 and 13); excludes public corporations. See note f.
[b] Before providing for depreciation and stock appreciation.
[c] Excluding debt interest paid by local authorities to Central Government.
[d] Excluding Central Government grants to local authorities.
[e] For 1900 to 1920 (first row) Southern Ireland is included; from 1920 (second row) onwards it is excluded.
[f] From April 1961 the Post Office is treated as a public corporation, not as part of Central Government.

TABLE 15   INTERNATIONAL TRANSACTIONS, 1870–1965   (£M.)

	United Kingdom credits								United Kingdom debits							Current balance
	Exports and re-exports of goods (1)	Exports of services (2)	Property income from abroad (3)	U.K. taxes paid by non-residents (4)	Exports and property income from abroad (5)	Current transfers: government and personal abroad (6)	Capital grants and transfers from abroad (7)	Total (8)	Imports of goods (9)	Imports of services (10)	Property income paid abroad (11)	Foreign taxes paid by U.K. residents (12)	Imports and property income paid abroad (13)	Current transfers: government and personal (14)	Total (15)	Net investment abroad[a] (16)
1870	246	80	37		363	1	—	364	279	25	2		306	3	309	55
1871	285	85	42		412	1	—	413	304	27	3		334	3	337	76
1872	318	93	47		458	1	—	459	326	30	3		359	3	362	97
1873	315	93	56		464	1	—	465	342	30	4		376	3	379	86
1874	301	92	61		454	1	—	455	341	29	4		374	3	377	78
1875	283	89	62		434	1	—	435	344	28	4		376	2	378	57
1876	257	89	61		407	1	—	408	345	27	4		376	1	377	31
1877	253	94	59		406	1	—	407	363	29	4		396	1	397	10
1878	247	88	59		394	1	—	395	339	27	4		370	2	372	23
1879	251	86	60		397	1	—	398	334	27	4		365	2	367	31
1880	290	96	62		448	2	—	450	378	31	4		413	4	417	33
1881	303	96	63		462	2	—	464	365	31	4		400	4	404	60
1882	313	99	68		480	2	—	482	380	32	5		417	4	421	61
1883	310	104	69		483	2	—	485	393	33	5		431	5	436	49
1884	299	96	72		467	2	—	469	359	31	5		395	4	399	70
1885	272	91	75		438	2	—	440	341	29	5		375	3	378	62
1886	270	85	80		435	2	—	437	322	28	5		356	3	359	78
1887	283	90	85		458	2	—	460	333	29	6		368	4	372	88
1888	302	94	90		486	2	—	488	357	30	6		393	4	397	91
1889	323	99	96		518	2	—	520	393	33	7		433	4	437	83
1890	334	100	101		535	2	—	537	387	33	7		427	3	430	107
1891	313	98	101		512	2	—	514	400	32	7		439	3	442	72
1892	295	95	102		492	2	—	494	390	31	7		428	3	431	63
1893	280	85	102		467	1	—	468	372	30	7		409	2	411	57
1894	277	86	100		463	1	—	464	376	30	7		413	1	414	50
1895	290	85	101		476	1	—	477	383	30	7		420	2	422	55
1896	304	90	103		497	1	—	498	407	32	7		446	2	448	50
1897	300	92	105		497	1	—	498	415	32	8		455	2	457	41
1898	302	93	109		504	1	—	505	433	33	8		474	2	476	29
1899	331	100	111		542	1	—	543	446	40	8		494	2	496	47
1900	356	111	112		579	1	—	580	485	50	8		543	3	546	34
1901	349	109	115		573	1	—	574	485	55	9		549	6	555	19

T 37

TABLE 15 (cont.)

(£M.)

	United Kingdom credits								United Kingdom debits							Current balance
	Exports and re-exports of goods (1)	Exports of services (2)	Property income from abroad (3)	U.K. taxes paid by non-residents (4)	Exports and property income from abroad (5)	Current transfers: government and personal (6)	Capital grants and transfers from abroad (7)	Total (8)	Imports of goods (9)	Imports of services (10)	Property income paid abroad (11)	Foreign taxes paid by U.K. residents (12)	Imports and property income paid abroad (13)	Current transfers: government and personal (14)	Total (15)	Net investment abroad[a] (16)
1902	350	110	119		579	1	—	580	491	46	10		547	9	556	24
1903	361	118	122		601	1	—	602	505	38	10		553	6	559	43
1904	372	120	124		616	1	—	617	512	39	11		562	3	565	52
1905	409	126	135		670	1	—	671	527	40	12		579	4	583	88
1906	462	139	148		749	2	—	751	568	43	14		625	5	630	121
1907	519	152	160		831	2	—	833	603	46	16		665	6	167	162
1908	457	140	168		765	1	—	766	550	46	17		613	3	616	150
1909	470	145	175		790	1	—	791	581	47	17		645	4	649	142
1910	536	155	189		880	2	—	882	632	51	19		702	6	708	174
1911	559	156	197		912	3	—	915	634	51	20		705	6	711	204
1912	600	168	209		977	3	—	980	694	54	22		770	7	777	203
1913	637	179	224		1,040	2	—	1,042	719	58	24		801	6	807	235
1914	540	145	215		900	1	—	901	660	80	25		765	2	767	134
1915	500	250	190		940	—	—	940	840	130	25		995	—	995	−55
1916	630	370	230		1,230	30	—	1,260	980	160	30		1,170	—	1,170	90
1917	620	465	235		1,320	40	—	1,360	1,040	220	40		1,300	10	1,310	50
1918	540	400	240		1,180	20	—	1,200	1,170	230	65		1,465	10	1,475	−275
1919	990	480	230		1,700	10	—	1,710	1,460	220	65		1,745	10	1,755	−45
1920[b]	1,585	464	317	3	2,369	28	—	2,397	1,761	224	44	22	2,051	29	2,080	317
1921	1,664	464	314	3	2,445	28	—	2,473	1,812	224	49	22	2,107	29	2,136	337
1922	874	292	236	3	1,405	66	—	1,471	1,022	172	47	14	1,255	23	1,278	193
1923	888	225	253	3	1,369	34	—	1,403	951	150	63	16	1,180	22	1,202	201
1924	914	247	259	4	1,424	33	—	1,457	1,011	146	68	19	1,244	30	1,274	183
1925	958	242	282	4	1,486	27	—	1,513	1,172	152	69	21	1,414	21	1,435	78
1926	943	215	318	4	1,480	35	—	1,515	1,208	149	67	23	1,447	16	1,463	52
1927	794	223	323	4	1,344	37	—	1,381	1,140	152	67	23	1,382	17	1,399	−18
1928	845	245	324	4	1,418	43	—	1,461	1,115	142	67	22	1,346	17	1,363	98
1929	858	234	325	5	1,422	44	—	1,466	1,095	140	69	21	1,325	17	1,342	124
1930	854	242	328	5	1,429	43	—	1,472	1,117	152	69	21	1,359	17	1,376	96
1931	670	214	295	5	1,184	49	—	1,233	953	147	67	18	1,185	12	1,197	36
1932	464	168	221	5	858	40	—	898	786	140	53	10	989	12	1,001	−103
	425	153	182	4	764	20	—	784	641	123	52	7	823	12	835	−51

TABLE 15 (cont.)

Year																	
1933	427	146	194	5	772	—	17	—	789	619	120	34	11	784	13	797	−8
1934	463	145	208	5	821	—	16	—	837	683	116	33	13	845	14	859	−22
1935	541	149	226	5	921	—	14	—	935	724	124	36	14	898	14	912	23
1936	523	174	246	6	949	—	14	—	963	784	135	40	17	976	14	990	−27
1937	614	229	264	6	1,113	—	14	—	1,127	950	144	43	22	1,159	15	1,174	−47
1938	564	193	247	6	1,010	—	14	—	1,024	849	152	43	18	1,062	17	1,079	−55
1939	500	200	250		950	—	—			800	300			1,190	10	1,200	−250
1940	400	200	260		860	—	—		860	1,000	550	100		1,650	10	1,660	−800
1941[c]	400	200	270		870	—	—		870	1,100	450	130		1,680	10	1,690	−820
1942[c]	300	300	270		870	—	—		870	800	550	170		1,520	10	1,530	−660
1943[c]	240	500	280		1,020	—	—		1,020	800	700	190		1,690	10	1,700	−680
1944[c]	270	700	290		1,260	—	—		1,260	900	800	210		1,910	10	1,920	−660
1945[c]	450	350	310		1,110	—	—		1,110	700	1,000	230		1,930	50	1,980	−870
1946	960	470	292	53	1,775	164	53		1,992	1,063	762	166	94	2,085	137	2,222	−230
1947	1,180	472	362	53	2,067	129	55		2,251	1,541	687	164	101	2,493	139	2,632	−351
1948	1,639	557	499	63	2,758	96	57		2,911	1,790	644	188	139	2,761	124	2,885	164
1949	1,863	632	508	64	3,067	35	52		3,154	2,000	697	196	157	3,050	105	3,155	153
1950	2,261	734	738	74	3,807	27	64		3,898	2,312	764	236	180	3,492	99	3,591	447
1951	2,735	913	772	77	4,497	35	66		4,598	3,424	907	288	219	4,838	129	4,967	−326
1952	2,769	991	768	62	4,590	35	183		4,808	3,048	885	310	268	4,511	134	4,645	163
1953	2,683	1,004	728	80	4,495	17	177		4,689	2,927	908	346	233	4,414	130	4,544	145
1954	2,785	1,052	755	79	4,671	1	126		4,798	2,989	972	369	215	4,545	136	4,681	117
1955	3,073	1,104	788	80	5,045	1	126		5,172	3,386	1,095	423	271	5,175	152	5,327	−155
1956	3,377	1,221	884	82	5,564	—	117		5,681	3,324	1,230	424	313	5,291	182	5,473	208
1957	3,509	1,327	939	80	5,855	—	111		5,966	3,538	1,240	414	356	5,548	185	5,733	233
1958	3,406	1,301	1,043	86	5,836	—	106		5,942	3,377	1,209	475	361	5,422	176	5,598	344
1959	3,522	1,328	1,072	91	6,013	—	100		6,113	3,639	1,246	487	416	5,788	182	5,970	143
1960	3,732	1,417	1,046	110	6,305	—	104		6,409	4,138	1,416	548	377	6,479	195	6,674	−265
1961	3,891	1,479	1,076	135	6,581	—	109		6,690	4,043	1,472	557	402	6,474	220	6,694	−4
1962	3,993	1,511	1,183	147	6,834	—	111		6,945	4,095	1,509	567	430	6,601	232	6,833	112
1963	4,282	1,532	1,266	136	7,216	—	113		7,329	4,362	1,588	580	428	6,958	260	7,218	111
1964	4,466	1,622	1,424	153	7,665	—	131		7,796	5,003	1,711	644	520	7,878	317	8,195	−399
1965	4,777	1,714	1,585	184	8,260	—	135		8,395	5,049	1,794	739	560	8,142	344	8,486	−91

[a] Equal to the current balance in the balance of payments accounts, except for 1947–51 when it also includes the following capital grants from overseas governments (£m): 30, 138, 154, 140 and 43. It includes investment in physical and financial assets plus acquisition of gold and foreign currency reserves.

[b] For 1870 to 1920 (first row) Southern Ireland is included; from 1920 (second row) onwards it is excluded.

[c] Cash transactions only; for lend lease and reciprocal aid see p. 113.

T39

TABLE 16   COMBINED CAPITAL ACCOUNT, 1920–38 AND 1946–65   (£M.)

	Receipts													Payments				
	Savings					Additions to dividend and interest reserves		Additions to tax reserves		Total saving[b]	Stock appreciation	Residual error	Capital grants and transfers from abroad	Total	Gross domestic fixed capital formation		Value of physical increase in stocks and work in progress	Net investment abroad	Total investment
	Personal sector	Companies[a]	Public corporations	Central government	Local authorities	Corporate sector[c]	Personal sector	Corporate sector[c]						Private sector	Public sector[d]			
	(1)	(2)	(3)	(4)	(5)	(6)	(7)	(8)	(9)	(10)	(11)	(12)	(13)	(14)	(15)	(16)	(17)	(18)
1920	−63	252	—	54	22	42	−30	−104	173	200	346	—	719	379	103	−100	337	719
1921	−47	66	—	10	30	−54	−26	−87	−108	350	309	—	551	299	159	−100	193	551
1922	−41	267	—	24	39	6	−45	−111	139	62	290	—	491	261	120	−91	201	491
1923	−14	200	—	38	38	27	−17	−52	220	−45	277	—	452	246	88	−65	183	452
1924	47	210	—	−10	32	2	−9	−11	261	−40	225	—	446	277	97	−6	78	446
1925	70	234	—	−14	30	6	−25	−40	261	139	205	—	605	298	122	133	52	605
1926	57	183	—	−53	27	−4	1	−21	190	56	154	—	400	264	137	17	−18	400
1927	178	219	—	−4	44	2	1	−11	429	18	121	—	568	283	143	44	98	568
1928	157	214	—	−11	47	—	5	6	418	18	126	—	562	295	125	18	124	562
1929	190	224	—	−33	45	8	−2	−8	424	80	74	—	578	319	123	40	96	578
1930	151	110	—	−68	53	−15	31	—	262	213	87	—	562	303	132	91	36	562
1931	125	89	—	−82	54	−34	−16	−12	124	63	115	—	302	266	142	−3	−103	302
1932	144	77	—	−29	52	−3	−30	−28	183	34	80	—	297	228	119	1	−51	297
1933	188	128	—	−28	53	4	−6	3	342	−45	−6	—	291	263	94	−58	−8	291
1934	192	228	—	−13	53	5	−11	4	458	−5	−19	—	434	330	97	29	−22	434
1935	219	204	—	−48	59	49	12	11	506	−26	4	—	484	341	115	5	23	484
1936	292	260	—	−50	66	39	25	32	664	−98	−82	—	484	377	140	−6	−27	484
1937	228	321	—	−66	66	27	23	56	655	−67	−1	—	587	400	174	60	−47	587
1938	233	259	—	−152	65	−10	16	47	458	109	53	—	620	394	198	83	−55	620
1946	272	616	14	−433	70	31	63	−103	530	−125	—	164	569	925		−126	−230	569
1947	114	791	17	155	64	21	85	161	1,408	−450	—	159	1,117	1,199		269	−351	1,117
1948	41	979	58	507	78	−1	25	117	1,804	−325	48	234	1,761	757	665	175	164	1,761
1949	126	1,017	81	590	81	−3	25	−40	1,877	−200	−71	189	1,795	816	761	65	153	1,795
1950	128	1,344	118	663	79	35	5	73	2,445	−650	−25	167	1,937	880	820	−210	447	1,937
1951	114	1,417	142	577	82	3	40	419	2,794	−750	16	78	2,138	901	988	575	−326	2,138
1952	380	1,251	145	341	83	41	−14	−8	2,219	50	15	35	2,319	938	1,168	50	163	2,319
1953	431	1,339	177	201	115	16	9	32	2,320	75	217	17	2,629	1,046	1,313	125	145	2,629
1954	379	1,507	212	233	117	68	33	139	2,688	−75	111	1	2,725	1,255	1,297	56	117	2,725

TABLE 16 (cont.)

	Receipts												Payments				
	Savings				Additions to dividend and interest reserves		Additions to tax reserves						Gross domestic fixed capital formation		Value of physical increase in stocks and work in progress (16)	Net investment abroad (17)	Total investment (18)
	Personal sector (1)	Companies[a] (2)	Public corporations (3)	Central government (4)	Local authorities (5)	Corporate sector[c] (6)	Personal sector (7)	Corporate sector[c] (8)	Total saving[b] (9)	Stock appreciation (10)	Residual error (11)	Capital grants and transfers from abroad (12)	Total (13)	Private sector (14)	Public sector[d] (15)			
1955	486	1,856	181	503	111	12	35	−2	3,182	−196	−13	1	2,974	1,503	1,326	300	−155	2,974
1956	766	1,907	198	416	126	47	20	127	3,607	−208	171	—	3,570	1,726	1,377	259	208	3,570
1957	759	2,043	169	527	165	35	—	39	3,737	−187	302	—	3,852	1,907	1,474	238	233	3,852
1958	616	2,068	164	622	170	78	50	−140	3,628	5	314	—	3,947	2,009	1,483	111	344	3,947
1959	822	2,253	179	492	207	143	15	−186	3,925	−90	218	—	4,053	2,144	1,592	174	143	4,053
1960	1,217	2,312	302	202	245	69	95	318	4,760	−135	−175	—	4,450	2,472	1,648	595	−265	4,450
1961	1,695	2,235	357	367	186	64	20	102	5,026	−173	85	—	4,938	2,795	1,824	323	−4	4,938
1962	1,543	2,266	430	670	217	52	−30	−155	4,993	−149	68	—	4,912	2,769	1,962	69	112	4,912
1963	1,576	2,593	540	241	268	201	17	−24	5,412	−211	28	—	5,229	2,774	2,132	212	111	5,229
1964	1,737	2,885	598	495	331	55	95	306	6,502	−340	−62	—	6,100	3,280	2,580	639	−399	6,100
1965	1,959	3,351	644	890	293	23	107	27	7,294	−354	−284	—	6,656	3,533	2,798	416	−91	6,656

[a] Including public corporations for 1926–38. Their savings were £4 m. in 1938 [75, 1957, p. 29] but would have been much smaller in earlier years.
[b] Before providing for depreciation and stock appreciation.
[c] For 1920–38 companies only; for 1946–65 mainly companies but also includes public corporations.
[d] Public corporations, Central Government and local authorities. For components see Table 39.

TABLE 17   INCOME, CONSUMPTION AND REAL INCOME, PER HEAD OF THE POPULATION, 1855–1965

	Personal disposable income *per capita* (£'s at current prices) (1)	Net national income *per capita* (2)	Consumers' expenditure at constant prices *per capita*[a] (£'s at constant (1913) prices) (3)	Gross domestic product at constant factor cost *per capita*[a] (4)		Personal disposable income *per capita* (£'s at current prices) (1)	Net national income *per capita* (2)	Consumers' expenditure at constant prices *per capita*[a] (£'s at constant (1913) prices) (3)	Gross domestic product at constant factor cost *per capita*[a] (4)
1855	..	23	..	26	1900	..	43	42	45
1856	..	24	..	27	1901	..	42	43	44
1857	..	23	..	27	1902	..	42	43	45
1858	..	23	..	27	1903	..	42	43	44
1859	..	24	..	28	1904	..	41	43	44
1860	..	24	..	28	1905	..	42	43	45
1861	..	25	..	29	1906	..	44	43	46
1862	..	26	..	29	1907	..	45	43	47
1863	..	27	..	29	1908	..	43	43	44
1864	..	28	..	29	1909	..	44	43	45
1865	..	28	..	30	1910	..	45	43	46
1866	..	29	..	30	1911	..	47	44	47
1867	..	28	..	30	1912	..	48	44	47
1868	..	28	..	30	1913	..	50	45	49
1869	..	29	..	30	1914	..	51	45	49
1870	..	30	32	32	1915	..	59	46	53
1871	..	32	33	33	1916	..	68	42	53
1872	..	34	33	33	1917	..	86	38	54
1873	..	36	33	33	1918	..	102	38	54
1874	..	35	34	34	1919	..	106	44	48
1875	..	34	34	34	1920[b]	..	116	43	45
1876	..	33	34	34		113	120	45	47
1877	..	33	34	34	1921	97	100	42	42
1878	..	32	34	34	1922	86	87	43	44
1879	..	31	33	34	1923	83	83	44	46
1880	..	32	35	34	1924	85	84	45	47
1881	..	32	34	35	1925	88	90	45	49
1882	..	34	34	36	1926	86	85	45	47
1883	..	33	35	36	1927	90	89	47	51
1884	..	32	35	36	1928	90	89	47	51
1885	..	31	35	36	1929	91	91	48	53
1886	..	31	35	36	1930	89	90	49	52
1887	..	33	36	37	1931	85	81	49	49
1888	..	34	37	38	1932	83	78	48	49
1889	..	36	37	40	1933	84	78	49	51
1890	..	36	37	40	1934	86	84	51	54
1891	..	36	39	40	1935	89	87	52	56
1892	..	35	38	38	1936	93	91	53	58
1893	..	34	38	38	1937	96	96	54	60
1894	..	36	39	40	1938	97	101	54	60
1895	..	36	40	41	1939	..	104	52	60
1896	..	37	41	42	1940	..	124	47	66
1897	..	38	41	42	1941	..	147	45	72
1898	..	40	42	44	1942	..	160	44	73
1899	..	42	43	45					

TABLE 17 (cont.)

	Personal disposable income per capita (£'s at current prices) (1)	Net national income per capita (2)	Consumers' expenditure at constant prices per capita[a] (3)	Gross domestic product at constant factor cost per capita[a] (4)		Personal disposable income per capita (£'s at current prices) (1)	Net national income per capita (2)	Consumers' expenditure at constant prices per capita[a] (3)	Gross domestic product at constant factor cost per capita[a] (4)
			(£'s at constant (1913) prices)					(£'s at constant (1913) prices)	
1943	..	168	43	74	1955	267	305	61	78
1944	..	169	45	71	1956	285	327	61	79
1945	..	166	47	68	1957	298	344	62	80
1946	153	166	52	65	1958	309	357	63	79
1947	164	175	53	63	1959	327	374	66	82
1948	173	193	53	65	1960	348	400	68	86
1949	181	204	54	67	1961	371	422	69	87
1950	190	214	55	68	1962	385	437	70	88
1951	205	236	55	71	1963	406	463	73	91
1952	221	253	54	70	1964	432	497	75	95
1953	235	270	56	73	1965	458	529	76	98
1954	247	286	59	76					

[a] The estimates are shown at 1913 prices but are based on linked series with different base years for each sub-period; for details see Table 5 and p. 4. The price indices in Table 61 can be used to get an *approximate* revaluation in the prices of other years; e.g. to get *per capita* consumption or G.D.P. revalued at 1958 prices multiply columns (3) and (4) by 4.7 and 4.8 respectively.

[b] For 1855 to 1920 (first row) the estimates relate to Great Britain and Ireland; from 1920 (second row) onwards they relate to Great Britain and Northern Ireland.

SOURCES: (1) Table 10, column (12) ÷ Table 55, column (1).
(2) [Table 4, column (5) + Table 1, column (10) − Table 1, column (12)] ÷ Table 55, column (1).
(3) [Table 7, column (1) × £1,937 m.] ÷ Table 55, column (1).
(4) [Table 6, column (4) × £2,232 m.] ÷ Table 55, column (1).

TABLE 18   PERCENTAGE DISTRIBUTION OF GROSS DOMESTIC PRODUCT AT CURRENT PRICES BY FACTOR INCOMES, 1855–1965

	Income from employment (1)	Income from self-employment[a] (2)	Gross trading profits of companies[a] (3)	Gross trading surplus of public corporations[a] (4)	Gross trading surplus of other public enterprises[a] (5)	Rent[b] (6)	Total domestic income[a] (7)	Stock appreciation (8)	Gross domestic product at factor cost (9)	Net property income from abroad (10)	Gross national product (11)
1855	52.1		33.1			14.8	100.0	..	100.0	2.1	102.1
1856	51.1		34.6			14.3	100.0	..	100.0	2.3	102.3
1857	49.8		35.1			15.1	100.0	..	100.0	2.5	102.5
1858	48.5		35.9			15.6	100.0	..	100.0	2.5	102.5
1859	51.1		33.5			15.5	100.0	..	100.0	2.6	102.6
1860	51.2		33.8			14.9	100.0	..	100.0	2.8	102.8
1861	48.9		36.3			14.8	100.0	..	100.0	2.8	102.8
1862	47.9		37.4			14.7	100.0	..	100.0	2.9	102.9
1863	47.5		38.3			14.2	100.0	..	100.0	2.7	102.7
1864	47.4		38.5			14.1	100.0	..	100.0	2.9	102.9
1865	48.4		37.6			14.0	100.0	..	100.0	2.9	102.9
1866	48.6		37.6			13.8	100.0	..	100.0	3.1	103.1
1867	49.5		36.4			14.1	100.0	..	100.0	3.4	103.4
1868	48.5		37.1			14.4	100.0	..	100.0	3.8	103.8
1869	48.6		37.2			14.2	100.0	..	100.0	3.9	103.9
1870	46.9		39.2			13.8	100.0	..	100.0	3.8	103.8
1871	46.2		40.6			13.1	100.0	..	100.0	3.9	103.9
1872	48.6		38.8			12.6	100.0	..	100.0	4.2	104.2
1873	49.7		38.1			12.2	100.0	..	100.0	4.6	104.6
1874	50.0		37.2			12.8	100.0	..	100.0	5.2	105.2
1875	50.5		36.3			13.3	100.0	..	100.0	5.4	105.4
1876	51.0		35.0			14.0	100.0	..	100.0	5.4	105.4
1877	51.6		34.0			14.4	100.0	..	100.0	5.2	105.2
1878	51.4		33.4			15.2	100.0	..	100.0	5.4	105.4
1879	51.9		32.5			15.6	100.0	..	100.0	5.6	105.6
1880	50.7		34.2			15.1	100.0	..	100.0	5.6	105.6
1881	50.6		34.7			14.7	100.0	..	100.0	5.5	105.5
1882	51.9		33.7			14.4	100.0	..	100.0	5.6	105.6
1883	53.2		32.2			14.6	100.0	..	100.0	5.8	105.8
1884	53.1		31.7			15.2	100.0	..	100.0	6.3	106.3
1885	52.9		31.4			15.7	100.0	..	100.0	6.7	106.7
1886	51.6		32.9			15.5	100.0	..	100.0	6.9	106.9
1887	52.3		32.8			15.0	100.0	..	100.0	7.1	107.1
1888	52.0		33.7			14.2	100.0	..	100.0	7.1	107.1
1889	53.1	23.3	9.9	—	0.3	13.4	100.0	..	100.0	7.0	107.0
1890	54.2	22.6	9.5	—	0.4	13.2	100.0	..	100.0	7.2	107.2
1891	55.1	22.0	9.1	—	0.4	13.4	100.0	..	100.0	7.3	107.3
1892	56.6	20.2	8.7	—	0.4	14.1	100.0	..	100.0	7.7	107.7
1893	56.6	19.4	9.3	—	0.5	14.2	100.0	..	100.0	7.6	107.6
1894	54.2	20.9	10.7	—	0.5	13.8	100.0	..	100.0	7.0	107.0
1895	54.0	20.6	11.1	—	0.4	13.8	100.0	..	100.0	6.9	106.9
1896	54.7	19.9	11.3	—	0.4	13.7	100.0	..	100.0	6.9	106.9
1897	54.0	20.0	12.0	—	0.4	13.5	100.0	..	100.0	6.7	106.7
1898	53.7	19.7	13.1	—	0.5	13.0	100.0	..	100.0	6.6	106.6
1899	52.7	20.4	14.0	—	0.4	12.5	100.0	..	100.0	6.3	106.3
1900	54.1	19.2	13.7	—	0.5	12.4	100.0	..	100.0	6.2	106.2

TABLE 18 (cont.) (Per cent)

	Income from employment (1)	Income from self-employment[a] (2)	Gross trading profits of companies[a] (3)	Gross trading surplus of public corporations[a] (4)	Gross trading surplus of other public enterprises[a] (5)	Rent[b] (6)	Total domestic income[a] (7)	Stock appreciation (8)	Gross domestic product at factor cost (9)	Net property income from abroad (10)	Gross national product (11)
1901	55.1	18.4	13.1	—	0.5	12.9	100.0	..	100.0	6.4	106.4
1902	54.1	18.9	13.4	—	0.6	13.0	100.0	..	100.0	6.6	106.6
1903	55.5	17.6	12.7	—	0.7	13.5	100.0	..	100.0	6.9	106.9
1904	55.1	17.6	12.6	—	0.9	13.9	100.0	..	100.0	7.0	107.0
1905	54.0	18.3	13.5	—	0.8	13.4	100.0	..	100.0	7.3	107.3
1906	53.3	18.6	14.4	—	0.8	12.9	100.0	..	100.0	7.5	107.5
1907	53.8	18.6	14.5	—	0.8	12.4	100.0	..	100.0	7.7	107.7
1908	54.9	17.4	13.6	—	0.8	13.2	100.0	..	100.0	8.5	108.5
1909	54.8	17.4	13.6	—	0.9	13.2	100.0	..	100.0	8.8	108.8
1910	54.8	17.6	13.9	—	0.9	12.8	100.0	..	100.0	9.1	109.1
1911	54.6	18.1	13.9	—	0.9	12.5	100.0	..	100.0	9.1	109.1
1912	54.2	17.8	15.0	—	1.0	12.0	100.0	..	100.0	9.1	109.1
1913	54.7	17.3	15.4	—	0.9	11.7	100.0	..	100.0	9.4	109.4
1914	58.4	31.2		—	1.0	11.7	102.3	(−2.3)	100.0	8.8	108.8
1915	62.0	34.6		—	1.0	10.3	108.0	(−8.0)	100.0	6.6	106.6
1916	62.4	39.1		—	1.0	9.1	111.6	(−11.8)	100.0	6.7	106.7
1917	62.3	35.6		—	1.3	7.4	106.7	(−6.7)	100.0	5.2	105.2
1918	62.7	31.8		—	1.5	6.1	102.2	(−2.2)	100.0	3.8	103.8
1919	63.7	33.8		—	0.7	5.9	104.1	(−4.1)	100.0	3.4	103.4
1920[c]	64.9	26.3		—	0.4	4.7	96.3	(+3.8)	100.0	4.7	104.7
	65.5	14.3	11.8	—	0.4	4.3	96.2	(+3.8)	100.0	4.7	104.7
1921	64.1	14.0	7.8	—	0.6	5.7	92.1	(+7.9)	100.0	4.0	104.0
1922	62.6	16.3	11.4	—	1.1	7.0	98.4	1.6	100.0	4.6	104.6
1923	63.4	16.8	12.5	—	1.2	7.3	101.2	−1.2	100.0	4.8	104.8
1924	63.1	16.8	12.7	—	1.1	7.4	101.1	−1.1	100.0	5.2	105.2
1925	60.3	16.3	11.7	—	1.0	7.2	96.5	3.5	100.0	5.8	105.8
1926	61.6	16.9	11.1	—	1.1	7.9	98.5	1.5	100.0	6.2	106.2
1927	62.4	16.3	11.9	—	1.2	7.7	99.6	0.4	100.0	6.0	106.0
1928	61.8	16.6	11.7	—	1.3	8.2	99.6	0.4	100.0	5.9	105.9
1929	60.9	16.0	11.6	—	1.2	8.3	98.1	1.9	100.0	5.8	105.8
1930	60.0	14.9	9.9	—	1.3	8.7	94.9	5.1	100.0	5.2	105.2
1931	62.9	14.6	9.5	—	1.5	9.9	98.3	1.7	100.0	4.3	104.3
1932	63.6	14.8	8.7	—	1.6	10.4	99.1	0.9	100.0	3.4	103.4
1933	63.6	15.6	10.1	0.1	1.6	10.3	101.2	−1.2	100.0	4.1	104.1
1934	62.3	14.8	11.5	0.2	1.5	9.8	100.1	−0.1	100.0	4.1	104.1
1935	61.9	15.0	12.3	0.2	1.4	9.8	100.6	−0.6	100.0	4.3	104.3
1936	61.9	15.0	14.2	0.2	1.4	9.6	102.2	−2.2	100.0	4.4	104.4
1937	61.8	13.4	15.2	0.2	1.3	9.5	101.4	−1.4	100.0	4.4	104.4
1938	60.6	12.5	13.9	0.2	1.3	9.3	97.8	2.2	100.0	3.9	103.9
1939	62.6	13.6	16.9		1.5	9.4	103.9	(−3.9)	100.0	3.2	103.2
1940	66.2	13.6	19.1		1.3	8.4	108.6	(−8.6)	100.0	2.8	102.8
1941	64.1	12.6	17.5		1.3	6.7	102.1	(−2.1)	100.0	2.0	102.0
1942	64.0	12.0	17.5		1.7	6.0	101.3	(−1.3)	100.0	1.3	101.3
1943	64.8	11.6	16.6		1.8	5.9	100.6	(−0.6)	100.0	1.1	101.1
1944	66.2	11.4	16.0		1.5	5.4	100.6	(−0.6)	100.0	0.9	100.9
1945	67.0	12.2	15.4		1.4	4.6	100.6	(−0.6)	100.0	0.9	100.9
1946	65.7	12.8	16.8	0.2	1.0	4.9	101.4	−1.4	100.0	1.0	101.0

TABLE 18 (cont.) (Per cent)

	Income from employment (1)	Income from self-employment[a] (2)	Gross trading profits of companies[a] (3)	Gross trading surplus of public corporations[a] (4)	Gross trading surplus of other public enterprises[a] (5)	Rent[b] (6)	Total domestic income[a] (7)	Stock appreciation (8)	Gross domestic product at factor cost (9)	Net property income from abroad (10)	Gross national product (11)
1947	66.9	13.0	18.2	0.4	1.3	5.1	104.8	−4.8	100.0	1.6	101.6
1948	66.3	12.8	17.5	1.1	1.0	4.5	103.2	−3.2	100.0	2.3	102.3
1949	66.0	12.5	16.8	1.4	0.9	4.2	101.8	−1.8	100.0	2.0	102.0
1950	67.1	12.2	18.7	1.7	1.2	4.7	105.7	−5.7	100.0	3.5	103.5
1951	67.5	11.4	19.7	2.1	0.9	4.4	106.0	−6.0	100.0	2.7	102.7
1952	66.3	10.8	15.9	2.0	0.3	4.4	99.6	0.4	100.0	1.8	101.8
1953	65.9	10.5	15.8	2.2	0.4	4.6	99.5	0.5	100.0	1.6	101.6
1954	66.1	10.1	16.6	2.3	0.7	4.7	100.5	−0.5	100.0	1.6	101.6
1955	66.9	9.9	17.2	1.9	0.7	4.7	101.2	−1.2	100.0	1.0	101.0
1956	68.1	9.5	16.3	1.9	0.7	4.7	101.2	−1.2	100.0	1.3	101.3
1957	68.3	9.3	16.2	1.7	0.7	4.8	101.0	−1.0	100.0	1.3	101.3
1958	68.0	9.0	15.1	1.7	0.8	5.4	100.0	0.0	100.0	1.5	101.5
1959	67.4	9.0	15.9	1.9	0.8	5.5	100.4	−0.4	100.0	1.2	101.2
1960	66.7	8.8	16.4	2.4	0.8	5.5	100.6	−0.6	100.0	1.0	101.0
1961	68.2	8.7	15.2	2.7	0.4	5.6	100.7	−0.7	100.0	1.0	101.0
1962	68.7	8.5	14.3	3.0	0.3	5.7	100.6	−0.6	100.0	1.3	101.3
1963	67.9	8.2	15.4	3.2	0.3	5.8	100.8	−0.8	100.0	1.5	101.5
1964	67.9	8.0	15.9	3.2	0.3	5.8	101.2	−1.2	100.0	1.4	101.4
1965	68.2	8.1	15.5	3.2	0.3	5.9	101.1	−1.1	100.0	1.5	101.5

[a] Before providing for depreciation and stock appreciation.
[b] Before providing for depreciation.
[c] From 1855 to 1920 (first row) Southern Ireland is included; from 1920 (second row) onwards it is excluded.

There are also certain differences in definition from 1920 affecting income from employment, trading profits, and rent. See pp. 9–10.

T 47

TABLE 19   PERCENTAGE DISTRIBUTION OF GROSS NATIONAL PRODUCT AT CONSTANT PRICES, BY CATEGORY OF EXPENDITURE, 1870–1965

	At 1900 market prices											At 1900 factor cost			
	Consumers' expenditure (1)	Public authorities' current expenditure on goods and services (2)	Gross domestic fixed capital formation (3)	Value of physical increase in stocks and work in progress[b] (4)	Exports of goods and services[a] (5)	Total final expenditure (6)	Less Imports of goods and services[a] (7)	Gross domestic product (8)	Net property income from abroad (9)	Gross national product (10)	Adjustment to factor cost (11)	(8) – (11) Gross domestic product (12)	(10) – (11) Gross national product (13)	Capital consumption (14)	(13) – (14) Net national product (15)
							(i) 1870–1913 at constant 1900 prices[a]								
1870	89.4	5.5	6.4	1.4	21.1	123.8	18.2	105.6	2.1	107.7	7.7	97.9	100.0	5.2	94.8
1871	87.1	5.1	7.3	2.7	23.0	125.2	20.0	105.2	2.4	107.6	7.6	97.6	100.0	4.9	95.1
1872	89.1	5.1	7.6	0.5	23.5	125.8	20.3	105.5	2.5	108.0	8.0	97.5	100.0	5.0	95.0
1873	91.4	4.8	7.2	0.5	22.7	126.6	21.3	105.3	2.9	108.2	8.2	97.1	100.0	5.2	94.8
1874	89.0	4.8	8.1	1.7	21.6	125.2	20.3	104.9	3.1	108.0	8.0	96.9	100.0	4.9	95.1
1875	89.1	5.0	9.3	1.3	21.4	126.1	21.3	104.8	3.3	108.1	8.1	96.7	100.0	4.9	95.1
1876	89.0	5.1	10.2	0.8	21.2	126.3	21.5	104.8	3.3	108.1	8.1	96.7	100.0	5.0	95.0
1877	89.3	5.2	10.0	0.8	21.4	126.7	21.8	104.9	3.1	108.0	8.0	96.9	100.0	5.0	95.0
1878	89.7	5.4	9.3	0.4	21.6	126.4	21.8	104.6	3.3	107.9	7.9	96.7	100.0	5.0	95.0
1879	90.1	6.1	8.3	–0.4	23.4	127.5	23.1	104.4	3.5	107.9	7.9	96.5	100.0	5.2	94.8
1880	87.8	5.5	7.7	2.3	23.9	127.2	23.0	104.2	3.3	107.5	7.5	96.7	100.0	5.0	95.0
1881	87.3	5.7	7.6	0.4	25.6	126.6	22.5	104.1	3.4	107.5	7.5	96.6	100.0	5.1	94.9
1882	87.3	5.8	7.6	0.8	25.6	127.1	23.2	103.9	3.5	107.4	7.4	96.5	100.0	5.0	95.0
1883	86.3	5.8	7.9	1.8	25.4	127.2	23.5	103.7	3.5	107.2	7.2	96.5	100.0	4.8	95.2
1884	87.1	6.0	7.6	—	25.4	126.1	22.8	103.3	3.9	107.2	7.2	96.1	100.0	4.9	95.1
1885	88.2	6.6	6.7	—	24.5	126.0	23.1	102.9	4.4	107.3	7.3	95.6	100.0	5.1	94.9
1886	87.6	6.4	6.1	0.4	24.9	125.4	23.0	102.4	4.8	107.2	7.2	95.2	100.0	5.0	95.0
1887	86.6	6.0	5.8	1.7	25.0	125.1	23.2	101.9	5.1	107.0	7.0	94.9	100.0	4.8	95.2
1888	86.2	5.9	6.0	1.0	26.1	125.2	23.5	101.7	5.1	106.8	6.8	94.9	100.0	4.9	95.1
1889	86.5	5.8	6.5	1.3	26.7	126.8	25.1	101.7	5.2	106.9	6.9	94.8	100.0	4.8	95.2
1890	86.7	5.9	6.6	0.7	26.3	126.2	24.8	101.4	5.6	107.0	7.0	94.4	100.0	4.8	95.2
1891	87.4	5.9	7.0	1.6	24.2	126.1	24.5	101.6	5.3	106.9	6.9	94.7	100.0	4.7	95.3
1892	88.6	6.0	7.4	0.3	24.4	126.7	25.3	101.4	5.7	107.1	7.1	94.3	100.0	4.8	95.2
1893	89.3	6.2	7.3	—	23.2	126.0	24.8	101.2	5.9	107.1	7.1	94.1	100.0	5.0	95.0
1894	88.1	6.1	7.4	1.9	23.1	126.6	25.5	101.1	5.8	106.9	6.9	94.2	100.0	4.8	95.2
1895	87.6	6.3	7.3	1.8	24.0	127.0	26.0	101.0	5.9	106.9	6.9	94.1	100.0	4.6	95.4
1896	87.1	6.3	7.9	2.0	23.9	127.2	26.2	101.0	5.7	106.7	6.7	94.3	100.0	4.5	95.5
1897	87.3	6.5	9.0	0.9	24.0	127.7	26.7	101.0	5.8	106.8	6.8	94.2	100.0	4.6	95.4
1898	86.1	6.3	9.8	2.2	22.7	127.1	26.1	101.0	5.6	106.6	6.6	94.4	100.0	4.5	95.5
1899	84.4	7.2	10.1	2.1	22.6	126.4	25.3	101.1	5.4	106.5	6.5	94.6	100.0	4.4	95.6

T48

TABLE 19 (cont.)

(Per cent)

	At 1900 market prices										At 1900 factor cost			
	Consumers' expenditure (1)	Public authorities' current expenditure on goods and services (2)	Gross domestic fixed capital formation (3)	Value of physical increase in stocks and work in progress[b] (4)	Exports of goods and services[a] (5)	Total final expenditure (6)	Less Imports of goods and services[a] (7)	Gross domestic product (8)	Net property income from abroad (9)	Gross national product (10)	Adjustment to factor cost (11)	(8)−(11) Gross domestic product (12)	(10)−(11) Gross national product (13)	Capital consumption (14)	(13)−(14) Net national product (15)

(i) *1870–1913 at constant 1900 prices*[a]

1900	86.0	9.6	10.4	—	22.1	128.1	26.5	101.6	5.1	106.7	6.7	94.9	100.0	4.6	95.4
1901	84.2	10.3	10.4	1.3	21.8	128.0	26.6	101.4	5.2	106.6	6.6	94.8	100.0	4.5	95.5
1902	84.1	9.7	10.9	0.5	22.5	127.7	26.6	101.1	5.5	106.6	6.5	94.6	100.0	4.7	95.3
1903	84.3	8.6	11.1	—	23.4	127.4	26.4	101.0	5.5	106.5	6.5	94.5	100.0	4.8	95.2
1904	85.1	8.2	10.4	0.2	23.7	127.6	26.6	101.0	5.4	106.4	6.4	94.6	100.0	4.8	95.2
1905	83.8	8.0	9.8	0.5	25.2	127.3	26.7	100.6	5.8	106.4	6.4	94.2	100.0	4.9	95.1
1906	83.1	7.7	9.2	1.0	26.2	127.2	26.9	100.3	5.9	106.2	6.3	94.0	100.0	4.8	95.2
1907	84.1	7.5	7.7	0.5	27.8	127.6	27.3	100.3	6.1	106.4	6.4	93.9	100.0	4.7	95.3
1908	86.2	8.0	6.8	−1.2	26.6	126.4	26.8	99.6	6.8	106.4	6.4	93.2	100.0	5.2	94.8
1909	83.6	8.0	6.8	0.7	27.1	126.2	26.9	99.3	6.8	106.1	6.1	93.2	100.0	5.0	95.0
1910	82.2	8.0	6.7	1.1	28.1	126.1	26.8	99.3	6.7	106.0	6.0	93.3	100.0	4.9	95.1
1911	82.4	8.0	6.3	1.1	28.1	125.9	26.9	99.0	7.0	106.0	6.0	93.0	100.0	4.8	95.2
1912	83.0	8.2	6.1	0.7	29.7	127.7	28.9	98.8	7.2	106.0	6.0	92.8	100.0	4.9	95.1
1913	81.6	7.9	6.6	1.7	29.1	126.9	28.3	98.6	7.3	105.9	5.9	92.7	100.0	4.8	95.2

(ii) *1913–48 at constant 1938 prices*

	At 1938 market prices										At 1938 factor cost			
1913	82.7	8.6	6.3	1.9	26.1	125.6	18.5	107.1	4.8	111.9	11.9	95.2	100.0	4.6	95.4
1914	82.4	12.3	6.3	1.9	21.5	124.4	17.3	107.1	4.6	111.7	11.7	95.4	100.0	4.6	95.4
1915	77.1	33.7	3.9	−6.4	16.3	124.6	16.7	107.9	3.1	111.0	11.0	96.9	100.0	4.7	95.3
1916	70.4	38.2	2.7	−7.4	18.8	122.7	15.4	107.3	2.8	110.1	10.1	97.2	100.0	4.7	95.3
1917	64.0	41.3	3.0	−2.1	13.2	119.4	13.0	106.4	2.2	108.6	8.6	97.8	100.0	4.6	95.4
1918	64.7	40.1	3.0	1.7	10.5	120.0	13.5	106.5	2.1	108.6	8.6	97.9	100.0	4.7	95.3
1919	83.4	19.9	4.1	1.9	17.4	126.7	17.1	109.6	1.7	111.3	11.3	98.3	100.0	5.4	94.6
1920[c]	91.1	12.4	7.7	−1.6	20.4	130.0	18.5	111.5	1.9	113.4	13.4	98.1	100.0	6.8	93.2
1921	91.0	12.1	7.7	−1.6	22.1	131.3	19.9	111.4	1.9	113.3	13.3	98.1	100.0	6.8	93.2
1921	90.0	12.9	9.3	−2.0	18.5	128.7	18.4	110.3	2.7	113.0	13.0	97.3	100.0	7.3	92.7
1922	89.3	11.6	8.2	−1.7	22.4	129.8	20.3	109.5	2.8	112.3	12.3	97.2	100.0	7.1	92.9
1923	88.6	10.6	8.2	−1.2	23.7	129.9	21.0	108.9	3.2	112.1	12.1	96.8	100.0	7.0	93.0

Year															
1924	88.1	10.3	9.2	−0.1	23.7	131.2	22.4	108.8	3.3	112.1	12.1	96.7	100.0	7.0	93.0
1925	85.2	10.1	10.0	2.1	22.3	129.7	21.7	108.0	3.7	111.7	11.7	96.3	100.0	6.8	93.2
1926	88.7	10.8	10.1	0.3	21.4	131.3	23.6	107.7	4.3	112.0	12.0	95.7	100.0	7.2	92.8
1927	85.9	10.2	10.5	0.8	22.4	129.8	22.4	107.4	4.3	111.7	11.7	95.7	100.0	6.8	93.2
1928	86.0	10.1	10.2	0.3	22.2	128.8	21.3	107.5	4.1	111.6	11.6	95.9	100.0	6.8	93.2
1929	85.5	10.1	10.5	0.7	22.4	129.2	21.8	107.4	4.2	111.6	11.6	95.8	100.0	6.9	93.1
1930	87.0	10.4	10.5	1.8	19.3	129.0	21.6	107.4	4.2	111.6	11.6	95.8	100.0	7.1	92.8
1931	93.0	11.2	10.9	−0.1	16.5	131.5	23.7	107.8	4.2	112.0	12.0	95.8	100.0	7.7	92.3
1932	92.5	11.2	9.5	—	16.1	129.3	21.1	108.2	3.5	111.7	11.7	96.5	100.0	7.8	92.2
1933	93.2	11.1	9.7	−1.7	16.0	128.3	20.8	107.5	4.3	111.8	11.8	95.7	100.0	7.8	92.2
1934	89.5	10.6	11.0	0.8	15.6	127.5	20.3	107.2	4.2	111.4	11.4	95.8	100.0	7.3	92.7
1935	88.5	11.0	11.0	0.1	16.9	127.5	20.5	107.0	4.4	111.4	11.4	95.6	100.0	7.2	92.8
1936	88.5	11.6	11.7	−0.1	15.9	127.6	20.4	107.2	4.3	111.5	11.5	95.7	100.0	7.1	92.9
1937	86.8	12.5	11.6	1.1	16.1	128.1	20.4	107.7	3.8	111.5	11.5	96.2	100.0	7.2	92.8
1938	84.8	14.5	11.4	1.6	14.6	126.9	19.3	107.6	3.7	111.3	11.3	96.3	100.0	7.1	92.9
1939	82.5	21.2	9.9	1.9	13.1	128.6	20.4	108.2	3.0	111.2	11.2	97.0	100.0	7.1	92.9
1940	65.0	43.0	7.5	2.4	7.8	125.7	18.0	107.7	1.9	109.6	9.6	98.1	100.0	6.3	93.7
1941	59.0	51.0	5.7	0.9	6.3	122.9	14.9	108.0	1.4	109.4	9.4	98.6	100.0	6.0	94.0
1942	58.0	53.1	4.9	−0.8	5.7	120.9	12.5	108.4	0.9	109.3	9.3	99.1	100.0	5.8	94.2
1943	56.3	54.0	3.3	0.9	6.2	120.7	12.2	108.5	0.7	109.2	9.2	99.3	100.0	5.7	94.3
1944	61.0	53.2	2.7	−1.9	8.2	123.2	14.2	109.0	0.7	109.7	9.7	99.3	100.0	5.8	94.2
1945	69.8	46.5	3.2	−2.0	7.1	124.6	14.6	110.0	0.7	110.7	10.7	99.3	100.0	6.1	93.9
1946	77.8	25.7	8.2	1.2	12.2	125.1	14.8	110.3	0.7	111.0	11.0	99.3	100.0	6.2	93.8
1947	82.0	18.6	9.8	2.5	12.5	125.4	15.2	110.2	1.0	111.2	11.2	99.0	100.0	6.4	93.6
1948	80.2	17.3	10.2	1.4	14.7	123.8	14.4	109.4	1.4	110.8	10.8	98.6	100.0	6.3	93.8

(iii) *1938 and 1948 at constant 1948 prices*

At 1948 market prices | | | | | | | | | | | | | | At 1948 factor cost | |

Year															
1938	88.1	14.0	14.5	1.9	19.9	138.4	29.3	109.1	5.7	114.7	14.7	94.4	100.0	8.8	91.2
1948	81.8	16.7	13.5	1.7	20.9	134.6	23.1	111.5	2.2	113.7	13.7	97.8	100.0	8.1	91.9

(iv) *1948–1965 at constant 1958 prices*

At 1958 market prices | | | | | | | | | | | | | | At 1958 factor cost | |

Year															
1948	78.0	19.2	13.3	1.6	19.4	131.5	20.7	110.8	2.0	112.8	12.8	98.0	100.0	7.9	92.1
1949	77.5	19.7	14.1	0.5	20.9	132.7	21.8	110.9	1.8	112.7	12.7	98.2	100.0	8.0	92.0
1950	76.3	18.9	14.3	−1.6	22.9	130.8	21.0	109.8	2.7	112.5	12.5	97.3	100.0	7.9	92.1
1951	73.3	19.9	14.0	3.5	22.2	132.9	22.0	110.9	1.7	112.6	12.6	98.3	100.0	8.0	92.0
1952	73.3	22.0	14.1	0.4	21.8	131.6	20.4	111.2	1.3	112.5	12.5	98.7	100.0	8.2	91.8
1953	73.2	21.6	15.0	0.7	21.7	132.2	21.1	111.1	1.3	112.4	12.4	98.7	100.0	8.1	91.9
1954	73.6	20.7	15.7	0.3	22.1	132.4	21.1	111.3	1.3	112.6	12.6	98.7	100.0	8.2	91.8
1955	74.2	19.6	16.1	1.6	22.8	134.3	22.5	111.8	0.9	112.7	12.7	99.1	100.0	8.3	91.7

T 50

TABLE 19 (cont).

(Per cent)

	At 1958 market prices										At 1958 factor cost			
	Consumers' expenditure (1)	Public authorities' current expenditure on goods and services (2)	Gross domestic fixed capital formation (3)	Value of physical increase in stocks and work in progress[b] (4)	Exports of goods and services[a] (5)	Total final expenditure (6)	*Less* Imports of goods and services[a] (7)	Gross domestic product (8)	Net property income from abroad (9)	Gross national product (10)	Adjustment to factor cost (11)	(8)−(11) Gross domestic product (12)	(10)−(11) Gross national product (13)	Capital consumption (14)	(13)−(14) Net national product (15)
						(iv) *1948–1965 at constant 1958 prices*									
1956	73.4	19.0	16.5	1.2	23.3	133.4	22.1	111.3	1.1	112.4	12.4	98.9	100.0	8.4	91.6
1957	73.3	18.4	17.0	1.2	23.5	133.4	22.2	111.2	1.2	112.4	12.4	98.8	100.0	8.5	91.5
1958	75.4	18.0	17.1	0.5	23.1	134.1	22.5	111.6	1.4	113.0	13.0	98.6	100.0	8.8	91.2
1959	76.3	17.8	17.9	0.8	23.0	135.8	23.2	112.6	1.2	113.8	13.8	98.8	100.0	8.8	91.2
1960	75.9	17.3	18.7	2.7	23.1	137.7	24.8	112.9	1.0	113.9	13.9	99.0	100.0	8.8	91.2
1961	74.7	17.3	19.8	1.4	23.0	136.2	23.7	112.5	1.1	113.6	13.6	98.9	100.0	8.8	91.2
1962	75.5	17.6	19.4	0.3	23.1	135.9	23.9	112.0	1.4	113.4	13.4	98.6	100.0	9.0	91.0
1963	75.8	17.2	18.9	0.9	23.0	135.8	23.7	112.1	1.6	113.7	13.7	98.4	100.0	9.0	91.0
1964	74.5	16.5	21.0	2.3	22.5	136.8	24.5	112.3	1.5	113.8	13.8	98.5	100.0	9.0	91.0
1965	73.7	16.6	21.2	1.4	22.8	135.7	24.0	111.7	1.6	113.3	13.3	98.4	100.0	9.1	90.9

[a] For exports and imports of goods and services the average prices of 1899 and 1902 were used in place of 1900 prices. See Chapter 6.1.

[b] Estimates for 1870–1920 and 1939–45 are orders of magnitude and are not based on direct measurement of stocks and work-in-progress.

[c] For 1870 to 1920 (first estimate) Southern Ireland is included; from 1920 (second estimate) onwards it is excluded.

TABLE 20   INDICES OF OUTPUT, LABOUR AND CAPITAL; AND RATIOS OF OUTPUT TO LABOUR, CAPITAL TO LABOUR AND CAPITAL TO OUTPUT, AT CONSTANT PRICES, 1855–1965[a]

	Output	Labour	Capital	Output per worker		Capital per worker		Capital-output ratio
	Index numbers, 1913 = 100			£(1913)s	Index 1913 = 100	£(1913)s	Index 1913 = 100	
	(1)	(2)	(3)	(4)	(5)	(6)	(7)	(8)
1855	32.7	59.1	44.0	61	55.3	312	74.5	5.1
1856	34.0	59.9	44.4	62	56.8	310	74.1	5.0
1857	34.6	59.8	44.6	64	57.9	312	74.6	4.9
1858	34.7	58.4	44.8	65	59.4	321	76.7	4.9
1859	35.6	61.8	45.1	63	57.6	306	73.0	4.8
1860	36.4	62.8	45.4	64	58.0	303	72.3	4.8
1861	37.4	62.1	45.8	66	60.2	309	73.8	4.7
1862	37.7	61.1	46.3	68	61.7	317	75.8	4.7
1863	38.0	62.4	46.9	67	60.9	315	75.2	4.7
1864	39.0	64.6	47.6	66	60.4	308	73.7	4.7
1865	40.2	65.1	48.3	68	61.8	311	74.2	4.6
1866	40.8	65.0	48.9	69	62.8	315	75.2	4.6
1867	40.4	63.1	49.4	70	64.0	328	78.3	4.7
1868	41.7	63.3	50.0	72	65.9	331	79.0	4.6
1869	42.0	64.3	50.4	72	65.3	328	78.4	4.6
1870	44.6	66.2	51.0	74	67.4	322	77.0	4.4
1871	47.0	68.1	51.6	76	69.0	317	75.8	4.2
1872	47.1	69.0	52.3	75	68.3	317	75.8	4.2
1873	48.2	69.4	52.9	76	69.5	319	76.2	4.2
1874	49.0	69.5	53.6	77	70.5	323	77.1	4.2
1875	50.2	69.6	54.6	79	72.1	328	78.4	4.1
1876	50.7	69.2	55.8	81	73.3	337	80.6	4.2
1877	51.2	69.0	56.9	82	74.2	345	82.5	4.2
1878	51.4	68.2	57.8	83	75.4	355	84.8	4.3
1879	51.6	65.4	58.7	87	78.9	376	89.8	4.3
1880	53.1	69.9	59.5	84	76.0	356	85.1	4.3
1881	55.5	71.6	60.3	85	77.5	352	84.2	4.1
1882	57.1	73.2	61.1	86	78.0	349	83.5	4.1
1883	57.5	73.8	61.9	86	77.9	351	83.9	4.1
1884	57.6	70.3	62.9	90	81.9	375	89.5	4.2
1885	57.3	70.2	63.6	90	81.6	379	90.6	4.2
1886	58.2	70.2	64.2	91	82.9	383	91.5	4.2
1887	60.5	72.9	64.8	91	83.0	372	88.9	4.1
1888	63.2	75.7	65.4	92	83.5	362	86.4	3.9
1889	66.6	78.7	66.2	93	84.6	352	84.1	3.8
1890	66.9	79.5	66.9	93	84.2	352	84.2	3.8
1891	66.9	79.2	67.9	93	84.5	359	85.7	3.9
1892	65.3	77.8	68.9	92	83.9	371	88.6	4.0
1893	65.3	77.7	69.8	92	84.0	376	89.8	4.1
1894	69.7	79.1	70.8	97	88.1	375	89.5	3.9
1895	71.9	81.0	71.9	98	88.8	372	88.8	3.8
1896	74.9	84.0	73.1	98	89.2	364	87.0	3.7
1897	75.9	85.0	74.5	98	89.3	367	87.6	3.7
1898	79.6	86.4	76.2	101	92.1	369	88.2	3.6
1899	82.9	88.1	78.0	103	94.1	370	88.5	3.6
1900	82.3	88.7	79.9	102	92.8	377	90.1	3.7
1901	82.3	89.0	82.0	102	92.5	387	92.1	3.8
1902	84.4	89.2	84.1	104	94.6	395	94.3	3.8
1903	83.5	89.3	86.3	103	93.5	404	96.6	3.9

TABLE 20 (cont.)

	Output	Labour	Capital	Output per worker		Capital per worker		Capital–output ratio
	Index numbers, 1913 = 100			£(1913)s	Index 1913 = 100	£(1913)s	Index 1913 = 100	
	(1)	(2)	(3)	(4)	(5)	(6)	(7)	(8)
1904	84.0	88.9	88.2	104	94.5	415	99.2	4.0
1905	86.5	90.6	90.0	105	95.5	416	99.3	4.0
1906	89.4	92.7	91.8	106	96.4	414	99.0	3.9
1907	91.1	93.5	93.3	107	97.4	418	99.8	3.9
1908	87.4	90.3	94.4	106	96.8	437	104.5	4.1
1909	89.4	91.2	95.6	108	98.0	439	104.8	4.1
1910	92.2	94.9	96.8	107	97.2	427	102.0	4.0
1911	94.9	97.4	97.8	107	97.4	420	100.4	3.9
1912	96.3	97.9	98.8	108	98.4	422	100.9	3.9
1913	100.0	100.0	100.0	110	100.0	419	100.0	3.8
1914	101.0	99.7	101.3	111	101.3	425	101.6	3.8
1915	109.1	102.9	..	116	106.0	..	..	..
1916	111.5	104.4	..	117	106.8	..	..	..
1917	112.5	105.1	..	118	107.0	..	..	..
1918	113.2	105.8	..	118	107.0	..	..	..
1919	100.9	104.2	102.4	106	96.8	411	98.3	3.9
1920[b]	94.8	106.2	104.1	98	89.3	410	98.0	4.2
	91.3	99.9	100.0	100	91.4	419	100.1	4.2
1921	83.9	88.2	101.2	105	95.1	480	114.7	4.6
1922	88.2	88.0	102.3	110	100.2	487	116.3	4.4
1923	91.0	89.1	103.3	112	102.1	485	115.9	4.3
1924	94.8	90.5	104.8	115	104.8	485	115.8	4.2
1925	99.4	91.5	106.7	119	108.6	488	116.6	4.1
1926	95.7	91.5	108.4	115	104.6	496	118.5	4.3
1927	103.4	94.2	110.2	121	109.8	490	117.0	4.1
1928	104.7	94.6	112.1	122	110.7	496	118.5	4.1
1929	107.8	95.9	114.1	124	112.4	498	119.0	4.0
1930	107.0	94.1	116.1	125	113.7	516	123.4	4.1
1931	101.5	91.9	117.9	121	110.4	537	128.3	4.4
1932	102.3	92.3	119.4	122	110.8	542	129.4	4.4
1933	105.3	94.2	120.9	123	111.8	537	128.3	4.4
1934	112.2	96.9	123.1	127	115.8	531	127.0	4.2
1935	116.5	98.7	125.3	130	118.0	531	127.0	4.1
1936	121.8	101.8	127.8	131	119.6	525	125.5	4.0
1937	126.1	105.2	130.5	132	119.9	519	124.0	3.9
1938	127.6	105.5	133.2	133	120.9	529	126.3	4.0
1939	128.9	109.8	133.1	129	117.4	507	121.2	3.9
1940	141.8	113.7	134.4	137	124.7	495	118.2	3.6
1941	154.7	118.2	135.1	144	130.9	478	114.3	3.3
1942	158.5	122.1	135.4	143	129.8	464	110.9	3.3
1943	162.0	123.1	135.1	145	131.6	459	109.7	3.2
1944	155.6	121.6	134.4	141	128.0	462	110.5	3.3
1945	148.8	119.2	133.8	137	124.8	470	112.2	3.4
1946	142.3	113.2	135.3	138	125.7	500	119.5	3.6
1947	140.2	113.7	137.4	136	123.3	506	120.8	3.7
1948	144.7	113.5	139.8	140	127.5	516	123.2	3.7
1949	150.0	113.6	142.4	145	132.0	525	125.4	3.6
1950	154.9	114.7	145.7	148	135.0	532	127.0	3.6
1951	159.5	116.1	148.6	151	137.4	536	128.0	3.5
1952	159.2	116.0	151.7	151	137.2	547	130.8	3.6
1953	165.5	116.7	155.3	156	141.8	557	133.1	3.6

TABLE 20 (cont.)

	Output	Labour	Capital	Output per worker		Capital per worker		Capital-output ratio
	Index numbers, 1913 = 100			£(1913)s	Index 1913=100	£(1913)s	Index 1913 = 100	
	(1)	(2)	(3)	(4)	(5)	(6)	(7)	(8)
1954	172.2	118.5	159.1	160	145.3	562	134.3	3.5
1955	178.5	119.9	163.0	164	148.9	569	135.9	3.5
1956	180.7	120.7	166.7	165	149.7	578	138.1	3.5
1957	183.6	120.5	170.8	167	152.4	593	141.7	3.5
1958	183.2	119.3	175.0	169	153.6	614	146.7	3.6
1959	190.6	120.1	179.8	174	158.7	627	149.7	3.6
1960	201.6	122.2	185.1	181	165.0	634	151.5	3.5
1961	207.0	123.5	191.4	184	167.6	649	155.0	3.5
1962	209.3	123.9	197.5	186	168.9	667	159.4	3.6
1963	217.6	124.1	203.9	193	175.3	688	164.3	3.6
1964	230.7	125.7	212.1	202	183.5	706	168.7	3.5
1965	237.8	126.9	220.3	206	187.4	727	173.6	3.5

SOURCES: (1) Compromise estimate of G.D.P. at constant factor cost, Table 6, column (4).
(2) Total employed labour force, Table 57, column (3) as index. Note: This series represents man-years and is not adjusted for changes in hours worked.
(3) Gross stock of reproducible fixed assets at constant replacement cost, Table 43, column (5), as index.
(4) Column (5) × (£2,232m. ÷ 20.31 m. man-years).
(5) (1) ÷ (2).
(6) Column (7) × (£8,500 m. ÷ 20.31 m. man-years).
(7) (3) ÷ (2).
(8) (3) ÷ (1) × (£8,500 m. ÷ £2,232 m.).

[a] Chained indices are shown with 1913 = 100; for the actual weight base years used in each of the sub-periods see pp. 4, 197 and 207

[b] For 1855 to 1920 (first row) Southern Ireland is included; from 1920 (second row) onwards it is excluded.

TABLE 21 INCOME FROM EMPLOYMENT, 1855–1965 (£M.)

	Wages[a] (1)	Salaries[a] (2)	Pay in cash and kind of H.M. Forces[a] (3)	Employers' contributions National insurance and health (4)	Other[b] (5)	Total (6)
1855	285	43		—	—	328
1856	290	46		—	—	336
1857	275	46		—	—	321
1858	260	48		—	—	308
1859	290	47		—	—	337
1860	300	50		—	—	350
1861	300	50		—	—	350
1862	300	52		—	—	352
1863	310	54		—	—	364
1864	320	56		—	—	376
1865	340	58		—	—	398
1866	350	59		—	—	409
1867	350	59		—	—	409
1868	340	60		—	—	400
1869	350	64		—	—	414
1870	365	66		—	—	431
1871	390	67		—	—	457
1872	440	72		—	—	512
1873	485	74		—	—	559
1874	470	77		—	—	547
1875	465	79		—	—	544
1876	460	82		—	—	542
1877	460	85		—	—	545
1878	440	86		—	—	526
1879	430	88		—	—	518
1880	439	90		—	—	529
1881	453	94		—	—	547
1882	484	96		—	—	580
1883	486	101		—	—	587
1884	466	102		—	—	568
1885	452	103		—	—	555
1886	446	105		—	—	551
1887	471	108		—	—	579
1888	504	110		—	—	614
1889	558	116		—	—	674
1890	586	117		—	1	704
1891	583	120		—	2	705
1892	573	125		—	3	701
1893	571	129		—	4	704
1894	579	138		—	5	722
1895	592	139		—	6	737
1896	614	145		—	7	766
1897	626	151		—	8	785
1898	658	157		—	9	824
1899	685	163		—	9	857
1900	704	173	22	—	10	909
1901	694	179	25	—	10	908
1902	677	184	28	—	10	899
1903	683	191	23	—	11	908
1904	665	196	21	—	11	893

TABLE 21 (cont.)

(£M.)

	Wages[a] (1)	Salaries[a] (2)	Pay in cash and kind of H.M. Forces[a] (3)	Employers' contributions National insurance and health (4)	Other[b] (5)	Total (6)
1905	679	202	21		11	913
1906	711	208	21		12	952
1907	758	217	21		12	1,008
1908	715	227	21		12	975
1909	721	232	21		13	987
1910	753	240	21	—	13	1,027
1911	781	249	21	—	14	1,065
1912	811	263	21	5	14	1,114
1913	835	279	22	9	15	1,160
1914	830	296	110	9	15	1,260
1915	910	310	310	10	16	1,556
1916	1,040	370	420	10	18	1,858
1917	1,310	420	580	11	19	2,340
1918	1,640	500	710	11	20	2,881
1919	1,970	660	410	11	25	3,076
1920[c]	2,475	850	145	14	41	3,525
	2,416	833	145	14	41	3,449
1921	1,933	748	86	26	42	2,835
1922	1,585	684	64	31	47	2,411
1923	1,510	674	54	32	48	2,318
1924	1,554	686	53	34	49	2,376
1925	1,579	704	52	34	50	2,419
1926	1,481	713	51	40	51	2,336
1927	1,624	736	50	42	53	2,505
1928	1,607	747	47	42	54	2,497
1929	1,638	762	47	42	56	2,545
1930	1,579	759	47	42	58	2,485
1931	1,495	741	45	42	59	2,382
1932	1,470	740	42	45	60	2,357
1933	1,497	758	41	45	61	2,402
1934	1,568	787	43	47	62	2,507
1935	1,624	813	45	49	66	2,597
1936	1,724	851	48	52	69	2,744
1937	1,842	889	53	54	70	2,908
1938	1,888	911	64	54	72	2,989
1939	2,010	960	110	55	80	3,215
1940	2,270	1,040	385	58	90	3,843
1941	2,560	1,180	630	65	100	4,535
1942	2,810	1,230	820	72	110	5,042
1943	2,940	1,310	1,030	72	120	5,472
1944	2,950	1,390	1,210	71	130	5,751
1945	2,940	1,470	1,270	69	140	5,889
1946	3,305	1,645	577	84	147	5,758
1947	3,750	1,790	395	113	179	6,227
1948	4,190	2,005	233	157	200	6,785
1949	4,440	2,160	223	197	226	7,246
1950	4,625	2,310	237	199	256	7,627
1951	5,115	2,590	303	205	288	8,501
1952	5,450	2,780	342	218	317	9,107
1953	5,770	2,930	349	244	341	9,634

TABLE 21 (cont.) (£M.)

	Wages[a] (1)	Salaries[a] (2)	Pay in cash and kind of H.M. Forces[a] (3)	Employers' contributions National insurance and health (4)	Other[b] (5)	Total (6)
1954	6,180	3,130	363	247	364	10,284
1955	6,765	3,445	356	279	399	11,244
1956	7,335	3,785	396	304	442	12,262
1957	7,660	4,100	392	309	497	12,958
1958	7,790	4,340	395	398	542	13,465
1959	8,055	4,665	389	418	575	14,102
1960	8,610	5,115	393	425	621	15,164
1961	9,265	5,580	385	503	664	16,397
1962	9,605	6,020	401	557	706	17,289
1963	9,955	6,415	419	611	760	18,160
1964	10,765	6,970	450	682	795	19,662
1965	11,480	7,605	467	831	835	21,218

[a] Pay in cash and kind of H.M. Forces is included with other wages and salaries up to 1899.

[b] The series for 1890–1919 is a rough allowance, not a direct estimate.

[c] From 1855 to 1920 (first row) Southern Ireland is included; from 1920 (second row) onwards it is excluded. There is also a difference in the estimates for wages, see p. 33

TABLE 22　　　　　INCOME FROM EMPLOYMENT BY INDUSTRY, 1920–38　　　　　(£M.)

	1920	1921	1922	1923	1924	1925	1926	1927	1928	1929	1930	1931	1932	1933	1934	1935	1936	1937	1938
Agriculture, forestry and fishing																			
Wages	119.0	114.9	81.3	71.0	72.9	78.3	78.6	77.3	77.3	77.2	75.1	72.6	70.7	69.0	67.9	67.9	68.3	68.3	69.9
Salaries	3.7	2.5	2.5	2.5	2.8	2.8	2.6	2.6	2.7	3.0	2.4	2.0	1.9	1.9	2.3	2.4	2.5	2.5	2.5
Employers' contributions	0.9	1.0	0.9	0.9	0.9	0.9	1.5	1.5	1.6	1.5	1.5	1.6	1.6	1.5	1.5	1.5	1.7	2.0	2.0
Total	123.6	118.4	84.7	74.4	76.6	82.0	82.7	81.4	81.6	81.7	79.0	76.2	74.2	72.4	71.7	71.8	72.5	72.8	74.4
Mining and quarrying																			
Wages	293.6	186.0	154.0	174.7	181.2	160.2	84.5	140.1	120.4	125.9	119.5	108.6	99.7	96.7	101.8	102.3	112.5	126.8	128.7
Salaries	9.1	7.7	6.0	6.5	6.4	5.7	5.7	5.8	5.5	5.4	5.3	5.1	5.0	5.0	5.1	5.1	5.3	5.5	5.6
Employers' contributions	1.2	2.7	3.5	3.9	3.9	3.3	4.1	3.6	3.4	3.5	3.3	3.2	3.4	3.1	3.1	2.9	3.1	3.1	3.0
Total	303.9	196.4	163.5	185.1	191.5	169.2	94.3	149.5	129.3	134.8	128.1	116.9	108.1	104.8	110.0	110.3	120.9	135.4	137.3
Manufacturing																			
Wages	1,020.3	737.6	619.2	581.7	598.2	607.0	585.2	630.9	626.7	637.8	580.2	525.6	524.2	546.7	583.1	607.3	654.8	710.8	722.9
Salaries	187.0	143.8	134.8	136.1	140.9	144.3	143.3	153.0	156.3	160.7	153.9	144.4	147.0	154.7	164.0	169.9	183.2	197.2	201.6
Employers' contributions	6.2	11.2	14.1	13.9	15.1	15.1	15.6	17.6	17.6	17.6	16.9	15.8	16.3	17.3	18.5	19.4	20.8	21.8	21.4
Total	1,213.5	892.6	768.1	731.7	754.2	766.4	744.1	801.5	800.6	816.1	751.0	685.8	687.5	718.7	765.6	796.6	858.8	929.8	945.9
Building and contracting																			
Wages	166.3	147.6	105.0	98.3	104.1	115.8	118.3	127.1	125.6	126.1	129.4	122.5	109.5	113.8	124.5	134.2	143.5	152.4	155.3
Salaries	22.8	20.6	16.3	15.8	16.5	17.8	18.4	19.4	19.4	19.4	19.9	19.4	17.8	19.3	21.7	23.7	25.9	27.6	28.3
Employers' contributions	1.3	1.8	2.1	2.3	2.4	2.5	3.0	3.2	3.1	3.1	3.1	3.4	3.7	3.7	3.8	4.1	4.5	4.4	4.5
Total	190.4	170.0	123.4	116.4	123.0	136.1	139.7	149.7	148.1	148.6	152.4	145.3	131.0	136.8	150.0	162.0	173.9	184.4	188.1

TABLE 22 (cont.)

	1920	1921	1922	1923	1924	1925	1926	1927	1928	1929	1930	1931	1932	1933	1934	1935	1936	1937	1938
Gas, electricity and water																			
Wages	34.9	33.1	28.7	27.0	27.8	29.0	29.7	30.6	31.2	31.6	32.1	31.9	31.3	31.4	32.1	33.9	35.1	36.3	38.9
Salaries	9.2	8.9	8.7	8.8	8.6	8.9	9.6	10.0	10.3	11.0	10.9	10.9	11.6	12.3	13.0	14.4	15.3	16.2	16.9
Employers' contributions	0.8	1.2	1.2	1.2	1.3	1.3	1.4	1.5	1.5	1.4	1.7	1.9	1.9	1.9	2.1	2.1	2.2	2.3	2.4
Total	44.9	43.2	38.6	37.0	37.7	39.2	40.7	42.1	43.0	44.0	44.7	44.7	44.8	45.6	47.2	50.4	52.6	54.8	58.2
Transport and communication																			
Wages	255.9	236.4	207.2	195.9	202.1	203.4	190.5	206.8	206.3	207.5	204.1	192.8	186.2	183.2	189.5	196.7	206.8	216.9	221.7
Salaries	72.3	65.3	58.7	56.8	56.8	56.7	55.9	57.6	57.4	57.1	56.2	54.2	50.9	50.4	50.8	52.0	53.8	55.8	56.9
Employers' contributions	4.4	6.0	6.6	6.9	7.4	7.7	8.3	8.7	8.9	9.3	9.5	9.6	10.1	10.4	10.8	11.4	12.1	12.2	11.9
Total	332.6	307.7	272.5	259.6	266.3	267.8	254.7	273.1	272.6	273.9	269.8	256.6	247.2	244.0	251.1	260.1	272.7	284.9	290.5
Distributive trades																			
Wages	185.3	164.0	143.6	135.1	134.6	143.3	150.1	159.1	164.9	170.9	174.6	178.4	185.1	190.6	195.3	198.5	206.3	215.4	220.0
Salaries	91.1	79.7	68.9	66.2	67.0	71.3	74.6	78.9	81.9	84.9	86.8	83.3	90.2	92.5	94.5	95.3	98.0	101.7	102.7
Employers' contributions	1.0	1.9	2.6	3.4	3.6	3.9	4.7	4.9	5.2	5.3	5.5	5.9	6.6	6.6	6.6	6.9	7.2	7.2	7.5
Total	277.4	245.6	215.1	204.7	205.2	218.5	229.4	242.9	252.0	261.1	266.9	272.6	281.9	289.7	296.4	300.7	311.5	324.3	330.2
Insurance, banking and finance																			
Wages	4.6	4.0	3.2	3.0	3.2	3.3	3.4	3.5	3.5	3.5	3.5	3.5	3.5	3.5	3.7	3.8	3.9	4.2	4.3
Salaries	126.7	110.7	99.0	99.9	102.9	106.5	110.3	111.9	113.7	115.4	114.6	111.6	112.1	116.0	120.0	122.3	124.8	127.9	129.6
Employers' contributions	1.8	2.0	2.2	2.3	2.6	2.8	2.8	3.1	3.1	3.2	3.4	3.6	3.7	3.7	3.8	4.0	4.2	4.4	4.5
Total	133.1	116.7	104.4	105.2	108.7	112.6	116.5	118.5	120.3	122.1	121.5	118.7	119.3	123.2	127.5	130.1	132.9	136.5	138.4

Public administration and defence

H.M. Forces:																			
Pay in cash and kind	145.2	85.8	64.0	53.8	52.6	51.7	50.6	50.4	47.3	47.2	46.6	44.7	42.4	41.3	42.8	45.0	47.9	53.1	64.1
Employers' contributions	14.9	15.9	18.2	17.2	16.7	16.7	17.2	17.3	17.4	17.7	17.9	17.8	17.7	17.2	18.1	18.6	19.0	19.1	19.4
Other: Wages	62.5	60.1	52.4	47.7	48.8	50.8	51.9	53.4	54.3	57.0	59.9	61.1	59.6	59.3	60.7	62.7	65.2	68.3	72.4
Salaries	86.1	85.4	73.9	67.0	66.1	66.6	65.6	65.1	65.3	66.2	67.4	67.5	66.4	66.3	67.9	71.2	74.5	78.4	84.4
Employers' contributions	6.9	7.8	8.1	8.3	9.0	9.6	10.4	10.8	11.2	11.5	12.5	13.2	14.0	14.0	14.8	15.8	16.6	17.6	18.6
Total	315.6	2,550	216.6	194.0	193.2	195.4	195.7	197.0	195.5	199.6	204.3	204.3	200.1	198.1	204.3	213.3	223.2	236.5	258.9
Professional services																			
Wages	17.8	16.9	13.2	12.3	12.7	12.9	13.0	13.0	12.9	13.0	12.9	12.7	12.9	13.2	13.8	14.5	15.4	16.9	18.0
Salaries	146.1	152.6	147.8	145.9	147.6	149.6	151.2	152.4	154.0	156.3	159.0	157.6	156.8	158.9	164.7	171.6	178.1	183.7	187.7
Employers' contributions	3.0	3.3	3.5	3.5	3.4	3.5	3.7	3.8	3.8	3.9	3.9	4.0	3.9	4.0	3.9	4.2	4.5	4.5	4.7
Total	166.9	172.8	164.5	161.7	163.7	166.0	167.9	169.2	170.7	173.2	175.8	174.3	173.6	176.1	182.4	190.3	198.0	205.1	210.4
Miscellaneous services																			
Wages	208.5	194.1	145.9	133.2	138.5	143.9	147.3	150.1	152.3	155.3	156.9	156.5	157.9	160.4	164.9	170.2	178.4	189.8	198.6
Salaries	30.6	26.9	23.2	22.7	23.4	24.1	24.8	26.3	27.0	28.0	28.5	29.1	30.5	31.8	33.5	35.0	37.3	39.5	41.2
Employers' contributions	1.4	1.8	2.2	2.6	2.7	2.8	3.9	4.1	4.3	4.4	4.5	4.6	4.9	4.9	5.1	5.3	5.7	6.0	6.3
Total	240.5	222.8	171.3	158.5	164.6	170.8	176.0	180.5	183.6	187.7	189.9	190.2	193.3	197.1	203.5	210.5	221.4	235.3	246.1
Not allocated by industry																			
Wages[a]	47.0	38.0	31.0	30.0	30.0	31.0	29.0	32.0	31.0	32.0	31.0	29.0	29.0	29.0	31.0	32.0	34.0	36.0	37.0
Directors' fees	48.1	44.3	46.1	47.7	49.8	51.1	52.5	53.8	54.5	51.1	49.4	50.2	49.2	50.1	51.9	52.9	53.6
Employers' contributions[a]	11.3	11.9	13.4	13.1	13.5	13.9	14.2	14.7	15.0	15.4	16.1	16.2	16.7	16.7	17.5	18.3	19.1	19.7	20.0
Total all industries																			
Wages	2,416	1,933	1,585	1,510	1,554	1,579	1,481	1,624	1,607	1,638	1,579	1,495	1,470	1,497	1,568	1,624	1,724	1,842	1,888
Salaries (including directors' fees)	833	748	684	674	686	704	713	736	747	762	759	741	740	758	787	813	851	889	911
Pay in cash and kind of H.M. Forces	145	86	64	54	53	52	51	50	47	47	47	45	42	41	43	45	48	53	64
Employers' contributions	55	68	78	80	83	84	91	95	96	98	100	101	105	106	109	115	121	124	126
Total	3,449	2,835	2,411	2,318	2,376	2,419	2,336	2,505	2,497	2,545	2,485	2,382	2,357	2,402	2,507	2,597	2,744	2,908	2,989

[a] Addition to estimates in Chapman [146], see p. 33.

TABLE 23 — FARM INCOMES, 1855–1946 (£M.)

Year	Total factor-income[a] (1)	Wages (2)	Rent[b] (3)	Farmers' income[c] (4)	Year	Total factor-income[a] (1)	Wages (2)	Rent[b] (3)	Farmers' income[c] (4)
1855	146	61	45	40	1901	130	56	41	33
1856	149	60	47	42	1902	138	56	42	40
1857	155	57	49	49	1903	127	56	41	30
1858	146	56	49	41	1904	127	56	41	30
1859	143	57	49	37	1905	131	56	41	34
					1906	139	57	42	40
1860	142	56	49	37	1907	140	57	42	41
1861	154	56	50	48	1908	145	56	43	46
1862	155	56	50	49	1909	136	56	43	37
1863	158	55	50	53					
1864	148	55	50	43	1910	135	57	43	35
1865	151	56	49	46	1911	152	58	43	51
1866	156	56	50	50	1912	148	59	43	46
1867	160	55	51	54	1913	142	60	43	39
1868	156	55	52	49	1914	173	62	44	67
1869	140	53	53	34	1915	188	65	44	79
					1916	236	64	45	127
1870	156	57	53	46	1917	279	78	46	155
1871	159	56	54	49	1918	306	87	46	173
1872	161	62	55	44	1919	345	122	47	176
1873	172	61	56	55					
1874	164	61	56	47	1920[d]	395	150	48	197
1875	163	62	57	44		306	105	40	161
1876	161	61	57	43	1921	271	106	41	124
1877	154	61	58	35	1922	214	73	42	99
1878	146	60	56	30	1923	185	65	42	78
1879	126	58	55	13	1924	179	67	42	70
					1925	174	71	42	61
1880	132	58	53	21	1926	175	74	42	59
1881	135	58	53	24	1927	158	74	41	43
1882	141	57	55	29	1928	162	74	40	48
1883	136	57	55	24	1929	162	73	40	49
1884	133	56	53	24					
1885	127	55	51	21	1930	170	70	40	60
1886	127	54	49	24	1931	153	67	39	47
1887	124	54	48	22	1932	150	65	38	47
1888	125	54	48	23	1933	169	64	36	69
1889	126	54	48	24	1934	180	63	35	82
					1935	174	65	34	75
1890	133	55	48	30	1936	186	65	35	86
1891	139	54	48	37	1937	160	64	35	61
1892	130	54	47	29	1938	170	66	35	69
1893	125	54	46	25	1939	209	70	35	104
1894	121	54	45	22					
1895	122	54	44	24	1940	297	88	35	174
1896	124	54	43	27	1941	364	111	35	218
1897	127	54	42	31	1942	403	132	35	236
1898	123	54	41	28	1943	435	149	35	251
1899	130	55	41	34	1944	432	162	35	235
					1945	437	175	35	227
1900	130	56	41	33	1946	465	197	35	233

[a] Net farm output after payment for all non-farm inputs but before payment of landowners' expenses (met from gross rent) and before providing for depreciation. Farmers' self-supplies are valued at farm-gate prices.

[b] Gross rent of farm land and buildings excluding the payment for dwellings. See Bellerey, [**119**], pp, 357–8, and also p. 40, n. 1.

[c] Before providing for depreciation and stock appreciation.

[d] From 1855 to 1920 (first row) Southern Ireland is included; from 1920 (second row) onwards it is excluded.

TABLE 24 CONSUMERS' EXPENDITURE AT CURRENT PRICES, 1900–65 (£M.)

	1900	1901	1902	1903	1904	1905	1906	1907	1908	1909	1910	1911	1912	1913	1914	1915	1916
1. Food[a]	464	473	481	496	499	502	507	510	515	525	534	551	576	586	557	724	846
2. Alcoholic drink	187	185	183	179	173	172	171	171	163	154	163	169	168	175	188	179	207
3. Tobacco	27	28	29	30	30	31	32	33	33	34	37	38	39	40	42	49	57
4. Housing	167	174	180	186	191	194	198	201	203	211	211	212	215	220	224	227	227
5. Fuel and light	75	71	70	68	67	63	64	74	70	68	67	70	74	76	74	83	100
6. Clothing	153	162	153	149	154	157	161	162	168	174	178	195	202	210	173	193	169
Durable goods:																	
7. Motor cars and motor cycles	2	2	2	2	4	4	5	5	4	3	8	8	10	12	9	4	1
8. Furniture, floor coverings, electrical etc.	61	62	62	61	63	63	63	68	67	63	63	66	70	79	77	84	81
9. Other household goods:																	
10. Household textiles, hardware etc.																	
10. Matches and cleaning materials	15	16	16	17	19	19	19	20	20	20	20	19	19	20	21	26	31
11. Books and miscellaneous recreational goods	23	23	23	25	27	28	29	31	29	29	30	32	33	35	34	40	50
12. Chemists' and other goods	43	42	44	44	44	46	49	51	49	50	53	55	58	61	59	65	75
13. Public travel and communication	64	66	68	70	71	72	74	76	77	79	82	84	86	90	87	94	98
14. Vehicle running costs	16	17	18	16	15	15	16	16	15	16	16	16	18	18	17	20	21
15. Domestic service	61	63	63	65	66	68	68	69	70	71	72	72	73	75	79	81	85
16. Catering (meals and accommodation)	112	115	117	118	122	126	133	143	144	149	153	159	168	174	180	178	162
17. Other services	153	158	157	160	161	164	165	169	171	170	174	174	181	182	180	185	186
18. Adjustment[b]	14	20	20	13	13	12	12	12	15	15	16	16	16	17	73	152	185
19. Total	1,637	1,677	1,686	1,699	1,719	1,736	1,766	1,811	1,813	1,831	1,877	1,936	2,006	2,070	2,074	2,384	2,581

See p. T 64 for detailed notes on the composition of the individual items.

TABLE 24 (cont.)

(£M.)

	1917	1918	1919	1920[c]	1921	1922	1923	1924	1925	1926	1927	1928	1929	1930	1931	1932
1. Food[a]	1,012	1,132	1,327	1,624	1,547	1,405	1,196	1,204	1,213	1,241	1,216	1,193	1,209	1,204	1,163	1,093	1,042
2. Alcoholic drink	201	232	391	474	450	409	356	332	337	338	323	320	310	311	301	282	264
3. Tobacco	65	80	115	127	120	116	112	109	112	116	117	124	131	136	140	140	139
4. Housing	229	237	254	285	272	317	329	323	322	325	336	349	356	365	375	382	386
5. Fuel and light	108	122	151	183	174	169	158	148	160	158	144	166	152	162	162	162	157
6. Clothing	212	364	670	827	795	485	434	409	418	432	417	424	435	439	418	395	364
Durable goods:																	
7. Motor cars and motor cycles		1	3	41	40	19	28	31	39	51	47	44	41	38	34	27	26
8. Furniture, floor coverings, electrical etc.	105	141	217	149	143	119	109	107	107	113	113	120	125	130	133	133	130
Other household goods:																	
9. Household textiles, hardware etc.	40	61	65	179	172	104	94	90	88	91	88	94	96	98	96	90	84
10. Matches and cleaning materials	58	77	73	75	72	61	53	52	53	53	52	53	54	55	52	51	48
11. Books and miscellaneous recreational goods	86	104	129	103	99	95	88	83	85	85	85	87	88	90	91	89	87
12. Chemists' and other goods	103	119	164	156	151	130	110	94	89	91	99	99	102	97	98	98	91
13. Public travel and communication	27	31	40	208	200	201	198	192	194	197	195	199	203	200	196	183	178
14. Vehicle running costs	90	98	145	43	42	32	33	34	39	42	47	49	54	57	59	57	60
15. Domestic service	168	210	297	121	116	113	88	82	85	87	89	90	90	91	92	93	92
16. Catering (meals and accommodation)	203	256	337	276	265	235	167	146	153	161	167	175	180	186	188	186	190
17. Other services	271	333	125	348	336	309	295	293	298	308	311	320	331	340	346	348	349
18. Adjustment[b]				27	26	−4	−6	−12	−13	−11	−13	−19	−18	−16	−12	−4	−4
19. Total	2,979	3,600	4,535	5,246	5,020	4,315	3,842	3,717	3,777	3,878	3,833	3,887	3,939	3,983	3,932	3,805	3,683

	1933	1934	1935	1936	1937	1938	1939	1940	1941	1942	1943	1944	1945	1946	1947	1948	1949
1. Food[a]	1,006	1,027	1,054	1,082	1,136	1,157	1,216	1,244	1,288	1,334	1,267	1,348	1,398	1,580	1,826	1,975	2,148
2. Alcoholic drink	258	262	273	283	297	294	311	378	468	550	634	678	705	696	726	802	755
3. Tobacco	142	146	153	161	169	176	204	260	317	414	491	507	562	602	689	764	753
4. Housing	394	402	416	431	443	455	513	528	531	536	553	575	616	692	757	787	801
5. Fuel and light	158	161	164	176	185	188	199	222	237	238	233	240	259	280	300	327	335
6. Clothing	366	371	388	402	426	438	461	501	460	498	441	511	535	638	736	902	1,013

	1950	1951	1952	1953	1954	1955	1956	1957	1958	1959	1960	1961	1962	1963	1964	1965
Durable goods:																
7. Motor cars and motor cycles	30	38	44	47	49	43	37	5	1	1	1	—	2	36	49	61
8. Furniture, floor coverings, electrical etc.	136	151	160	169	178	174								197	269	360
Other household goods:																
9. Household textiles, hardware etc.	88	95	98	99	107	98	554	551	543	517	497	506	598	141	162	186
10. Matches and cleaning materials	48	49	47	49	53	54								73	83	114
11. Books and miscellaneous recreational goods	87	89	94	95	99	101								220	247	262	273
12. Chemists' and other goods	99	108	112	121	141	157								221	248	266	273
13. Public travel and communication	179	183	185	192	198	208	190	184	220	255	279	290	323	360	378	413	422
14. Vehicle running costs	62	66	73	76	83	88	82	46	44	24	12	13	41	88	101	57	81
15. Domestic service	93	94	96	100	105	110	103	103	164	192	244	258	328	115	113	110	103
16. Catering (meals and accommodation)	195	204	212	222	236	243	738	777	831	851	874	920	1,024	1,106	1,176	1,201	1,191
17. Other services	353	358	368	379	391	404								228	168	116	100
18. Adjustment[b]	2	–2	–2	–4	–7	4	34										
19. Total	3,696	3,802	3,935	4,080	4,289	4,392	4,539	4,799	5,104	5,410	5,525	5,846	6,391	7,273	8,028	8,609	8,969

	1950	1951	1952	1953	1954	1955	1956	1957	1958	1959	1960	1961	1962	1963	1964	1965
1. Food[a]	2,371	2,599	2,857	3,156	3,327	3,615	3,820	3,962	4,054	4,184	4,255	4,399	4,595	4,727	4,932	5,105
2. Alcoholic drink	734	774	779	795	794	832	866	906	908	917	954	1,054	1,115	1,175	1,317	1,415
3. Tobacco	766	800	821	837	855	880	935	981	1,031	1,061	1,140	1,217	1,242	1,286	1,343	1,428
4. Housing	841	886	934	1,001	1,056	1,122	1,183	1,276	1,449	1,569	1,660	1,779	1,946	2,147	2,319	2,546
5. Fuel and light	356	392	424	451	490	528	597	618	689	686	751	796	911	1,010	1,000	1,087
6. Clothing	1,063	1,116	1,097	1,115	1,205	1,297	1,378	1,439	1,454	1,516	1,647	1,709	1,751	1,845	1,938	2,059
Durable goods:																
7. Motor cars and motor cycles	64	74	117	186	234	310	268	320	425	506	568	515	569	733	843	799
8. Furniture, floor coverings, electrical etc.	424	480	462	528	603	624	616	685	750	873	852	873	907	970	1,040	1,093
Other household goods:																
9. Household textiles, hardware etc.	200	218	214	224	245	273	284	303	305	321	330	349	356	368	399	417
10. Matches and cleaning materials	125	133	141	140	143	146	157	169	173	183	185	194	205	207	211	225
11. Books and miscellaneous recreational goods	285	314	335	356	380	420	464	481	519	534	585	626	650	673	726	777
12. Chemists' and other goods	272	298	303	313	328	360	378	408	424	448	477	512	527	555	611	653
13. Public travel and communication	423	454	497	517	525	549	600	646	657	677	711	750	788	829	880	940
14. Vehicle running costs	111	132	152	171	191	244	273	289	344	393	451	524	611	666	775	928
15. Domestic service	98	95	96	97	99	102	103	100	101	102	103	105	110	112	116	122
16. Catering (meals and accommodation)	1,239	1,331	574	599	636	716	771	836	875	929	964	1,021	1,098	1,164	1,240	1,312
17. Other services			853	888	938	983	1,022	1,066	1,112	1,191	1,277	1,391	1,510	1,598	1,726	1,859
18. Adjustment[b]	89	119	110	101	114	109	106	97	92	85	80	89	100	130	161	191
19. Total	9,461	10,215	10,766	11,475	12,163	13,110	13,821	14,582	15,362	16,175	16,990	17,903	18,991	20,195	21,577	22,956

[a] Food consumed in hotels, restaurants etc. is included in Catering (meals and accommodation).

[b] Income in kind and consumers' expenditure abroad less expenditure by non-residents in the United Kingdom.

[c] For 1900 to 1920 (first estimate) Southern Ireland is included; from 1920 (second estimate) onwards it is excluded.

T63

NOTES TO TABLES 24 AND 25

1. *Food*: Includes all household consumption of foods and non-alcoholic beverages. The imputed value of output from small allotments etc. is excluded. Farm consumption is valued at farm prices. Consumption in hotels, restaurants etc. is excluded – see *Catering (meals and accommodation)*.

2. *Alcoholic drink*: Beer, spirits, wine, cider etc., including consumption in hotels, public houses etc. Table waters are included with *Food*.

3. *Tobacco*: Cigarettes, cigars, pipe tobacco and snuff.

4. *Housing*: Rents, rates, water charges and occupiers' costs of maintenance, repairs and improvements. Rent of hotels, restaurants etc. is excluded.

5. *Fuel and light*: Coal, coke, gas, electricity, kerosene etc. For 1900–38 includes candles.

6. *Clothing and footwear*: Includes the cost of making up materials but excludes expenditure on repairs and alterations.

7. *Motor cars and motor cycles*: New and second-hand vehicles.

8. *Furniture and other durable goods*: Furniture and floor coverings, mattresses, radio and television sets, gramophones, musical instruments, household appliances, prams and bicycles. For 1900–19 prams and musical instruments are excluded and bicycle repairs included.

9. *Textiles and other household goods*: Household textiles, curtains and soft furnishings; hardware, pottery, glassware, cutlery and minor electrical goods.

10. *Matches and cleaning materials*: Matches, candles, soap, polishes, detergents and other cleaning materials. For 1900–38 excludes candles.

11. *Books and other recreational goods*: Books, newspapers and magazines; records, toys, photographic and sports goods etc.; licences, pets and pet foods. For 1920–38 travel goods are included and photographic goods and records are excluded. For 1900–19 travel goods and musical instruments are included; and pets and pet foods excluded.

12. *Chemists' and other goods*: Drugs, medicines and medical goods (excluding purchases by hospitals); toilet requisites and preparations; stationery and writing equipment; handbags, travel goods, fancy goods, watches, jewellery, pictures, vases etc. For 1900–38 photographic goods are included and travel goods are excluded. For 1900–19 prams are also included.

13. *Public travel and communication*: Railways, buses and coaches, taxis and carriages, tramways, air and sea travel; postage, telephone and telegraph charges.

14. *Vehicle running costs*: Petrol and oil, spare parts, garage costs, repairs, licences, insurance and other running expenses of motor cars and motor cycles; oats and other running expenses of carriages.

15. *Domestic service*: Expenditure in cash and kind on indoor and outdoor domestic servants. For 1900–19 includes those employed in hospitals.

16. *Catering (meals and accommodation)*: Hotel and restaurant services (including all expenditure on food and accommodation but not on alcoholic drink). For 1948–65 also includes meals, but not accommodation in non-commercial establishments (e.g. schools). For 1900–38 expenditure by hotels, restaurants etc. on fuel, furnishings and other items is included under the relevant headings.

17. *Other services*: Entertainments and betting; life assurance and insurance (other than motor vehicles); medical and funeral services; private education; laundries and dry cleaning etc.; repairs to furniture, clothing, footwear, watches, bicycles etc.; hire of domestic equipment; hairdressing; other miscellaneous services. For 1900–19 includes pets and pet foods and excludes bicycle repairs.

18. *Adjustment*: Income in kind of the Armed Forces (other income in kind, e.g. food provided for domestic servants, is included with other expenditure on the relevant items); consumers' expenditure abroad *less* expenditure by foreign tourists and other non-residents in the United Kingdom.

TABLE 25   CONSUMERS' EXPENDITURE AT CONSTANT PRICES, 1900–65   (£M.)

(i) 1900–48 at 1938 prices

	1900	1901	1902	1903	1904	1905	1906	1907	1908	1909	1910	1911	1912	1913	1914	1915	1916
1. Food[a]	768	777	778	794	807	807	815	810	807	815	809	839	836	841	830	841	811
2. Alcoholic drink	615	610	601	581	567	558	554	556	529	486	484	502	500	519	508	490	435
3. Tobacco	72	70	72	74	75	76	77	79	79	77	79	83	83	86	89	96	91
4. Housing	267	273	278	283	288	292	296	301	304	308	311	315	319	322	327	329	329
5. Fuel and light	130	130	135	133	134	127	126	136	133	133	136	140	126	138	136	144	143
6. Clothing	342	357	339	326	331	325	328	326	338	350	353	378	379	391	336	363	253
Durable goods:																	
7. Motor cars and motor cycles	2	2	2	2	2	2	2	2	2	2	4	4	6	8	6	2	—
8. Furniture, floor coverings, electrical goods etc.	124	127	127	123	130	127	128	135	133	126	127	130	134	148	145	137	110
Other household goods:																	
9. Household textiles, hardware etc.	32	33	33	34	34	35	35	35	36	37	38	39	40	40	40	42	38
10. Matches and cleaning materials	30	31	34	34	37	40	42	44	41	40	43	44	47	51	51	56	62
11. Books and miscellaneous recreational goods	67	67	68	69	70	71	74	76	73	73	75	78	79	83	82	81	77
12. Chemists' and other goods	84	86	89	88	89	91	93	95	96	98	102	104	107	112	108	114	119
13. Public travel and communication	15	15	15	15	13	13	14	14	14	14	15	16	16	18	16	17	14
14. Vehicle running costs	181	182	183	184	185	186	188	189	190	191	192	193	194	196	197	188	178
15. Domestic service	491	500	497	498	505	513	519	525	537	540	543	549	558	562	568	527	464
16. Other services	27	39	38	27	25	23	23	22	27	27	29	28	27	29	121	210	211
17. Adjustment[b]																	
18. Total	3,247	3,299	3,289	3,265	3,292	3,286	3,314	3,345	3,339	3,317	3,340	3,442	3,451	3,544	3,560	3,637	3,335

See p. T 64 for detailed notes on the composition of the individual items.

TABLE 25 (cont.)

(i) 1900–48 at 1938 prices (cont.)

(£M.)

	1917	1918	1919	1920[c]	1921	1922	1923	1924	1925	1926	1927	1928	1929	1930	1931	1932
1. Food[a]	756	740	840	877	835	867	925	988	999	1,006	1,011	1,027	1,047	1,054	1,082	1,118	1,119
2. Alcoholic drink	301	287	428	440	419	363	319	321	336	338	323	321	310	310	300	273	238
3. Tobacco	92	95	127	124	118	115	111	109	112	117	118	123	128	133	136	137	134
4. Housing	330	332	336	356	339	340	343	346	349	352	359	367	375	380	388	394	399
5. Fuel and light	139	124	134	145	138	119	135	139	148	150	130	162	157	164	163	162	158
6. Clothing	236	226	369	398	383	316	357	361	366	373	374	395	397	405	400	408	391
Durable goods:																	
7. Motor cars and motor cycles	—	2	12	13	13	7	11	15	21	27	26	28	28	28	27	23	25
8. Furniture, floor coverings, electrical goods etc.				92	89	82	95	102	103	109	114	124	130	137	141	147	159
Other household goods:																	
9. Household textiles, hardware etc.	104	110	142	101	97	71	83	89	90	94	92	101	103	107	106	104	102
10. Matches and cleaning materials	38	38	39	42	40	41	41	43	45	45	45	46	48	49	48	47	46
11. Books and miscellaneous recreational goods	62	72	62	81	78	78	78	80	80	82	80	83	84	88	90	89	90
12. Chemists' and other goods	71	76	81	98	94	83	86	85	84	90	86	91	94	97	100	103	102
13. Public travel and communication	98	110	146	163	157	147	154	160	164	171	170	173	176	178	177	166	164
14. Vehicle running costs	13	14	18	19	19	21	23	26	30	35	39	43	49	52	56	56	57
15. Domestic service	157	146	151	85	82	83	85	86	88	89	91	92	94	95	97	99	100
16. Other services	435	440	516	448	431	418	414	412	426	440	450	473	487	504	524	541	558
17. Adjustment[b]	242	233	84	11	11	−5	−6	−11	−13	−10	−12	−18	−17	−16	−13	−4	−3
18. Total	3,074	3,045	3,485	3,493	3,343	3,143	3,254	3,349	3,428	3,508	3,496	3,631	3,690	3,765	3,822	3,863	3,839

TABLE 25 (cont.)

(i) 1900–48 at 1938 prices (cont.)

(£M.)

	1933	1934	1935	1936	1937	1938	1939	1940	1941	1942	1943	1944	1945	1946	1947	1948
1. Food[a]	1,119	1,134	1,129	1,144	1,153	1,157	1,177	1,012	951	976	933	983	998	1,214	1,303	1,331
2. Alcoholic drink	250	262	273	283	296	294	297	278	291	270	273	279	304	283	290	278
3. Tobacco	139	143	150	159	168	176	182	178	196	206	204	204	224	236	206	198
4. Housing	405	412	423	434	445	455	506	513	510	511	517	529	542	592	612	629
5. Fuel and light	161	166	172	180	186	188	198	201	203	196	183	188	191	210	224	226
6. Clothing	406	410	425	439	437	438	447	376	280	279	254	285	290	345	389	431
Durable goods:																
7. Motor cars and motor cycles	29	36	43	48	49	43	39	5	1	1	—	—	1	16	20	18
8. Furniture, floor coverings, electrical etc.	164	179	190	195	187	174								97	123	132
Other household goods:																
9. Household textiles, hardware etc.	108	115	119	117	111	98	545	463	377	315	305	308	348	70	75	74
10. Matches and cleaning materials	47	49	49	51	53	54								52	53	56
11. Books and miscellaneous recreational goods	89	91	97	99	101	101								147	160	167
12. Chemists' and other goods	111	119	127	137	150	157								109	112	114
13. Public travel and communication	171	178	184	193	200	208	190	169	189	221	241	249	278	307	297	314
14. Vehicle running costs	59	64	72	78	84	88	78	34	31	16	17	8	25	54	60	34
15. Domestic service	102	104	105	107	108	110	725	687	691	672	657	663	704	681	675	668
16. Other services	575	591	607	625	636	647										
17. Adjustment[b]	2	−2	−2	−4	−7	4	32	83	117	133	167	168	203	120	76	49
18. Total	3,937	4,051	4,163	4,285	4,357	4,392	4,416	3,999	3,837	3,796	3,751	3,864	4,108	4,533	4,675	4,719

TABLE 25 (cont.)

(£M.)

	1938	1948	1946	1947	1948	1949	1950	1951	1952	1953
	(ii) *1938 and 1948 at 1948 prices*		(iii) *1946–1965 at 1958 prices*							
1. Food[a]	1,975	1,975	3,098	3,320	3,365	3,492	3,648	3,580	3,545	3,747
2. Alcoholic drink	910	802	869	872	832	805	816	843	835	849
3. Tobacco	675	764	1051	920	890	864	870	898	915	929
4. Housing	581	787	1,205	1,261	1,261	1,259	1,282	1,272	1,281	1,306
5. Fuel and light	303	327	537	560	563	559	583	601	595	600
6. Clothing	920	902	926	1,043	1,156	1,248	1,293	1,171	1,153	1,182
Durable goods:										
7. Motor cars and motor cycles	116	48	71	84	71	91	94	90	124	215
8. Furniture, floor coverings, electrical etc.	413	310	282	367	398	468	530	526	476	560
Other household goods:										
9. Household textiles, hardware etc.	233	175	204	220	225	234	240	212	221	244
10. Matches and cleaning materials	97	94	124	128	131	153	166	161	160	160
11. Books and miscellaneous recreational goods	165	262	349	379	394	409	418	422	419	445
12. Chemists' and other goods	353	266	268	296	295	314	308	296	289	328
13. Public travel and communication	310	413	557	591	625	636	633	648	655	657
14. Vehicle running costs	142	56	135	152	77	115	146	156	162	183
15. Domestic service	1,380	111	191	183	174	156	144	133	127	123
16. Other services		1,201	1,869	1,924	1,885	1,814	1,827	1,796	1,800	1,812
17. Adjustment[b]	11	116	416	257	189	148	118	136	119	110
18. Total	8,584	8,609	12,152	12,557	12,531	12,765	13,116	12,941	12,876	13,450

TABLE 25 (cont.)

(iii) 1946–65 at 1958 prices (cont).

(£M.)

	1954	1955	1956	1957	1958	1959	1960	1961	1962	1963	1964	1965
1. Food[a]	3,811	3,902	3,963	4,017	4,054	4,136	4,226	4,304	4,347	4,396	4,466	4,470
2. Alcoholic drink	845	879	899	914	908	966	1,015	1,078	1,080	1,112	1,189	1,167
3. Tobacco	949	973	986	1,012	1,031	1,054	1,092	1,108	1,067	1,101	1,081	1,042
4. Housing	1,340	1,378	1,404	1,420	1,449	1,490	1,532	1,569	1,615	1,670	1,699	1,759
5. Fuel and light	625	640	661	646	689	683	744	761	840	908	879	940
6. Clothing	1,267	1,359	1,413	1,452	1,454	1,524	1,634	1,667	1,660	1,724	1,783	1,855
Durable goods:												
7. Motor cars and motor cycles	271	354	282	325	425	522	600	546	620	891	1,032	976
8. Furniture, floor coverings, electrical etc.	653	664	615	680	750	887	865	873	892	964	1,003	1,022
Other household goods:												
9. Household textiles, hardware etc.	266	289	285	304	305	324	332	343	342	349	372	379
10. Matches and cleaning materials	165	171	175	178	173	175	175	181	183	183	183	184
11. Books and miscellaneous recreational goods	473	500	519	511	519	538	588	597	596	606	626	640
12. Chemists' and other goods	361	378	375	400	424	460	487	502	501	531	564	592
13. Public travel and communication	656	657	667	679	657	669	674	677	681	697	723	746
14. Vehicle running costs	204	259	283	283	344	390	444	500	564	608	699	773
15. Domestic service	121	119	112	103	101	100	98	96	95	94	92	92
16. Other services	1,868	1,927	1,937	1,963	1,987	2,073	2,141	2,225	2,328	2,413	2,539	2,611
17. Adjustment[b]	120	110	106	98	92	89	88	100	106	128	152	173
18. Total	13,995	14,559	14,682	14,985	15,362	16,080	16,735	17,127	17,517	18,375	19,082	19,421

[a] Food consumed in hotels, restaurants etc. is included in other services.
[b] Income in kind and consumers' expenditure abroad less expenditure by non-residents in the United Kingdom.
[c] For 1900 to 1920 (first estimate) Southern Ireland is excluded; from 1920 (second estimate) onwards it is included.

See Notes to Table 24 for composition of individual items.

TABLE 26 GROSS TRADING PROFITS OF COMPANIES, PUBLIC CORPORATIONS, LOCAL AUTHORITY TRADING ENTERPRISES; AND NON-FARM INCOME FROM SELF-EMPLOYMENT,[a] 1920–38

(£M.)

Main industrial orders

	1920	1921	1922	1923	1924	1925	1926	1927	1928	1929	1930	1931	1932	1933	1934	1935	1936	1937	1938
Fishing and income from small holdings	12	10	9	8	9	9	8	8	10	10	8	8	7	8	8	8	9	9	8
Mining and quarrying	43	20	21	31	26	14	17	4	—	16	14	13	9	10	13	16	22	28	28
Manufacturing	372	239	344	341	360	364	335	364	358	361	311	263	257	286	334	374	436	496	478
Building and contracting	38	34	34	30	32	38	36	42	40	40	37	33	33	34	36	39	45	45	48
Gas, electricity and water	32	31	41	45	44	46	43	51	52	54	57	58	60	62	60	63	66	69	70
Transport and communication[b]	155[e]	155[e]	136[e]	107	107	110	92	121	117	120	100	92	78	89	105	110	123	142	129
Distributive trades	306	242	307	309	317	326	312	332	342	334	296	269	246	274	277	303	335	343	316
Insurance, banking and finance[c]	−19	−28	−12	−10	−11	−8	−10	−5	1	−11	−28	−29	−16	−10	−10	−9	−9	−23	−21
Professional services	101	95	90	92	94	99	101	106	109	114	112	108	105	107	113	118	125	128	127
Entertainment, hotels and other services	88	82	88	93	97	101	101	104	108	107	102	92	88	89	94	100	107	106	106
Total above	1,128	880	1,058	1,046	1,075	1,099	1,035	1,127	1,137	1,145	1,009	907	867	949	1,030	1,122	1,259	1,343	1,289
Adjustment not allocated[d]	105	−20	−60	−18	−1	−5	—	—	—	—	—	—	—	—	—	—	—	—	—
Total	1,233	860	998	1,028	1,074	1,094	1,035	1,127	1,137	1,145	1,009	907	867	949	1,030	1,122	1,259	1,343	1,289

[a] Before providing for depreciation and stock appreciation.
[b] Excludes the Post Office.
[c] Excludes the Post Office Savings Bank.
[d] Payments less repayments of excess profits duty and corporation profits tax.
[e] See Table 28, note d.

NOTE: For the gross trading profits of the Post Office, the Post Office Savings Bank and other Central Government trading enterprises not included in this table see Table 12. These profits (or losses) are included in the classification by industry in Table 9.

TABLE 27 GROSS TRADING PROFITS OF COMPANIES, PUBLIC CORPORATIONS, LOCAL AUTHORITY TRADING ENTERPRISES; AND NON-FARM INCOME FROM SELF-EMPLOYMENT,[a] 1920–38

Manufacturing and other Industries

(£M.)

	1948 S.I.C. Order	Minimum list headings	1920	1921	1922	1923	1924	1925	1926	1927	1928	1929
Chemicals and allied trades	IV		23	15	26	25	28	28	24	27	28	28
Metal manufacture	V		} 82	58	58	59	59	65	55	15	18	21
Engineering, shipbuilding, electrical goods	VI									43	48	47
Vehicles	VII		9	3	5	5	7	8	9	13	11	13
Metal goods n.e.s., precision instruments etc.	VIII, IX		26	10	16	20	22	23	19	17	17	18
Metals, engineering etc.[b]			117	71	79	84	88	96	83	88	94	99
Cotton	X	110–1	36	8	20	18	19	20	11	16	12	8
Other textiles		112–23, 129	48	15	49	40	42	30	32	35	33	29
Leather and clothing	XI, XII		37	29	47	46	47	47	45	47	47	45
Textiles, leather and clothing[b]			121	52	116	104	108	97	88	98	92	82
Food	XIII	150–7, 162	26	27	32	31	32	32	33	35	34	33
Drink		163–4, 168	36	32	37	38	39	39	35	36	37	13
Tobacco		169	9	9	11	12	13	14	13	13	13	37
Food, drink and tobacco[b]			71	68	80	81	84	85	81	84	84	83
Treatment of non-metalliferous mining products other than coal	III		9	9	10	10	10	11	10	11	10	10
Manufactures of wood and cork	XIV		12	11	11	12	12	13	12	13	14	14
Paper and printing	XV		24	13	24	26	29	30	28	30	32	32
Other manufacturing industries	XVI		7	3	9	8	9	9	8	9	8	8
Building and contracting	XVII		39	35	36	32	34	37	35	40	40	38
Building, building materials, paper and other industries[b]			91	71	90	88	94	100	93	103	104	102
Coal mining	II	10	35	15	16	26	20	8	11	−3	−7	8
Other mining and quarrying		11–14, 19	4	2	3	3	4	4	3	4	4	4
Gas	XVIII	210	11	10	15	17	16	16	16	18	18	18
Electricity		211	11	10	13	15	15	16	15	20	21	22
Water		212	7	8	10	11	12	11	10	11	12	12
Total manufacturing and other industries			491	322	448	454	469	461	424	450	450	458

T71

TABLE 27 (cont.)

(£M.)

	1948 S.I.C. Order	Minimum list headings	1930	1931	1932	1933	1934	1935	1936	1937	1938
Chemicals and allied trades	IV		23	26	27	29	33	35	37	42	40
Metal manufacture	V		18	15	10	19	26	25	31	46	42
Engineering, shipbuilding, electrical goods	VI		42	22	28	25	34	47	56	70	81
Vehicles	VII		12	8	8	13	19	22	32	36	35
Metal goods n.e.s., precision instruments etc.	VIII, IX		14	10	11	13	17	22	29	37	36
Metals, engineering etc.[b]			86	55	57	70	96	116	148	189	194
Cotton	X	110–1	3	1	3	3	9	6	9	12	9
Other textiles		112–23, 129	18	10	17	22	21	24	29	28	20
Leather and clothing	XI, XII		39	36	35	37	38	42	45	45	42
Textiles, leather and clothing[b]			60	47	55	62	68	72	83	85	71
Food	XIII	150–7, 162	31	34	31	32	36	40	45	43	41
Drink		163–4, 168	37	34	27	28	29	32	35	38	40
Tobacco		169	13	12	10	11	13	15	14	16	16
Food, drink and tobacco[b]			81	80	68	71	78	87	94	97	97
Treatment of non-metalliferous mining products other than coal	III		10	9	9	12	14	16	20	22	19
Manufactures of wood and cork	XIV		12	10	9	9	11	11	12	13	12
Paper and printing	XV		29	25	22	25	29	32	35	39	35
Other manufacturing industries	XVI		7	5	6	8	8	9	11	11	10
Building and contracting	XVII		36	33	32	33	34	37	42	43	44
Building, building materials, paper and other industries[b]			94	82	78	87	96	105	120	128	120
Coal mining	II	10	7	7	6	7	9	11	16	22	22
Other mining and quarrying		11–14, 19	4	4	3	2	3	4	5	5	6
Gas	XVIII	210	17	17	17	17	17	17	17	16	17
Electricity		211	25	26	28	29	29	31	34	36	38
Water		212	13	13	13	13	13	13	13	14	13
Total manufacturing and other industries			410	357	352	387	442	491	567	634	618

[a] Before providing for depreciation and stock appreciation; and before adjustment for bank interest, new issue expenses, continuous losses and payments less repayments of excess profits duty and composition profits tax. See Chapter 7.1.

[b] These sub-totals are appreciably more reliable than their components. See p. 135.

TABLE 28   GROSS TRADING PROFITS OF COMPANIES, PUBLIC CORPORATIONS, LOCAL AUTHORITY TRADING ENTERPRISES; AND NON-FARM INCOME FROM SELF-EMPLOYMENT,[a] 1920–38

Transport, distribution and finance

(£M.)

	1920	1921	1922	1923	1924	1925	1926	1927	1928	1929	1930	1931	1932	1933	1934	1935	1936	1937	1938
Railways	65[d]	94[d]	86[d]	50	49	51	30	54	51	56	49	42	34	35	41	46	50	50	41
Road transport	22	22	23	25	27	26	27	26	26	25	23	26	24	29	33	35	36	37	37
Shipping	60	32	21	20	22	21	20	24	21	20	13	8	6	11	15	17	24	39	34
Other transport and communication[b]	14	11	13	17	14	15	16	18	19	19	18	17	16	15	16	15	15	15	15
Wholesale distribution	106	66	119	108	111	104	90	98	94	84	69	57	49	70	70	79	98	104	89
Retail distribution	186	164	180	193	197	211	212	224	239	235	216	202	189	197	199	216	227	228	216
Insurance, banking and finance companies	143	118	102	109	112	121	128	127	141	166	118	112	109	106	116	128	138	151	149
Less Net interest received	182	162	138	139	145	153	161	160	174	199	163	154	150	145	153	163	176	189	184
National income profit of financial companies	−39	−44	−36	−30	−33	−32	−33	−33	−33	−33	−45	−42	−41	−39	−37	−35	−38	−38	−35
Stockbrokers, financial agents etc.	20	16	24	20	22	24	23	28	34	22	17	13	25	29	27	26	29	15	14
Total[c]	−19	−28	−12	−10	−11	−8	−10	−5	1	−11	−28	−29	−16	−10	−10	−9	−9	−23	−21
Total	434	361	430	403	409	420	385	439	451	428	360	323	302	347	364	399	441	450	411

[a] Before providing for depreciation and stock appreciation; and before adjustment for bank interest, new issue expenses, continuous losses and payments less repayments of excess profits duty and corporation profits tax. See Chapter 7.1.

[b] Excludes the Post Office. See also the note to Table 26.

[c] Excludes the Post Office Savings Bank. See also the note to Table 26.

[d] Including payments from the Central Government; see Chapter 7.1, p. 144.

TABLE 29 GROSS TRADING PROFITS OF COMPANIES, PUBLIC CORPORATIONS, LOCAL AUTHORITY TRADING ENTERPRISES; AND NON-FARM INCOME FROM SELF-EMPLOYMENT,[a] 1889–1913 AND 1920–38

By type of enterprise (£M.)

	Total (1)	Non-farm income from self-employment (2)	Gross trading profits of companies (3)	Gross trading surpluses of local authority trading enterprises (4)	Gross trading surpluses of public corporations (5)
1889	402	272	126	4	—
1890	393	264	124	5	—
1891	365	244	116	5	—
1892	334	221	108	5	—
1893	337	216	115	6	—
1894	405	256	143	6	—
1895	415	257	152	6	—
1896	416	252	158	6	—
1897	441	260	175	6	—
1898	483	275	201	7	—
1899	531	297	227	7	—
1900	527	290	230	7	—
1901	494	271	216	7	—
1902	506	274	223	9	—
1903	475	257	208	10	—
1904	472	255	204	13	—
1905	516	276	228	12	—
1906	563	292	258	13	—
1907	592	307	271	14	—
1908	520	264	242	14	—
1909	538	277	245	16	—
1910	571	294	261	16	—
1911	591	302	272	17	—
1912	646	320	308	18	—
1913	671	328	326	17	—
1920	1,233	591	621	21	—
1921	860	494	343	23	—
1922	998	527	437	34	—
1923	1,028	536	456	36	—
1924	1,074	563	477	34	—
1925	1,094	591	468	35	—
1926	1,035	583	420	32	—
1927	1,127	610	478	39	—
1928	1,137	622	474	41	—
1929	1,145	619	485	41	—
1930	1,009	556	411	42	—
1931	907	505	360	42	—
1932	867	501	321	44	1
1933	949	521	380	45	3
1934	1,030	514	464	45	7
1935	1,122	554	514	46	8
1936	1,259	577	627	46	9
1937	1,343	570	717	47	9
1938	1,289	546	687	46	10

[a] Before providing for depreciation and stock appreciation. One further category of profits, the gross trading surpluses of Central Government trading enterprises, is not included in this table but is shown in Table 12.

TABLE 30 — GROSS TRADING PROFITS OF COMPANIES, PUBLIC CORPORATIONS, LOCAL AUTHORITY TRADING ENTERPRISES; AND NON-FARM INCOME FROM SELF-EMPLOYMENT,[a] 1927 AND 1937

By industry and type of enterprise[b] (£M.)

	1927				1937			
	Individuals and firms	Companies	Local authorities and public corporations	Total	Individuals and firms	Companies	Local authorities and public corporations	Total
Income from small holdings	6.3	—	—	6.3	6.6	—	—	6.6
Fishing	0.7	1.0	—	1.7	0.5	1.3	—	1.8
Coal mining	1.0	−3.7	—	−2.7	0.6	21.0	—	21.6
Other mining and quarrying	1.2	2.9	—	4.1	1.2	3.9	—	5.1
Treatment of non-metalliferous mining products other than coal	2.2	9.3	—	11.5	2.3	19.5	—	21.8
Chemicals and allied trades	2.8	24.2	—	27.0	2.4	39.7	—	42.1
Iron and steel	1.0	9.9	—	10.9	2.5	34.9	—	37.4
Non-ferrous metals	1.5	2.4	—	3.9	1.0	7.5	—	8.5
Shipbuilding and non-electrical engineering	6.6	19.4	—	26.0	6.9	36.1	—	43.0
Electrical engineering and electrical goods	2.7	14.5	—	17.2	4.0	23.6	—	27.6
Vehicles	1.4	11.8	—	13.2	8.4	27.6	—	36.0
Metal goods not elsewhere specified	4.5	5.2	—	9.7	5.4	25.2	—	30.6
Precision instruments, jewellery etc.	4.9	2.0	—	6.9	1.9	4.1	—	6.0
Cotton	0.6	15.7	—	16.3	0.7	11.4	—	12.1
Wool	3.4	8.4	—	11.8	1.6	7.2	—	8.8
Other textile industries	5.3	17.7	—	23.0	3.3	15.8	—	19.1
Leather, leather goods and fur	1.9	2.7	—	4.6	1.0	1.8	—	2.8
Clothing	33.0	9.9	—	42.9	30.5	11.5	—	42.0
Food	14.7	20.7	—	35.4	11.9	31.2	—	43.1
Drink	3.0	32.9	—	35.9	2.4	35.9	—	38.3
Tobacco	0.3	12.2	—	12.5	0.2	15.5	—	15.7
Manufactures of wood and cork	9.7	3.2	—	12.9	8.0	4.8	—	12.8
Paper and printing	8.3	22.0	—	30.3	6.4	33.1	—	39.5
Other manufacturing industries	3.3	5.9	—	9.2	2.2	8.9	—	11.1
Total manufacturing	111.1	250.0	—	361.1	103.0	395.3	—	498.3
Building and contracting	32.9	7.0	—	39.9	31.1	12.0	—	43.1
Gas	—	12.0	6.2	18.2	—	11.3	5.2	16.5
Electricity	—	8.1	11.4	19.5	—	16.0	20.3	36.3
Water	0.3	2.0	8.8	11.1	0.1	2.8	10.6	13.5
Railways	—	54.2	—	54.2	—	50.4	—	50.4
Road transport	16.5	4.4	5.3	26.2	16.0	8.6	11.9	36.5
Shipping	1.5	22.9	—	24.4	1.8	37.7	—	39.5
Other transport and communications, storage	4.8	6.9	5.9	17.6	1.9	6.7	6.4	15.0
Distributive trades (wholesale)	43.9	54.4	—	98.3	36.1	67.8	—	103.9
Distributive trades (retail)	168.8	55.1	—	223.9	147.1	81.4	—	228.5
Insurance, banking and finance[c]	28.1	−33.0	—	−4.9	14.8	−38.2	—	−23.4
Professional services	103.2	2.7	—	105.9	125.8	2.1	—	127.9
Entertainment and sport	3.0	8.0	—	11.0	5.1	13.8	—	18.9
Other services	77.4	13.8	1.5	92.7	65.0	18.7	1.4	85.1
Total above	600.7	468.7	39.1	1,108.5	556.7	712.6	55.8	1,325.1
Items not allocated by industry[d]	10.0	9.0	—	19.0	13.2	4.2	—	17.4
	610.7	477.7	39.1	1,127.5	569.9	716.8	55.8	1,342.5

[a] Before providing for depreciation and stock appreciation.
[b] The classification by industry is based on the 1948 S.I.C.
[c] For companies, 'national income profit' excluding net interest received (see p. 141).
[d] Bank interest (other than for professional persons) less new issue expenses and continuous losses.

TABLE 31 GROSS TRADING PROFITS OF COMPANIES AND PUBLIC ENTERPRISES, DISTINGUISHING 'SOMETIME NATIONALISED' AND 'NEVER NATIONALISED' INDUSTRIES, 1920–38 AND 1948–65[a]

(£M.)

	Total profits of companies, public corporations and other public enterprises (1)	'Sometime nationalised industries'[b] (2)	'Never nationalised industries' (1)−(2) (3)		Total profits of companies, public corporations and other public enterprises (1)	'Sometime nationalised industries'[b] (2)	'Never nationalised industries' (1)−(2) (3)
1920	641	195	446	1948	2,013	276	1,737
1921	368	184	184	1949	2,101	307	1,794
1922	481	189	292	1950	2,461	384	2,077
1923	500	173	327	1951	2,860	384	2,476
1924	517	158	359	1952	2,497	317	2,180
1925	510	142	368	1953	2,697	386	2311
1926	460	119	341	1954	3,038	493	2,545
1927	526	143	383	1955	3,313	510	2,803
1928	525	139	386	1956	3,395	572	2,823
1929	537	165	372	1957	3,526	588	2,938
1930	465	157	308	1958	3,478	631	2,847
1931	415	151	264	1959	3,872	708	3,164
1932	380	140	240	1960	4,457	893	3,564
1933	442	157	285	1961	4,387	874	3,513
1934	531	170	361	1962	4,421	932	3,489
1935	582	180	402	1963	5,037	1,050	3,987
1936	696	200	496	1964	5,638	1,172	4,466
1937	788	224	564	1965	5,911	1,240	4,671
1938	759	213	546				

[a] Before providing for depreciation and stock appreciation.
[b] Broadly speaking, this covers the profits of industries which have been wholly or partly in the public sector at *some* time in the period 1926–65. For a more precise definition see Chapter 3.2, p. 56.

TABLE 32   CORPORATE INCOME APPROPRIATION ACCOUNT, 1920–38   (£M.)

	1920	1921	1922	1923	1924	1925	1926	1927	1928	1929	1930	1931	1932	1933	1934	1935	1936	1937	1938
Income																			
Gross trading profits of companies and public corporations operating in the United Kingdom[a]	621	343	437	456	477	468	420	478	474	485	411	360	322	383	471	522	636	726	697
Trading profits of British companies operating abroad[b]	119	73	86	101	116	128	127	120	112	116	96	48	31	55	65	70	89	120	96
Non-trading income	193	179	165	163	168	181	186	186	200	222	186	187	197	185	195	209	225	243	242
Total	933	595	688	720	761	777	733	784	786	823	693	595	550	623	731	801	950	1,089	1,035
Allocation of income																			
Dividends and interest:																			
Payments:																			
Debenture interest	43	43	43	48	50	51	51	52	56	60	65	62	60	61	65	60	62	62	70
Dividends on preference and ordinary shares	345	354	309	329	354	363	365	365	367	373	373	337	301	298	305	341	409	461	481
Co-operative society dividends and interest	22	21	14	15	17	20	20	22	23	25	25	25	24	23	24	25	27	28	29
Interest on building society shares and deposits	3	4	4	5	6	6	8	9	11	13	16	19	20	19	20	21	22	23	25
Other interest paid by banks etc.	30	31	13	11	15	19	22	21	21	30	22	26	20	11	11	11	12	13	13
Total payments of dividends and interest	443	453	383	408	442	459	466	469	478	501	501	469	425	412	425	458	532	587	618
Additions to dividend reserves	42	−54	6	27	2	6	−4	2	—	8	−15	−34	−3	4	5	49	39	27	−10
Profits due abroad and taxes paid abroad[b],[c]	26	17	20	24	27	30	30	30	30	31	27	19	15	20	23	26	30	36	33
United Kingdom taxes on income:[d]																			
Payments	274	200	123	113	91	88	79	75	58	67	70	64	64	56	46	53	57	62	88
Additions to tax reserves	−104	−87	−111	−52	−11	−40	−21	−11	6	−8	—	−12	−28	3	4	11	32	56	47
Undistributed income after taxation but before providing for depreciation and stock appreciation	252	66	267	200	210	234	183	219	214	224	110	89	77	128	228	204	260	321	259
	933	595	688	720	761	777	733	784	786	823	693	595	550	623	731	801	950	1,089	1,035

[a] Before providing for depreciation and stock appreciation.
[b] After deducting depreciation allowances but before providing for stock appreciation.
[c] Net of United Kingdom tax.
[d] Total United Kingdom tax accruing on total corporate income, including tax on distributions made by companies is as follows: 1920, 312; 1921, 212; 1922, 140; 1923, 149; 1924, 167; 1925, 148; 1926, 150; 1927, 139; 1928, 151; 1929, 154; 1930, 160; 1931, 162; 1932, 145; 1933, 135; 1934, 135; 1935, 148; 1936, 173; 1937, 224; 1938, 271.

TABLE 33 CENTRAL GOVERNMENT CURRENT EXPENDITURE ON GOODS AND SERVICES, AT CURRENT AND AT CONSTANT PRICES, 1920–38[a]

(£M.)

	1920	1921	1922	1923	1924	1925	1926	1927	1928	1929	1930	1931	1932	1933	1934	1935	1936	1937	1938
								(i) *At current prices*											
1. General administration	50	46	43	35	34	33	31	31	32	33	33	32	33	32	32	34	33	33	36
2. Law and order	11	14	10	7	7	6	5	5	5	5	5	5	5	5	5	6	6	6	6
3. Military and civil defence	186	166	121	104	104	111	116	114	111	110	107	106	102	102	110	130	172	242	353
4. Social Services:																			
Education and child care	10	10	5	3	3	3	4	4	2	2	2	3	3	3	4	4	4	4	4
Health	17	18	16	15	15	16	16	17	17	17	18	18	18	18	18	18	19	19	21
Employment	12	14	8	6	6	6	5	5	5	6	6	7	7	7	7	8	9	9	10
Pensions and other services to persons	15	13	9	7	7	6	5	4	4	3	3	3	2	2	2	2	2	2	2
Total	54	55	38	31	31	31	30	30	28	28	29	31	30	30	31	32	34	34	37
5. Economic and environmental services	−4	−3	6	4	4	5	5	5	5	6	6	7	7	7	6	7	7	7	7
6. Total	297	278	218	181	180	186	187	185	181	182	180	181	177	176	184	209	252	322	439
of which:																			
Forces' pay and allowances (including pensions)	160	100	81	70	69	68	67	67	64	64	64	62	59	58	60	63	66	71	83
Civilian pay and pensions	65	62	52	45	45	46	45	45	45	46	47	48	47	46	48	52	55	60	66
Other payments (including imputed rent)	72	116	85	66	66	72	75	73	72	72	69	71	71	72	76	94	131	191	290
								(ii) *At 1938 prices*											
1. Military and civil defence	163	149	116	101	102	111	116	114	112	110	109	111	109	113	118	139	181	244	353
2. Other	92	97	91	78	75	73	69	69	68	70	72	76	78	77	77	81	82	81	86
3. Total	255	246	207	179	177	184	185	183	180	180	181	187	187	190	195	220	263	325	439

[a] Including National Insurance Funds.

NOTES

1. *General administration:* Wages, salaries and general expenses (including imputed rent) of home administration departments, e.g. finance and tax collection and the Home Office (but not the Post Office), the Foreign Office and Diplomatic Services, and the Colonial Service.
2. *Law and order:* Expenditure on prisons, law courts, judges' salaries etc.
3. *Military and civil defence:* Total expenditure at home and abroad by the service departments together with the Ministry of Munitions and other special items arising from World War I (including sales of surplus stores etc.). Civil defence consists mainly of expenditure on air raid precautions at the very end of the period.
4. *Social services:*[b]
  (a) Education and child care: General expenditure of the Ministry of Education and expenditure on museums, approved schools and remand homes.
  (b) Health: General administrative expenditure of the Ministry of Health, Medical Research Council etc. and all administrative expenses of the national insurance scheme.
  (c) Employment: Administrative expenses of the Ministry of Labour and of the Unemployment Assistance Board, expenditure on inspection of factories etc.
  (d) Pensions and other services to persons: Administrative expenses in connection with the Ministry of Pensions, merchant seamen's war pensions, old age pensions etc.; purchases of building materials for housing.
5. *Economic and environmental services:* Administrative expenses of the Ministry of Agriculture and Fisheries, the Forestry Commission, the Board of Trade, the Export Credit Department, the Department of Scientific and Industrial Research, the Road Fund and the Ministry of Transport; and such expenditure as the ordnance surveys of Great Britain, the royal parks and pleasure gardens and the meteorological service. (The negative item in early years reflects the excess of receipts over expenditure in connection with the Liner Requisition Scheme and the use of ex-enemy vessels.)

[b] For pensions and other transfers to persons see Table 4.4.

TABLE 34   CENTRAL GOVERNMENT CAPITAL ACCOUNT, 1920–38   (£M.)

	1920	1921	1922	1923	1924	1925	1926	1927	1928	1929	1930	1931	1932	1933	1934	1935	1936	1937	1938
Receipts and expenditure																			
Surplus on current account[a]	54	10	24	38	−10	−14	−53	−4	−11	−33	−68	−82	−29	−28	−13	−48	−50	−66	−152
Taxes on capital	50	48	59	54	62	58	65	76	83	79	81	72	73	87	78	87	86	93	78
Less Gross fixed capital formation	14	18	12	13	15	18	16	16	16	15	16	14	12	10	12	14	18	24	29
Capital grants to local authorities	1	2	2	3	3	4	4	4	3	5	7	8	6	4	3	2	4	5	6
Total	89	38	69	76	34	22	−8	52	53	26	−10	−32	26	45	50	23	14	−2	−109
Transactions in financial assets[b]																			
Net borrowing:																			
Increase in note issue	32	−42	−27	−2	—	−13	7	5	−2	−7	2	−12	−1	56	3	7	54	33	10
Advances from Bank of England	31	−67	−4	−14	23	−8	−3	6	−20	24	2	−12	−5	−9	6	31	20	−1	−51
Treasury bills	13	9	−319	−65	−29	25	50	5	3	−4	−31	22	179	−121	−174	95	37	−6	−141
National savings	28	17	82	44	18	24	15	2	2	−9	15	−11	1	42	45	58	62	52	53
Government and government guaranteed quoted securities	103	94	208	−14	−49	−26	−7	−6	21	−24	47	−30	−14	102	76	−121	30	83	3
External loans	−114	−71	−21	−18	—	−5	−4	−10	−8	−10	−6	79	−123	—	—	—	—	−4	—
	−113	−60	−81	−69	−37	−3	58	2	−4	−30	29	36	37	70	−44	70	203	157	−126
Net lending:																			
To local authorities	−30	−53	−25	−10	−15	−28	−39	−40	−27	−22	−19	−19	−12	−9	−8	−13	−16	−21	−23
Repayments by local authorities	4	4	4	4	5	5	5	6	7	8	8	8	9	10	10	11	11	12	10
To enterprises and persons (net)	3	4	6	2	—	—	−1	−1	−3	−1	−1	−1	−2	−2	−4	−3	−3	−2	−3
Repayments by overseas governments	17	8	4	—	—	—	—	4	5	5	4	2	2	−1	5	2	—	—	10
	−6	−37	−11	−4	−10	−23	−35	−31	−15	−10	−8	−10	−3	−2	3	−3	−8	−11	−6
Acquisition of gold and foreign currency	−36	—	2	−9	−12	8	−7	2	−3	4	−3	43	−28	−156	1	−77	−205	−134	260
Unidentified items	66	59	21	6	25	−4	−8	−25	−31	10	−8	−37	−32	43	−10	−13	−4	−10	−19
Total	−89	−38	−69	−76	−34	−22	8	−52	−53	−26	10	32	−26	−45	−50	−23	−14	2	109

[a] Before providing for depreciation and stock appreciation.
[b] Sale of assets or increase in liabilities is shown positive, acquisition of assets or reduction in liabilities negative.

TABLE 35 LOCAL AUTHORITY CURRENT EXPENDITURE ON GOODS AND SERVICES, AT CURRENT AND AT CONSTANT PRICES, 1920–38

(£M.)

	1920	1921	1922	1923	1924	1925	1926	1927	1928	1929	1930	1931	1932	1933	1934	1935	1936	1937	1938
(i) At current prices																			
1. Administration, rate collection etc.[a]	12.2	10.7	11.0	9.5	8.1	7.1	7.8	9.8	11.2	13.7	14.8	13.4	12.8	13.6	13.8	13.8	13.0	13.1	17.3
2. Police and administration of justice	21.8	23.2	21.2	20.5	20.9	22.0	23.1	23.6	23.8	24.1	24.7	24.9	24.3	24.2	25.0	26.6	27.7	28.6	29.6
3. Roads and public lighting	36.9	43.2	42.6	43.3	46.7	49.6	51.1	52.0	52.1	51.6	53.0	53.0	47.3	46.1	46.6	48.8	50.5	51.1	52.0
4. Environmental services[b]	24.3	25.9	23.8	23.2	23.8	24.6	25.5	26.1	26.7	27.9	29.1	29.9	30.0	30.4	31.2	32.2	33.8	35.7	37.0
5. Agricultural services[c]	1.2	1.4	1.5	1.6	1.6	1.7	1.6	1.6	1.7	1.9	2.1	2.3	2.3	2.6	2.8	3.0	3.2	3.4	3.8
6. Social services																			
Education[d]	76.5	83.1	81.0	78.4	79.1	81.0	81.8	82.8	86.5	89.7	92.7	91.8	89.0	89.2	93.3	99.0	102.7	106.1	108.8
Health	19.6	22.2	20.7	19.7	20.0	20.7	22.0	22.4	22.6	23.8	26.2	28.6	30.0	31.0	32.6	34.8	37.2	41.3	45.5
Poor relief	18.9	19.9	18.8	17.9	18.2	18.9	19.8	19.6	19.9	20.6	20.0	17.9	16.8	16.4	16.6	16.3	16.1	16.0	15.7
Total	115.0	125.2	120.5	116.0	117.3	120.6	123.6	124.8	129.0	134.1	138.9	138.3	135.8	136.6	142.5	150.1	156.0	163.4	170.0
7. Total	211.4	229.6	220.6	214.1	218.4	225.6	232.7	237.9	244.5	253.3	263.0	261.8	252.5	253.5	261.9	274.5	284.2	295.3	309.7
of which:																			
Salaries and wages[e]	147.5	153.2	145.4	139.3	140.8	143.8	145.0	147.4	149.1	153.3	158.4	159.0	156.1	156.3	161.0	167.4	172.6	177.4	182.2
Other (including imputed rent)	63.9	76.4	75.2	74.8	77.6	81.8	87.7	90.5	95.4	100.0	104.6	102.8	96.4	97.2	100.9	107.1	111.6	117.9	127.5
(ii) At 1938 prices																			
1. Education	78.9	81.5	81.8	79.3	80.1	82.1	82.6	84.1	88.5	91.3	94.3	96.7	97.8	99.4	101.4	103.8	105.4	106.9	108.8
2. Other social services	25.7	30.6	33.4	33.9	34.6	35.8	38.1	39.3	39.8	42.0	44.9	47.2	48.8	50.5	52.5	54.1	56.0	58.4	61.2
3. Other services	86.9	94.0	101.6	106.9	111.2	114.3	119.0	123.5	126.5	130.6	135.3	134.4	132.2	131.7	133.0	136.8	137.9	136.3	139.7
4. Total	191.5	206.1	216.8	220.1	225.9	232.2	239.7	246.9	254.8	263.9	274.5	278.3	278.8	281.6	286.9	294.7	299.3	301.6	309.7

[a] Excludes certain unclassified adjustments and transfers deducted in reconciling the estimates for separate services with the independently estimated total – see Chapter 5.4; and includes £3.4 m. for civil defence in 1938.

[b] Including sewerage and refuse disposal, baths and wash-houses, parks and pleasure grounds, town and country planning, and fire service.

[c] Including land drainage and river conservancy.

[d] Including public libraries and museums.

[e] Estimated salaries and wages paid out of rate fund expenditure for teachers, doctors, nurses, police and other local government service. See Chapman [146], pp. 175–6.

TABLE 36 LOCAL AUTHORITY CAPITAL ACCOUNT, 1920–38 (£M.)

	1920	1921	1922	1923	1924	1925	1926	1927	1928	1929	1930	1931	1932	1933	1934	1935	1936	1937	1938
Receipts																			
Surplus on current account[a]	22	30	39	38	32	30	27	44	47	45	53	54	52	53	53	59	66	66	65
Capital grants from Central Government	1	2	2	3	3	4	4	4	3	5	7	8	6	4	3	2	4	5	6
New borrowing:																			
From Central Government	30	53	25	10	15	28	39	40	27	22	19	19	12	9	8	13	16	21	23
Other	87	90	65	50	60	78	91	101	89	80	90	88	84	71	67	77	96	114	125
Less Repayments	18	21	26	28	28	33	33	35	42	44	44	46	49	57	56	57	58	60	62
Changes in cash balances and unidentified items (net)	−32	−13	4	3	5	8	7	−15	−8	3	−12	−5	−12	−8	1	—	−11	−7	1
Total	90	141	109	76	87	115	135	139	116	111	113	118	93	72	76	94	113	139	158
Expenditure																			
Gross fixed capital formation	90	141	109	75	82	105	121	127	109	106	111	118	95	74	77	94	114	142	159
Loans to individuals (net)	—	—	—	1	5	10	14	12	7	5	2	—	−2	−2	−1	—	−1	−3	−1
Total	90	141	109	76	87	115	135	139	116	111	113	118	93	72	76	94	113	139	158

[a] Before providing for depreciation and stock appreciation.

TABLE 37 BALANCE OF PAYMENTS, CURRENT ACCOUNT, 1900–65 (£M.)

	Merchandise			Invisibles			Total
	Imports (1)	Exports and re-exports (2)	Debit balance (3)	Debit (4)	Credit (5)	Credit balance (6)	Current balance (7)
1900	485	356	129	61	224	163	34
1901	485	349	136	70	225	155	19
1902	491	350	141	65	230	165	24
1903	505	361	144	54	241	187	43
1904	512	372	140	53	245	192	52
1905	527	409	118	56	262	206	88
1906	568	462	106	62	289	227	121
1907	603	519	84	68	314	246	162
1908	550	457	93	66	309	243	150
1909	581	470	111	68	321	253	142
1910	632	536	96	76	346	270	174
1911	634	559	75	77	356	279	204
1912	694	600	94	83	380	297	203
1913	719	637	82	88	405	317	235
1914	660	540	120	107	361	254	134
1915	840	500	340	155	440	285	−55
1916	980	630	350	190	630	440	90
1917	1,040	620	420	270	740	470	50
1918	1,170	540	630	305	660	355	−275
1919	1,460	990	470	295	720	425	−45
1920[a]	1,761	1,585	176	294	787	493	317
	1,812	1,664	148	299	784	485	337
1921	1,022	874	148	239	580	341	193
1922	951	888	63	232	496	264	201
1923	1,011	914	97	240	520	280	183
1924	1,172	958	214	238	530	292	78
1925	1,208	943	265	228	545	317	52
1926	1,140	794	346	232	560	328	−18
1927	1,115	845	270	222	590	368	98
1928	1,095	858	237	221	582	361	124
1929	1,117	854	263	233	592	359	96
1930	953	670	283	221	540	319	36
1931	786	464	322	200	419	219	−103
1932	641	425	216	183	348	165	−51
1933	619	427	192	162	346	184	−8
1934	683	463	220	158	356	198	−22
1935	724	541	183	169	375	206	23
1936	784	523	261	183	417	234	−27
1937	950	614	336	196	485	289	−47
1938	849	564	285	206	436	230	−55
1939	800	500	300	400	450	50	−250
1940	1,000	400	600	660	460	−200	−800
1941	1,100	400	700	590	470	−120	−820
1942	800	300	500	730	570	−160	−660
1943	800	240	560	900	780	−120	−680
1944	900	270	630	1,020	970	−50	−680
1945	700	450	250	1,280	660	−620	−870
1946	1,063	960	103	1,012	885	−127	−230
1947	1,541	1,180	361	937	917	−20	−381
1948	1,790	1,639	151	893	1,070	177	26
1949	2,000	1,863	137	934	1,070	136	−1

TABLE 37 (cont.)

(£M.)

	Merchandise			Invisibles			Total
	Imports (1)	Exports and re-exports (2)	Debit balance (3)	Debit (4)	Credit (5)	Credit balance (6)	Current balance (7)
1950	2,312	2,261	51	1,025	1,383	358	307
1951	3,424	2,735	689	1,247	1,567	320	−369
1952	3,048	2,769	279	1,267	1,709	442	163
1953	2,927	2,683	244	1,304	1,693	389	145
1954	2,989	2,785	204	1,398	1,719	321	117
1955	3,386	3,073	313	1,590	1,748	158	−155
1956	3,324	3,377	−53	1,754	1,909	155	208
1957	3,538	3,509	29	1,759	2,021	262	233
1958	3,377	3,406	−29	1,774	2,089	315	344
1959	3,639	3522	117	1,824	2,084	260	143
1960	4,138	3,732	406	2,049	2,190	141	−265
1961	4,043	3,891	152	2,114	2,262	148	−4
1962	4,095	3,993	102	2,161	2,375	214	112
1963	4,362	4,282	80	2,292	2,483	191	111
1964	5,003	4,466	537	2,519	2,657	138	−399
1965	5,049	4,777	272	2,693	2,874	181	−91

NOTE: Invisibles are presented on a balance of payments rather than a national income basis (see Chapter 6.0).

[a] For 1900 to 1920 (first row) Southern Ireland is included; from 1920 (second row) onwards it is excluded.

TABLE 38 INVISIBLE ITEMS, 1920–38 (£M.)

	1920	1921	1922	1923	1924	1925	1926	1927	1928	1929	1930	1931	1932	1933	1934	1935	1936	1937	1938
1. Government[a]																			
Debit	70	55	36	30	24	19	20	19	19	19	17	17	15	16	16	19	19	20	27
Credit	71	80	25	26	17	27	30	34	34	33	36	27	7	7	7	7	7	8	8
2. Shipping																			
Debit	116	88	86	89	92	86	88	81	76	88	87	85	79	73	69	72	78	81	86
Credit	290	146	111	128	123	97	102	117	104	114	103	93	89	80	77	77	90	133	108
3. Travel																			
Debit	22	22	22	24	26	30	31	29	33	33	33	31	24	27	26	28	32	34	33
Credit	50	53	44	47	49	48	51	55	56	55	50	39	33	30	33	36	42	48	43
4. Financial and other services																			
Debit	27	16	15	16	19	19	18	18	18	18	15	12	10	10	11	11	12	15	14
Credit	60	60	60	60	60	60	60	63	65	65	55	30	25	30	30	30	35	40	35
5. Interest profits and dividends[b]																			
Debit	46	44	60	64	65	63	63	63	64	64	62	48	48	29	28	31	34	37	37
Credit	292	222	237	240	261	295	300	302	304	307	277	211	175	183	195	212	229	242	229
6. Private transfers																			
Debit	18	14	13	17	12	11	12	12	11	11	7	7	7	7	8	8	8	9	9
Credit	21	19	19	19	20	18	17	19	19	18	19	19	19	16	14	13	14	14	13
7. Total invisibles																			
Debit	299	239	232	240	238	228	232	222	221	233	221	200	183	162	158	169	183	196	206
Credit	784	580	496	520	530	545	560	590	582	592	540	419	348	346	356	375	417	485	436
Balance (credit)	485	341	264	280	292	317	328	368	361	359	319	219	165	184	198	206	234	289	230

[a] Includes transfers and personal expenditure abroad of Armed Forces; excludes interest receipts and payments (which are in row 5). For separate estimates of the components see Tables 6.6 and 12.

[b] Debits are net of United Kingdom taxes paid by non-residents (shown as a credit in Table 15); credits are net of foreign taxes paid by United Kingdom residents (shown as a debit in Table 15.)

TABLE 39 GROSS DOMESTIC FIXED CAPITAL FORMATION AT CURRENT PRICES, BY TYPE OF ASSET AND BY SECTOR, 1856–1965 (£M.)

	By type of asset						By sector			
	Ships (1)	Vehicles[a] (2)	Plant and machinery (3)	Dwellings (4)	Other new buildings and works[b] (5)	Total (6)	Private sector[c] (7)	Public corporations (8)	Central Government (9)	Local authorities (10)
1856	6	2	12	6	14	40	36	—	0.5	3
1857	6	1	9	5	14	35	31	—	0.5	3
1858	5	1	8	6	14	34	30	—	0.5	3
1859	4	1	10	6	16	37	33	—	0.5	4
1860	5	2	11	6	16	40	35	—	0.5	4
1861	5	3	13	6	19	46	42	—	0.5	4
1862	6	3	12	8	21	50	45	—	0.5	4
1863	10	2	16	9	26	63	58	—	0.5	4
1864	14	4	22	9	28	77	72	—	0.5	5
1865	14	4	22	8	32	80	74	—	0.5	6
1866	11	4	17	9	30	71	64	—	0.5	7
1867	8	3	15	10	25	61	54	—	0.5	6
1868	8	2	17	11	22	60	54	—	0.5	5
1869	10	2	14	13	20	59	53	—	0.5	5
1870	11	3	14	14	22	64	58	—	0.5	6
1871	13	3	26	15	24	81	74	—	0.5	6
1872	17	4	23	18	29	91	83	—	0.5	7
1873	17	5	22	18	32	94	85	—	0.5	9
1874	23	5	20	20	41	109	96	—	0.5	12
1875	15	4	28	24	44	115	104	—	0.5	11
1876	11	4	33	27	49	124	110	—	0.5	13
1877	15	3	30	25	47	120	103	—	0.5	16
1878	15	2	27	21	45	110	92	—	0.5	17
1879	12	2	19	16	41	90	74	—	0.5	15
1880	15	3	25	17	37	97	82	—	0.5	15
1881	17	3	23	17	34	94	81	—	0.5	13
1882	23	3	20	16	34	96	85	—	0.5	11
1883	26	4	19	16	37	102	90	—	0.5	11
1884	15	4	21	16	37	93	80	—	0.5	13
1885	10	3	19	15	33	80	67	—	0.5	12
1886	8	2	17	14	28	69	58	—	0.5	11
1887	9	2	16	14	27	68	56	—	0.5	12
1888	14	3	18	14	25	74	64	—	0.5	9
1889	18	3	21	15	27	84	74	—	0.5	9
1890	18	4	20	15	32	89	79	—	1	9
1891	16	5	20	15	38	94	80	—	1	13
1892	15	5	24	16	37	97	83	—	1	13
1893	11	4	21	18	39	93	75	—	1	17
1894	13	3	26	18	39	99	82	—	1	16
1895	11	3	26	19	40	99	82	—	1	16
1896	11	4	31	23	44	113	94	—	1.5	17
1897	10	5	38	28	51	132	111	—	1	20
1898	16	5	40	36	61	158	132	—	1	25
1899	19	7	53	38	66	183	153	—	1	29
1900	20	8	56	38	77	199	164	—	1.5	33
1901	20	8	52	37	80	197	156	—	2	39
1902	20	7	53	37	80	197	154	—	2	41

TABLE 39 (cont.)

(£M.)

	By type of asset						By sector			
	Ships (1)	Vehicles[a] (2)	Plant and machinery (3)	Dwellings (4)	Other new buildings and works[b] (5)	Total (6)	Private sector[c] (7)	Public corporations (8)	Central Government (9)	Local authorities (10)
1903	16	6	57	37	82	198	160	—	2	36
1904	19	6	53	33	76	187	149	—	2	36
1905	23	7	51	31	65	177	144	—	2	31
1906	25	8	49	31	62	175	146	—	2	27
1907	21	8	43	30	53	150[d]	124	—	2.5	24
1908	11	7	37	26	47	128	103	—	2.5	22
1909	14	6	46	26	40	132	108	—	2	22
1910	17	6	45	24	44	136	112	—	2	22
1911	18	6	43	21	44	132	109	—	2	21
1912	22	8	39	18	49	136	111	—	2.5	22
1913	25	8	55	16	56	160	130	—	5	25
1914	24	6	57	15	58	160	130	—	4	26
1915	15	5	56	11	43	130	113	—	2	15
1916	18	6	52	7	32	115	106	—	1	8
1917	51	7	55	3	32	148	142	—	1	5
1918	63	8	55	2	33	161	153	—	1	7
1919	60	10	57	4	95	226	193	—	4	29
1920[e]	..	..	..	..	..	(500)	..	—	..	..
	56	53	131	62	180	482	379	—	13	90
1921	48	43	135	104	128	458	299	—	18	141
1922	93	39	80	75	94	381	261	—	11	109
1923	41	42	83	64	104	334	246	—	13	75
1924	30	50	89	94	111	374	277	—	15	82
1925	33	42	102	119	124	420	298	—	17	105
1926	13	45	93	144	106	401	264	—	16	121
1927	13	46	108	156	103	426	283	—	16	127
1928	37	42	122	117	102	420	295	—	16	109
1929	28	46	117	133	118	442	319	2	15	106
1930	20	45	110	122	138	435	303	6	15	111
1931	11	37	124	122	114	408	266	10	14	118
1932	2	30	108	118	89	347	228	12	12	95
1933	0	30	91	151	85	357	263	10	10	74
1934	4	37	119	170	97	427	330	8	12	77
1935	11	45	126	165	109	456	341	7	14	94
1936	23	53	143	170	128	517	377	8	18	114
1937	21	57	166	168	162	574	400	9	23	142
1938	26	53	184	169	160	592	394	10	29	159
1939	10	60	190	280		540	..	..	..	..
1940	30	20	300	170		520	..	..	..	..
1941	40	30	270	140		480	..	..	..	..
1942	70	30	240	110		450	..	..	..	..
1943	60	40	180	80		360	..	..	..	..
1944	50	40	130	80		300	..	..	..	..
1945	40	50	120	140		350	..	..	..	..
1946	50	120	200	550		925	..	..	..	..
1947	70	160	360	330	280	1,199	..	..	..	..
1948	86	163	500	337	336	1,422	757	180	113	372
1949	80	192	562	332	411	1,577	816	264	114	383
1950	74	188	643	331	464	1,700	880	288	126	406

TABLE 39 (cont.) (£M.)

	By type of asset						By sector			
	Ships (1)	Vehicles[a] (2)	Plant and machinery (3)	Dwellings (4)	Other new buildings and works[b] (5)	Total (6)	Private sector[c] (7)	Public corporations (8)	Central Government (9)	Local authorities (10)
1951	59	197	752	376	505	1,889	901	358	170	460
1952	57	203	795	494	557	2,106	938	414	214	540
1953	91	217	832	630	589	2,359	1,046	488	218	607
1954	91	241	927	645	648	2,552	1,255	538	184	575
1955	84	285	1,054	640	766	2,829	1,503	571	192	563
1956	115	311	1,161	635	881	3,103	1,726	589	221	567
1957	151	347	1,288	616	979	3,381	1,907	660	245	569
1958	159	371	1,328	586	1,048	3,492	2,009	694	245	544
1959	176	398	1,388	661	1,113	3,736	2,144	758	252	582
1960	177	464	1,502	750	1,227	4,120	2,472	788	256	604
1961	144	461	1,763	829	1,422	4,619	2,795	905	217	702
1962	116	409	1,766	891	1,549	4,731	2,769	933	215	814
1963	92	427	1,873	944	1,570	4,906	2,774	1,024	225	883
1964	130	504	2,163	1,210	1,853	5,860	3,280	1,187	281	1,112
1965	106	527	2,420	1,282	1,996	6,331	3,533	1,293	298	1,207

[a] Railway rolling stock, trams (from 1898 onwards), motor vehicles (from 1900 onwards) and aircraft (from 1938 onwards).
[b] Including transfer costs of land and buildings.
[c] Prior to 1948 it is not possible to make separate estimates for persons and companies. From 1948 onwards the two series are given in the Blue Books [75].
[d] The estimates by type of asset do not sum to this total which includes the change (fall) in work in progress on houses and ships. See p. 185.
[e] For 1856 to 1920 (first row) Southern Ireland is included; from 1920 (second row) onwards it is excluded.

TABLE 40 GROSS DOMESTIC FIXED CAPITAL FORMATION AT CONSTANT PRICES BY TYPE OF ASSET, 1856–1965 (£M.)

	Ships (1)	Vehicles[a] etc. (2)	Plant and machinery (3)	Dwellings (4)	Other new buildings and works[b] (5)	Total (6)
(i) 1856–1913 at 1900 prices						
1856	4	2	12	6	17	41
1857	4	2	8	6	17	37
1858	4	2	8	6	18	38
1859	3	2	10	7	20	42
1860	4	2	11	7	20	44
1861	5	3	14	7	24	53
1862	5	3	13	9	27	57
1863	8	3	17	10	31	69
1864	10	4	22	11	33	80
1865	10	5	21	10	38	84
1866	8	5	17	10	35	75
1867	6	4	15	12	29	66
1868	6	3	17	13	26	65
1869	8	2	14	14	25	63
1870	9	3	14	16	24	66
1871	10	4	24	16	27	81
1872	11	4	21	17	30	83
1873	10	4	19	16	30	79
1874	14	5	17	19	39	94
1875	9	5	25	24	46	109
1876	8	4	30	27	53	122
1877	11	4	29	26	50	120
1878	12	3	26	22	51	114
1879	10	3	20	18	47	98
1880	12	3	25	18	41	99
1881	14	4	24	18	38	98
1882	19	4	20	17	39	99
1883	22	6	20	18	41	107
1884	13	5	22	18	45	103
1885	9	5	20	17	40	91
1886	9	3	20	16	35	83
1887	10	3	19	17	34	83
1888	15	4	21	17	31	88
1889	20	4	24	17	32	97
1890	19	5	22	17	36	99
1891	17	7	23	17	45	109
1892	17	6	27	19	45	114
1893	13	5	25	22	48	113
1894	15	4	31	22	48	120
1895	13	4	32	23	49	121
1896	13	5	38	28	53	137
1897	12	6	46	33	60	157
1898	18	6	46	40	71	181
1899	20	8	57	40	72	197
1900	20	8	56	38	77	199
1901	21	8	55	37	86	207
1902	21	8	58	40	90	217

TABLE 40 (cont.)

(£M.)

	Ships (1)	Vehicles[a] etc. (2)	Plant and machinery (3)	Dwellings (4)	Other new buildings and works[b] (5)	Total (6)
1903	17	7	64	41	93	222
1904	21	7	59	38	85	210
1905	26	8	57	35	76	202
1906	27	8	54	34	71	194
1907	22	8	46	32	59	162[c]
1908	12	7	41	29	53	142
1909	14	7	50	29	46	146
1910	17	6	49	26	50	148
1911	19	7	45	22	48	141
1912	21	8	40	18	51	138
1913	24	9	53	16	55	157

(ii) *1913–48 at 1938 prices*

1913	50	11	77	29	103	270
1914	48	7	86	25	108	274
1915	29	5	66	16	66	182
1916	25	4	52	9	40	130
1917	59	4	43	4	34	144
1918	67	4	39	2	31	143
1919	59	5	34	4	70	172
1920[d]	..	..	..	..	..	295
	35	28	76	37	108	284
1921	25	23	111	76	91	326
1922	36	24	87	68	85	300
1923	21	32	95	61	99	308
1924	29	39	100	87	104	359
1925	34	33	115	109	119	410
1926	10	40	107	137	103	397
1927	24	42	122	150	104	442
1928	43	39	136	117	103	438
1929	34	45	127	133	122	461
1930	22	40	131	124	146	463
1931	11	33	158	130	122	454
1932	−1	27	138	131	101	396
1933	−7	29	121	172	94	409
1934	6	40	149	193	110	498
1935	11	48	154	184	121	518
1936	27	55	164	183	136	565
1937	21	60	166	171	166	584
1938	26	54	183	169	160	592
1939	10	50	180	110	180	530
1940	20	20	260	160		460
1941	30	20	200	120		370
1942	40	20	170	90		320
1943	30	30	100	60		220
1944	30	30	70	40		170
1945	20	30	70	70		190
1946	20	70	130	260		480
1947	30	80	180	140	130	560
1948	30	80	220	130	140	600

TABLE 40 (cont.) (£M.)

	Ships (1)	Vehicles[a] etc. (2)	Plant and machinery (3)	Dwellings (4)	Other new buildings and works[b] (5)	Total (6)
(iii) *1938 and 1948 at 1948 prices*						
1938	78	112	404	444	373	1,411
1948	86	163	500	337	336	1,422
(iv) *1948–65 at 1958 prices*						
1948	404		765	486	480	2,135
1949	424		845	476	588	2,333
1950	391		942	465	661	2,459
1951	347		1,026	456	640	2,469
1952	308		975	546	650	2,479
1953	363		986	711	688	2,748
1954	390		1,096	736	760	2,982
1955	431		1,188	689	842	3,150
1956	469		1,237	651	937	3,294
1957	518		1,323	621	1,007	3,469
1958	530		1,328	586	1,048	3,492
1959	583		1,384	674	1,127	3,768
1960	653		1,480	758	1,241	4,132
1961	608		1,682	813	1,421	4,524
1962	524		1,656	839	1,481	4,500
1963	547		1,728	857	1,450	4,582
1964	659		1,944	1,087	1,676	5,366
1965	649		2,073	1,107	1,751	5,580

Note: In section (iv), columns (1) and (2) are combined (Ships and Vehicles etc.).

[a] Railway rolling stock, trams, motor vehicles and aircraft.
[b] Including transfer costs of land and buildings.
[c] The estimates do not add to the total since this includes the change (fall) in work in progress on dwellings and ships; see p. 185.
[d] For 1856–1919 Southern Ireland is included; from 1920 (second row) onwards it is excluded.

TABLE 41   GROSS DOMESTIC FIXED CAPITAL FORMATION AT CURRENT PRICES, BY INDUSTRY, 1882–1938 AND 1948–65

(£M.)

	Agriculture, forestry and fishing (1)	Mining and quarrying (2)	Manufacturing and building (3)	Distribution and other services[b] (4)	Electricity (5)	Gas and water (6)	Shipping (7)	Railways (8)	Highways and bridges (9)	Road passenger transport (10)	Post Office (11)	Other transport[c] (12)	Total (13)	Social and public services (14)	Dwellings (15)	Total[d] (16)
1882			29		—	3	23	12	1.5	1.5	—	3.5	42	6	16	96
1883			29		—	3.5	26	14	2	1.5	0.5	3	47	6	16	102
1884			29		—	3.5	15	16	3	1	0.5	3	38	6	16	93
1885			26		—	3.5	10	13	2.5	1	—	2.5	29	7	15	80
1886			23		—	3	8	10	2	0.5	—	2.5	23	6	14	69
1887			19		0.5	5	9	9	2	0.5	—	3.5	24	5	14	68
1888			24		0.5	3	14	9	1.5	0.5	—	2.5	27	5	14	74
1889			28		0.5	3	18	10	1.5	—	—	2.5	32	5	15	84
1890			29		0.5	3.5	18	12	1.5	0.5	0.5	3.5	35	6	15	89
1891			29		0.5	4.5	16	14	1.5	0.5	1	3.5	36	9	15	94
1892			34		0.5	4	15	13	1.5	0.5	0.5	2.5	33	9	16	97
1893			30		1	5	11	12	2	0.5	0.5	2.5	28	11	18	93
1894			35		1.5	4	13	12	2	0.5	0.5	2	30	10	18	99
1895			35		2	3.5	11	13	2	0.5	0.5	2	29	10	19	99
1896			41		2.5	5	11	14	2	1	1	2	30	11	23	113
1897			51		3	5.5	10	15	2.5	2	1	2	33	11	28	132
1898			56		4	7.5	16	17	3	2	1.5	2.5	42	13	36	158
1899			69		6.5	9	19	19	3.5	2.5	1	3	48	13	38	183
1900			79		6.5	8.5	20	19	5.5	4.5	1.5	3	53	14	38	199
1901			73		6.5	10	20	18	6	5.5	1.5	3.5	54	16	37	197
1902			70		7.5	10.5	20	16	7	8	1.5	3.5	56	16	37	197
1903			77		8.5	9.5	16	17	5.5	7.5	1.5	3	51	15	37	198
1904			68		9	8	19	17	5	8	2	3.5	54	15	33	187
1905			63		7	6.5	23	15	3.5	7.5	2	3.5	55	14	31	177
1906			64		5	5.5	25	15	2.5	8	3	3.5	57	13	31	175
1907			52		7	5.5	21	12	2.5	6.5	3	3.5	49	11	30	150[e]
1908			48		4.5	5.5	11	9	2.5	5.5	2	2.5	33	11	26	128
1909			51		5.5	4.5	14	7	2.5	6	1.5	2	33	12	26	132
1910			56		3.5	5.5	17	6	2.5	5	2	2.5	35	12	24	136

T92

TABLE 41 (cont.)

(£M.)

	Agriculture, forestry and fishing (1)	Mining and quarrying (2)	Manufacturing and building (3)	Distribution and other services[b] (4)	Electricity (5)	Gas and water (6)	Transport and communication[a]						Social and public services (14)	Dwellings (15)	Total[d] (16)
							Shipping (7)	Railways (8)	Highways and bridges (9)	Road passenger transport (10)	Post Office (11)	Other transport[e] (12)	Total (13)			
1911	9		56		2.5	5	18	7	2	4.5	1.5	2.5	35	12	21	132
1912	9		57		3	4.5	22	8	2.5	5	1.5	2.5	41	12	18	136
1913	6		74		2.5	5	25	11	5	4.5	3	3	51	12	16	160
1914	5		75		5.5	5	24	11	3.5	3.5	3.5	3	48	12	15	160
1915	4		72		5.5	3.5	15	8	1.5	3	1.5	1.5	31	7	11	130
1916	4		70		4	2	18	6	0.5	3	0.5	1.5	30	2	7	115
1917	4		75		4	1	51	7	—	4	0.5	1.5	64	1	3	148
1918	3		76		4	1	63	7	—	4	0.5	1	76	2	2	161
1919	4		115		12	5	60	7	1.5	6.5	3.5	2	80	10	4	226
1920[f]	3	..	..	88	..	..	..	..	..	..	..	..	..	..	..	500
1921	9	18	152	88	14	10	55	20	8	19	8	5	115	14	62	482
1922	9	11	117	57	21	14	47	23	11	15	12	4	110	15	104	458
1923	6	16	66	30	16	12	93	14	14	15	9	3	148	12	75	381
1924	5	18	57	46	19	11	40	14	15	17	11	3	101	13	64	334
1925	4	14	62	53	23	15	29	18	17	13	14	4	93	16	94	374
1926	4	14	83	41	26	15	33	20	18	9	16	4	99	19	119	420
1927	4	8	72	38	27	14	13	16	17	11	14	4	74	20	144	401
1928	3	9	69	43	34	14	13	17	17	11	14	5	78	20	156	426
1929	4	5	75	56	32	13	37	16	15	12	14	4	97	21	117	420
1930	3	12	76	57	35	14	27	14	19	12	13	3	87	25	133	442
1931	4	10	68	61	37	15	19	16	20	14	14	3	84	34	122	435
1932	3	8	52	54	41	15	11	16	22	9	13	4	76	37	122	408
1933	3	5	50	40	40	13	2	15	11	6	11	3	48	30	118	347
1934	2	8	53	39	33	14	−1	9	9	4	10	2	33	24	151	357
1935	4	9	75	53	33	15	4	12	9	5	11	2	42	26	170	427
1936	4	6	77	58	40	16	11	14	11	9	13	2	60	30	165	456
1937	5	9	94	55	42	21	23	18	13	11	16	2	83	38	170	517
1938	6	10	126	62	42	18	20	21	17	12	20	4	95	47	168	574
1938	5	11	109	71	42	22	25	23	17	14	25	4	108	55	169	592
1948	93	28	350	131	99	39	78	40	8	37	35	19	217	82	337	1,422
1949	94	35	402	160	122	49	72	42	10	44	40	25	233	101	332	1,577

Year													
1950	93	33	469	179	138	57	66	44	11	41	41	23	226	123	331	1,700
1951	94	34	552	200	149	68	54	44	13	30	48	23	212	150	376	1,889
1952	97	46	589	217	159	80	53	40	14	28	59	25	219	160	494	2,106
1953	94	62	586	233	180	85	85	54	15	23	68	34	279	170	630	2,359
1954	100	79	635	280	215	89	83	65	17	25	69	33	292	174	645	2,552
1955	110	86	739	358	247	97	76	69	22	21	82	40	310	195	640	2,829
1956[g]	102	91	907	365	249	93	104	89	31	24	94	51	393	224	635	3,103
1957	114	103	1,004	397	266	93	140	124	39	22	96	78	499	247	616	3,381
1958	134	105	984	457	297	90	147	138	63	23	90	70	531	264	586	3,492
1959	151	116	929	534	341	88	161	167	81	25	89	58	581	285	661	3,736
1960	157	95	1,091	617	338	89	162	171	85	31	96	81	626	302	750	4,120
1961	168	106	1,325	702	364	91	132	153	106	34	116	72	613	364	829	4,619
1962	163	99	1,242	735	412	111	107	118	130	35	128	59	577	444	891	4,731
1963	176	90	1,154	786	510	138	84	96	145	40	147	66	578	473	944	4,906
1964	179	105	1,346	935	607	151	123	107	190	41	165	81	707	561	1,210	5,860
1965	183	109	1,546	971	654	172	100	120	197	41	196	92	746	610	1,282	6,331

[a] Road goods transport is not included. Road haulage is included with distribution and other services, and other road goods vehicles are covered by the industry owning them.
[b] Including road haulage from 1920 onwards.
[c] Docks, harbours and canals plus, from 1936 onwards, air transport.
[d] From 1948 transfer costs of land and buildings are included in the total but not shown separately and not included in the component industries. For earlier years they are included in the individual industry estimates.
[e] The estimates do not sum to this total which includes the change (fall) in work in progress on houses and ships. See p. 185.
[f] For 1882 to 1920 (first row) Southern Ireland is included; from 1920 (second row) onwards it is excluded.
[g] The figures for 1948–55 are on an establishment basis and those for 1956 onwards are on a business unit basis. See also p. 183, n. 1.

TABLE 42 GROSS DOMESTIC FIXED CAPITAL FORMATION AT CONSTANT PRICES, BY INDUSTRY, 1882–1938 AND 1948–65 (£M.)

	Agriculture, forestry and fishing (1)	Mining and quarrying (2)	Manufacturing and construction (3)	Distribution and other services[a] (4)	Gas, electricity and water (5)	Transport and communication[b] (6)	Social and public services[c] (7)	Dwellings (8)	Total[d] (9)
(i) 1882–1913 at 1900 prices									
1882			31		4	40	7	17	99
1883			31		4	47	7	18	107
1884			31		4	42	8	18	103
1885			28		5	32	9	17	91
1886			26		5	28	8	16	83
1887			23		7	29	7	17	83
1888			28		4	32	7	17	88
1889			32		4	38	6	17	97
1890			31		5	39	7	17	99
1891			33		6	42	11	17	109
1892			39		6	40	10	19	114
1893			35		8	35	13	22	113
1894			43		7	36	12	22	120
1895			42		7	36	13	23	121
1896			50		9	37	13	28	137
1897			61		10	40	13	33	157
1898			66		13	48	14	40	181
1899			75		17	51	14	40	197
1900			79		15	53	14	38	199
1901			76		18	58	18	37	207
1902			75		20	63	19	40	217
1903			87		20	57	17	41	222
1904			74		19	62	17	38	210
1905			71		16	63	17	35	202
1906			70		12	63	15	34	194
1907			55		14	53	13	32	162[e]
1908			53		11	36	13	29	142
1909			56		12	36	13	29	146
1910			61		10	37	14	26	148
1911			59		9	38	13	22	141
1912			57		8	42	13	18	138
1913			72		7	50	12	16	157
(ii) 1913–38 and 1948 at 1938 prices									
1913			109		13	97	22	29	270
1914			119		17	92	21	25	274
1915			86		15	54	11	16	182
1916			70		7	41	3	9	130
1917			61		5	73	1	4	144
1918			55		4	80	2	2	143
1919			72		13	75	8	4	172
1920[f]			..		..	..	..		295
	7	11	82	46	16	76	9	37	284
1921	6	9	89	38	26	71	11	76	326
1922	4	17	64	25	25	84	14	67	300
1923	4	19	57	41	29	81	16	61	308
1924	3	15	58	44	40	95	17	87	359

TABLE 42 (cont.)

(£M.)

	Agriculture, forestry and fishing (1)	Mining and quarrying (2)	Manufacturing and construction (3)	Distribution and other services[a] (4)	Gas, electricity and water (5)	Transport and communication[b] (6)	Social and public services[c] (7)	Dwellings (8)	Total[d] (9)
1925	3	15	81	35	44	102	21	109	410
1926	3	8	71	36	45	76	21	137	397
1927	3	8	71	37	53	98	22	150	442
1928	3	5	77	54	49	110	23	117	438
1929	3	13	77	51	53	104	27	133	461
1930	4	14	70	59	61	94	37	124	463
1931	3	11	58	56	69	83	44	130	454
1932	2	7	57	43	65	55	36	131	396
1933	2	9	57	41	60	38	30	172	409
1934	3	10	87	54	61	57	33	193	498
1935	4	7	85	61	69	73	35	184	518
1936	5	10	99	53	72	99	44	183	565
1937	6	10	123	54	62	106	52	171	584
1938	5	11	109	68	64	111	55	169	592
1948	41	12	154	57	55	98	35	130	600[d]

(iii) *1948–65 at 1958 prices*

1948	136	45	554	187	206	344	123	486	2,135
1949	134	55	626	231	252	355	151	476	2,333
1950	128	51	714	251	282	334	182	465	2,459
1951	117	47	768	250	284	297	201	456	2,469
1952	109	58	732	248	284	273	191	546	2,479
1953	106	75	713	267	309	329	202	711	2,748
1954	113	96	765	324	356	345	206	736	2,982
1955	122	99	849	398	384	347	219	689	3,150
1956[g]	108	99	982	388	359	428	240	65	3,294
1957	117	106	1,036	407	367	519	255	621	3,469
1958	134	105	984	457	387	531	264	586	3,492
1959	151	117	934	543	431	578	289	674	3,768
1960	157	94	1,088	630	429	616	306	758	4,132
1961	165	103	1,280	704	447	595	363	813	4,524
1962	157	93	1,171	712	503	549	424	839	4,500
1963	168	83	1,071	757	613	538	441	857	4,582
1964	169	95	1,217	882	701	651	509	1,087	5,366
1965	168	95	1,336	890	739	654	537	1,107	5,580

[a] Including road haulage from 1920 onwards.
[b] Including highways and street lighting but not road goods transport. Road haulage is included with distribution and other services and other road goods vehicles are covered by the industry owning them.
[c] Excluding highways and street lighting.
[d] From 1948 transfer costs of land and buildings are included in the total but not shown separately or included in the component industries. For earlier years they are included in the individual industry estimates.
[e] The estimates do not sum to this total which includes the change (fall) in work in progress on houses and ships. See p. 185.
[f] For 1882 to 1919 Southern Ireland is included; for 1920 onwards it is excluded.
[g] The figures for 1948–55 are on an establishment basis and those for 1956 onwards are on a business unit basis. See also p. 183, n. 1.

TABLE 43 GROSS AND NET REPRODUCIBLE CAPITAL STOCK AT CONSTANT REPLACEMENT COST, BY TYPE OF ASSET, 1855–1965

(£ Thousand Million)

End of year	Gross capital stock					Net capital stock			
	Dwellings (1)	Other buildings and works (2)	Plant and machinery[a] (3)	Vehicles, ships and aircraft[a] (4)	Total (5)	Dwellings (6)	Other buildings and works (7)	Plant, vehicles, ships etc. (8)	Total (9)

(i) *1855–1913 at 1900 replacement cost*

1855	0.94	1.87	0.85		3.66	0.63	1.49	0.54	2.66
1856	0.95	1.88	0.85		3.69	0.63	1.49	0.53	2.65
1857	0.95	1.90	0.86		3.71	0.62	1.49	0.52	2.63
1858	0.96	1.91	0.86		3.73	0.62	1.49	0.52	2.63
1859	0.96	1.93	0.86		3.75	0.62	1.49	0.51	2.62
1860	0.97	1.94	0.87		3.78	0.62	1.50	0.50	2.62
1861	0.97	1.96	0.88		3.81	0.62	1.50	0.50	2.62
1862	0.98	1.99	0.89		3.85	0.62	1.51	0.50	2.63
1863	0.99	2.01	0.90		3.90	0.62	1.52	0.50	2.64
1864	1.00	2.04	0.93		3.96	0.63	1.54	0.51	2.68
1865	1.00	2.08	0.94		4.02	0.63	1.56	0.52	2.71
1866	1.01	2.11	0.96		4.07	0.63	1.57	0.52	2.72
1867	1.02	2.13	0.96		4.11	0.63	1.58	0.51	2.72
1868	1.03	2.15	0.97		4.16	0.64	1.59	0.51	2.74
1869	1.04	2.18	0.98		4.19	0.64	1.60	0.51	2.75
1870	1.05	2.19	0.99		4.24	0.65	1.60	0.50	2.75
1871	1.07	2.22	1.01		4.29	0.66	1.61	0.51	2.78
1872	1.08	2.24	1.03		4.35	0.67	1.62	0.52	2.81
1873	1.09	2.27	1.04		4.40	0.67	1.63	0.52	2.82
1874	1.11	2.30	1.06		4.46	0.68	1.65	0.52	2.85
1875	1.13	2.34	1.08		4.54	0.70	1.67	0.53	2.90
1876	1.15	2.39	1.10		4.64	0.72	1.70	0.54	2.96
1877	1.18	2.43	1.12		4.73	0.73	1.73	0.55	3.01
1878	1.20	2.47	1.14		4.81	0.75	1.76	0.55	3.06
1879	1.21	2.52	1.16		4.88	0.76	1.79	0.55	3.10
1880	1.23	2.55	1.17		4.95	0.76	1.80	0.55	3.11
1881	1.24	2.58	1.19		5.02	0.77	1.82	0.56	3.15
1882	1.25	2.62	1.21		5.08	0.78	1.84	0.56	3.18
1883	1.27	2.65	1.23		5.15	0.79	1.85	0.57	3.21
1884	1.28	2.69	1.25		5.23	0.79	1.87	0.57	3.23
1885	1.30	2.72	1.26		5.29	0.80	1.89	0.56	3.25
1886	1.31	2.75	1.27		5.34	0.81	1.90	0.56	3.27
1887	1.32	2.78	1.28		5.39	0.81	1.91	0.55	3.27
1888	1.34	2.81	1.30		5.44	0.82	1.92	0.55	3.29
1889	1.35	2.83	1.32		5.51	0.83	1.92	0.55	3.30
1890	1.37	2.86	1.34		5.57	0.83	1.93	0.56	3.32
1891	1.38	2.90	1.37		5.65	0.84	1.95	0.56	3.35
1892	1.40	2.94	1.39		5.73	0.84	1.97	0.57	3.38
1893	1.42	2.98	1.41		5.81	0.86	1.99	0.57	3.42
1894	1.43	3.02	1.44		5.89	0.87	2.01	0.57	3.45
1895	1.45	3.06	1.46		5.98	0.88	2.04	0.58	3.50
1896	1.48	3.11	1.49		6.08	0.89	2.06	0.59	3.54
1897	1.50	3.16	1.53		6.20	0.91	2.09	0.61	3.61
1898	1.54	3.23	1.57		6.34	0.94	2.14	0.64	3.72
1899	1.58	3.29	1.62		6.49	0.97	2.18	0.67	3.82

TABLE 43 (cont.)   (£ Thousand Million)

End of year	Gross capital stock					Net capital stock			
	Dwellings (1)	Other buildings and works (2)	Plant and machinery[a] (3)	Vehicles, ships and aircraft[a] (4)	Total (5)	Dwellings (6)	Other buildings and works (7)	Plant, vehicles, ships etc. (8)	Total (9)
1900	1.61	3.36	1.68		6.65	0.99	2.23	0.70	3.92
1901	1.64	3.44	1.73		6.82	1.02	2.28	0.73	4.03
1902	1.68	3.53	1.79		7.00	1.04	2.34	0.77	4.15
1903	1.72	3.61	1.85		7.18	1.07	2.40	0.80	4.27
1904	1.75	3.69	1.91		7.34	1.10	2.46	0.83	4.39
1905	1.78	3.75	1.96		7.49	1.12	2.50	0.86	4.48
1906	1.81	3.82	2.01		7.64	1.14	2.54	0.89	4.57
1907	1.84	3.87	2.06		7.76	1.15	2.56	0.90	4.61
1908	1.86	3.91	2.08		7.85	1.17	2.58	0.90	4.65
1909	1.89	3.95	2.12		7.95	1.18	2.59	0.90	4.67
1910	1.91	3.99	2.15		8.05	1.19	2.61	0.91	4.71
1911	1.92	4.03	2.19		8.14	1.20	2.62	0.92	4.74
1912	1.94	4.07	2.22		8.22	1.20	2.63	0.92	4.75
1913	1.95	4.11	2.26		8.32	1.20	2.65	0.94	4.79
(ii) 1913–38 at 1938 replacement cost									
1913	3.15	7.45	3.70		14.66	2.16	4.81	1.54	8.51
1914	3.52	7.54	3.78		14.85	2.15	4.83	1.58	8.56
1919	3.52	7.70	3.80		15.01	2.01	4.65	1.55	8.22
1920[b]	3.54	7.79	3.93		15.26	2.02	4.66	1.57	8.25
	3.34	7.49	2.65	1.19	14.66	1.90	4.48	1.54	7.92
1921	3.42	7.56	2.66	1.20	14.83	1.94	4.47	1.57	7.98
1922	3.48	7.62	2.67	1.23	14.99	1.98	4.45	1.59	8.02
1923	3.54	7.69	2.69	1.24	15.15	2.00	4.45	1.61	8.06
1924	3.62	7.76	2.72	1.27	15.37	2.05	4.45	1.64	8.14
1925	3.73	7.85	2.76	1.31	15.64	2.13	4.46	1.69	8.27
1926	3.86	7.93	2.79	1.32	15.89	2.23	4.45	1.70	8.38
1927	4.00	8.00	2.84	1.32	16.16	2.34	4.45	1.75	8.53
1928	4.11	8.07	2.90	1.35	16.43	2.41	4.44	1.82	8.67
1929	4.24	8.16	2.95	1.38	16.72	2.50	4.45	1.88	8.83
1930	4.35	8.28	3.01	1.39	17.02	2.58	4.48	1.91	8.97
1931	4.48	8.36	3.10	1.36	17.29	2.67	4.49	1.94	9.10
1932	4.61	8.42	3.14	1.34	17.50	2.75	4.48	1.94	9.17
1933	4.77	8.47	3.18	1.30	17.72	2.88	4.46	1.91	9.24
1934	4.96	8.54	3.24	1.29	18.04	3.02	4.45	1.93	9.40
1935	5.13	8.63	3.31	1.29	18.37	3.15	4.46	1.97	9.58
1936	5.29	8.73	3.40	1.31	18.74	3.28	4.48	2.04	9.79
1937	5.45	8.85	3.50	1.32	19.13	3.40	4.52	2.09	10.01
1938[c]	5.60	8.96	3.61	1.35	19.52	3.51	4.56	2.16	10.23
1948[c]	5.88	9.23	4.34	1.24	20.70	3.50	4.50	2.40	10.40
(iii) 1938 and 1947–65 at 1958 replacement cost									
1938[d]	20.22	26.36	13.45	5.25	65.28	..	..	..	..
1947	20.87	26.58	15.25	4.64	67.34	12.9	11.8	9.3	34.0
1948[d]	21.30	26.73	15.67	4.81	68.51	13.2	11.9	9.8	34.9
1949	21.72	26.94	16.18	4.99	69.83	13.4	12.2	10.3	35.9
1950	22.13	27.30	16.78	5.21	71.42	13.6	12.4	11.0	37.0
1951	22.49	27.63	17.45	5.29	72.86	13.9	12.7	11.5	38.1

TABLE 43 (cont.) (£ Thousand Million)

	Gross capital stock					Net capital stock			
End of year	Dwellings (1)	Other buildings and works (2)	Plant and machinery[a] (3)	Vehicles, ships and aircraft[a] (4)	Total (5)	Dwellings (6)	Other buildings and works (7)	Plant, vehicles, ships etc. (8)	Total (9)
	(iii) *1938 and 1947–65 at 1958 replacement cost* (continued)								
1952	22.94	27.99	18.07	5.36	74.36	14.2	13.0	11.9	39.1
1953	23.55	28.40	18.71	5.44	76.10	14.6	13.4	12.4	40.4
1954	24.19	28.87	19.39	5.57	78.02	15.1	13.7	13.0	41.8
1955	24.75	29.38	20.06	5.68	79.87	15.5	14.2	13.6	43.3
1956	25.31	29.93	20.70	5.78	81.72	15.9	14.8	14.3	45.0
1957	25.83	30.59	21.45	5.91	83.78	16.2	15.4	15.1	46.7
1958	26.33	31.25	22.14	6.08	85.80	16.5	16.0	15.9	48.4
1959	26.89	32.00	23.00	6.27	88.16	16.9	16.7	16.7	50.3
1960	27.51	32.82	23.86	6.55	90.74	17.4	17.4	17.7	52.5
1961	28.05	33.91	25.04	6.81	93.81	17.9	18.4	18.7	55.0
1962	28.66	35.03	26.16	6.98	96.83	18.4	19.4	19.6	57.4
1963	29.37	36.16	27.29	7.15	99.97	18.9	20.4	20.5	59.8
1964	30.33	37.53	28.69	7.42	103.97	19.8	21.5	21.6	62.9
1965	31.32	38.91	30.13	7.64	108.00	20.6	22.8	22.7	66.1

[a] Column (4) covers road motor vehicles (goods and passenger), trams, railway rolling stock, ships and aircraft. Horse-drawn vehicles, tractors, road-making vehicles, mobile cranes etc. are included with plant and machinery in column (3).

[b] For 1855 to 1920 (first row) Southern Ireland is included; from 1920 (second row) onwards it is excluded.

[c] These estimates for 1938 and 1948 are comparable with the estimates for earlier years, but not with the estimates for 1938 and 1948 in part (iii) of the table. For estimates for 1938 at 1938 replacement cost comparable with those in part (iii), see Table 46, estimates marked 1938(d). For further details of the discrepancy between the two sets of estimates for 1938 see also p. 199.

[d] These estimates for 1938 and 1948 are comparable with the estimates for 1949–65, but not with the estimates for 1938 and 1948 in part (ii). See also p. 199.

NOTE: Components may not add to totals because of rounding.

CAPITAL FORMATION TABLES

TABLE 44 GROSS REPRODUCIBLE CAPITAL STOCK AT CONSTANT REPLACEMENT COST, BY INDUSTRY, SELECTED YEARS, 1880–1965

(£ Thousand Million)

End of year	Agriculture, forestry and fishing (1)	Mining and quarrying (2)	Manufacturing and construction (3)	Distribution and other services[a] (4)	Gas, electricity and water (5)	Transport and communication[b] (6)	Social and public services (7)	Dwellings (8)	Total (9)
(i) 1880–1913 at 1900 replacement cost									
1880			2.4		0.3	0.9	0.1	1.2	4.9
1885			2.5		0.3	1.1	0.1	1.3	5.3
1890			2.6		0.3	1.2	0.2	1.4	5.6
1895			2.7		0.3	1.3	0.2	1.5	6.0
1900			2.9		0.4	1.4	0.3	1.6	6.6
1905			3.2		0.5	1.7	0.3	1.8	7.5
1910			3.4		0.5	1.8	0.4	1.9	8.0
1913			3.5		0.5	1.9	0.4	2.0	8.3
(ii) 1913–48 at 1938 replacement cost									
1913			6.2		0.9	3.4	0.7	3.5	14.7
1920[c]			6.5		1.0	3.5	0.8	3.5	15.3
	0.77	0.45	2.90	2.15	0.94	3.37	0.74	3.34	14.66
1921	0.77	0.45	2.92	2.18	0.96	3.39	0.74	3.42	14.83
1922	0.77	0.46	2.93	2.19	0.98	3.43	0.75	3.48	14.99
1923	0.77	0.47	2.94	2.21	1.01	3.45	0.76	3.54	15.15
1924	0.77	0.48	2.95	2.25	1.04	3.49	0.77	3.62	15.37
1925	0.77	0.48	2.98	2.27	1.07	3.55	0.79	3.73	15.64
1926	0.76	0.48	3.00	2.29	1.11	3.59	0.80	3.86	15.89
1927	0.76	0.49	3.01	2.32	1.15	3.61	0.82	4.00	16.16
1928	0.76	0.48	3.03	2.36	1.18	3.67	0.84	4.11	16.43
1929	0.76	0.49	3.05	2.40	1.23	3.70	0.85	4.24	16.72
1930	0.76	0.49	3.07	2.44	1.27	3.75	0.89	4.35	17.02
1931	0.76	0.50	3.08	2.48	1.33	3.74	0.92	4.48	17.29
1932	0.76	0.49	3.07	2.51	1.38	3.73	0.95	4.61	17.50
1933	0.76	0.50	3.06	2.54	1.43	3.69	0.97	4.77	17.72
1934	0.75	0.50	3.08	2.58	1.48	3.69	1.00	4.96	18.04
1935	0.76	0.50	3.09	2.62	1.54	3.70	1.03	5.13	18.37
1936	0.76	0.50	3.14	2.66	1.60	3.73	1.06	5.29	18.74
1937	0.76	0.50	3.20	2.71	1.64	3.76	1.11	5.45	19.13
1938[d]	0.76	0.51	3.24	2.74	1.70	3.83	1.14	5.60	19.52
1948[d]	0.84	0.46	4.31	2.56	1.72	3.64	1.29	5.88	20.70
(iii) 1938–65 at 1958 replacement cost									
1938[e]	2.60	1.12	11.28	5.87	5.15	13.08	5.96	20.22	65.28
1948[e]	2.88	0.96	14.23	5.27	5.22	12.17	6.48	21.30	68.51
1949	2.93	0.97	14.71	5.35	5.37	12.21	6.57	21.72	69.83
1950	2.98	1.00	15.26	5.47	5.53	12.33	6.72	22.13	71.42
1951	3.02	1.02	15.87	5.60	5.68	12.31	6.87	22.49	72.86
1952	3.05	1.04	16.42	5.72	5.83	12.36	7.00	22.94	74.36
1953	3.08	1.08	16.96	5.86	5.99	12.41	7.17	23.55	76.10
1954	3.11	1.13	17.51	6.04	6.20	12.51	7.33	24.19	78.02

TABLE 44 (cont.) (£ Thousand Million)

End of year	Agriculture, forestry and fishing (1)	Mining and quarrying (2)	Manufacturing and construction (3)	Distribution and other services[a] (4)	Gas, electricity and water (5)	Transport and communication[b] (6)	Social and public services (7)	Dwellings (8)	Total (9)
1955	3.13	1.19	18.02	6.23	6.45	12.60	7.50	24.75	79.87
1956	3.14	1.23	18.60	6.41	6.66	12.69	7.68	25.31	81.72
1957	3.17	1.28	19.17	6.64	6.90	12.89	7.90	25.83	83.78
1958	3.20	1.34	19.58	6.97	7.18	13.09	8.11	26.33	85.80
1959	3.25	1.41	20.04	7.38	7.50	13.35	8.34	26.89	88.16
1960	3.31	1.44	20.58	7.87	7.80	13.65	8.58	27.51	90.74
1961	3.39	1.49	21.55	8.44	8.09	13.94	8.86	28.05	93.81
1962	3.44	1.50	22.41	9.02	8.45	14.13	9.22	28.66	96.83
1963	3.50	1.51	23.15	9.61	8.89	14.33	9.61	29.37	99.97
1964	3.57	1.54	24.07	10.34	9.47	14.61	10.04	30.33	103.97
1965	3.62	1.54	25.05	11.08	10.06	14.88	10.45	31.32	108.00

[a] Distributive trades, insurance banking and finance, professional and scientific services, miscellaneous services, road haulage, storage etc.
[b] Including roads and bridges but excluding road goods transport. Road haulage is included with distribution and other services and other road goods vehicles with the industry by which they are owned.
[c] For 1880 to 1920 (first row) Southern Ireland is included; from 1920 (second row) onwards it is excluded.
[d] See Table 43, note c.
[e] See Table 43, note d.

TABLE 45 GROSS REPRODUCIBLE CAPITAL STOCK AT CONSTANT REPLACEMENT COST, MANUFACTURING INDUSTRY, 1920-38 AND 1948-65

(£ Thousand Million)

End of year	Food, drink and tobacco (1)	Chemicals and allied industries (2)	Iron and steel (3)	Electrical engineering (4)	Mechanical engineering and shipbuilding (5)	Vehicles[c] (6)	Other metal industries[d] (7)	Textiles (8)	Bricks, pottery, glass, cement etc. (9)	Construction (10)	Timber, furniture etc. (11)	Paper, printing and publishing (12)	Leather, clothing and other manufacturing (13)	Total (14)
					(i) 1920-38 at 1938 replacement cost[a]									
1920	0.39	0.25	0.37	0.08	0.31	0.10	0.05	0.76	0.13	0.10	0.10	0.19	0.17	2.90
1921	0.40	0.25	0.38	0.08	0.31	0.10	0.05	0.75	0.13	0.10	0.10	0.19	0.18	2.92
1922	0.40	0.25	0.38	0.09	0.31	0.10	0.05	0.75	0.12	0.10	0.10	0.20	0.18	2.93
1923	0.40	0.25	0.38	0.09	0.31	0.11	0.05	0.75	0.12	0.10	0.10	0.20	0.18	2.94
1924	0.40	0.25	0.38	0.09	0.31	0.11	0.05	0.75	0.12	0.10	0.10	0.20	0.19	2.95
1925	0.40	0.26	0.38	0.09	0.31	0.11	0.05	0.75	0.12	0.10	0.10	0.21	0.20	2.98
1926	0.40	0.26	0.38	0.10	0.31	0.11	0.05	0.75	0.12	0.10	0.10	0.21	0.20	3.00
1927	0.40	0.26	0.38	0.10	0.31	0.11	0.05	0.75	0.12	0.11	0.11	0.21	0.21	3.01
1928	0.40	0.27	0.38	0.10	0.31	0.11	0.05	0.75	0.12	0.11	0.11	0.22	0.21	3.03
1929	0.41	0.28	0.38	0.10	0.31	0.11	0.05	0.75	0.12	0.11	0.11	0.22	0.21	3.05
1930	0.41	0.28	0.38	0.10	0.31	0.12	0.06	0.74	0.12	0.11	0.11	0.23	0.21	3.07
1931	0.41	0.28	0.38	0.11	0.31	0.12	0.06	0.73	0.12	0.11	0.11	0.23	0.22	3.08
1932	0.41	0.28	0.38	0.11	0.31	0.13	0.06	0.71	0.12	0.11	0.11	0.23	0.22	3.07
1933	0.41	0.28	0.38	0.11	0.30	0.13	0.06	0.70	0.12	0.11	0.11	0.23	0.23	3.06
1934	0.41	0.29	0.38	0.11	0.31	0.13	0.06	0.68	0.12	0.12	0.12	0.24	0.23	3.08
1935	0.42	0.29	0.39	0.11	0.31	0.14	0.06	0.66	0.12	0.12	0.12	0.24	0.23	3.09
1936	0.42	0.30	0.40	0.11	0.31	0.15	0.06	0.66	0.12	0.13	0.13	0.25	0.23	3.14
1937	0.43	0.31	0.41	0.12	0.32	0.16	0.06	0.65	0.12	0.13	0.13	0.26	0.23	3.20
1938[e]	0.43	0.32	0.42	0.12	0.32	0.16	0.07	0.64	0.12	0.13	0.13	0.27	0.24	3.24
					(ii) 1938, 1948-65 at 1958 replacement cost[b]									
1938[e]	1.33	1.04	1.41	0.37	0.78	0.51	0.42	2.93	0.38	0.32	0.19	0.85	0.75	11.28
1948	1.26	1.38	1.25	0.91	1.66	1.36	0.98	2.78	0.36	0.32	0.18	0.97	0.82	14.23
1949	1.31	1.45	1.30	0.93	1.72	1.39	1.02	2.82	0.38	0.36	0.20	0.99	0.84	14.71
1950	1.38	1.58	1.36	0.95	1.78	1.43	1.05	2.86	0.40	0.39	0.21	1.01	0.86	15.26
1951	1.45	1.72	1.43	0.97	1.85	1.50	1.09	2.89	0.42	0.43	0.21	1.04	0.87	15.87
1952	1.51	1.85	1.48	1.00	1.93	1.59	1.11	2.91	0.44	0.45	0.22	1.06	0.87	16.42
1953	1.55	1.98	1.54	1.03	2.00	1.67	1.14	2.92	0.46	0.49	0.22	1.08	0.88	16.96
1954	1.60	2.09	1.60	1.07	2.07	1.72	1.17	2.95	0.48	0.53	0.23	1.11	0.89	17.51

TABLE 45 (cont.)

(£ Thousand Million)

End of year	Food, drink and tobacco (1)	Chemicals and allied industries (2)	Iron and steel (3)	Electrical engineering (4)	Mechanical engineering and shipbuilding (5)	Vehicles[c] (6)	Other metal industries[d] (7)	Textiles (8)	Bricks, pottery, glass, cement etc. (9)	Construction (10)	Timber, furniture etc. (11)	Paper, printing and publishing (12)	Leather, clothing and other manufacturing (13)	Total (14)
					(ii) *1938, 1948–65 at 1958 replacement cost*[b] (continued)									
1955	1.66	2.20	1.65	1.12	2.15	1.79	1.21	2.89	0.50	0.58	0.23	1.13	0.91	18.02
1956	1.74	2.34	1.76	1.17	2.24	1.87	1.25	2.74	0.52	0.62	0.24	1.18	0.93	18.60
1957	1.82	2.52	1.85	1.22	2.33	1.95	1.30	2.54	0.55	0.66	0.25	1.24	0.94	19.17
1958	1.90	2.70	1.89	1.27	2.43	2.00	1.34	2.29	0.57	0.69	0.27	1.28	0.95	19.58
1959	1.97	2.84	1.98	1.31	2.51	2.05	1.37	2.11	0.59	0.74	0.27	1.32	0.98	20.04
1960	2.07	2.97	2.12	1.36	2.59	2.11	1.42	1.88	0.63	0.80	0.27	1.36	1.00	20.58
1961	2.17	3.13	2.32	1.42	2.71	2.19	1.48	1.86	0.67	0.86	0.29	1.42	1.03	21.55
1962	2.27	3.28	2.48	1.46	2.80	2.26	1.54	1.87	0.73	0.91	0.29	1.46	1.06	22.41
1963	2.37	3.39	2.54	1.52	2.89	2.34	1.58	1.83	0.76	1.00	0.31	1.53	1.09	23.15
1964	2.48	3.56	2.60	1.59	3.01	2.40	1.64	1.84	0.81	1.10	0.32	1.59	1.13	24.07
1965	2.60	3.76	2.64	1.65	3.10	2.47	1.69	1.88	0.87	1.20	0.34	1.66	1.19	25.05

[a] The estimates for 1920–38 correspond broadly to the 1948 S.I.C. See [162], pp. 224–5, but note that railway workshops are now included.
[b] The estimates for 1948–65 correspond broadly to the 1958 S.I.C. See also p. 33, n. 4.
[c] Includes motor vehicles, railway engineering and railway workshops, and for 1948 onwards aircraft are included.
[d] Includes non-ferrous metals and from 1948 onwards metals not elsewhere specified. For 1920–38 metals n.e.s. are mainly included in mechanical engineering.
[e] The first estimate for 1938 is comparable with the estimates for 1920–38, the second with the estimates for 1948 onwards. See also p. 199.

TABLE 46   GROSS AND NET REPRODUCIBLE CAPITAL STOCK AT CURRENT REPLACEMENT COST, BY TYPE OF ASSET, 1855–1965

(£ Thousand Million)

End of year	Gross capital stock					Net capital stock			
	Dwellings (1)	Other buildings and works (2)	Plant and machinery[a] (3)	Vehicles, ships and aircraft[a] (4)	Total (5)	Dwellings (6)	Other buildings and works (7)	Plant, vehicles, ships etc. (8)	Total (9)
1855	0.89	1.57	0.97		3.43	0.59	1.25	0.61	2.45
1856	0.85	1.61	0.97		3.42	0.56	1.22	0.61	2.39
1857	0.86	1.64	0.95		3.45	0.57	1.22	0.58	2.37
1858	0.85	1.60	0.94		3.39	0.55	1.17	0.56	2.28
1859	0.84	1.60	0.92		3.36	0.55	1.18	0.53	2.26
1860	0.85	1.63	0.90		3.38	0.55	1.20	0.52	2.27
1861	0.84	1.62	0.90		3.36	0.54	1.18	0.51	2.23
1862	0.84	1.62	0.94		3.39	0.53	1.17	0.52	2.22
1863	0.86	1.68	0.98		3.52	0.55	1.21	0.54	2.30
1864	0.89	1.74	1.04		3.66	0.56	1.26	0.57	2.39
1865	0.88	1.75	1.07		3.69	0.55	1.27	0.58	2.40
1866	0.92	1.83	1.08		3.82	0.57	1.31	0.58	2.46
1867	0.91	1.81	1.06		3.78	0.57	1.29	0.56	2.42
1868	0.91	1.82	1.05		3.78	0.56	1.29	0.55	2.40
1869	0.93	1.87	1.05		3.84	0.58	1.33	0.54	2.45
1870	0.96	1.92	1.08		3.96	0.59	1.35	0.55	2.49
1871	0.98	1.97	1.15		4.10	0.61	1.38	0.58	2.57
1872	1.09	2.20	1.23		4.52	0.67	1.55	0.62	2.84
1873	1.19	2.46	1.29		4.94	0.74	1.76	0.64	3.14
1874	1.19	2.42	1.31		4.92	0.74	1.71	0.65	3.10
1875	1.14	2.26	1.30		4.70	0.70	1.56	0.64	2.90
1876	1.13	2.25	1.31		4.69	0.70	1.55	0.64	2.89
1877	1.14	2.26	1.29		4.68	0.71	1.56	0.63	2.90
1878	1.10	2.20	1.28		4.58	0.69	1.52	0.62	2.83
1879	1.08	2.16	1.25		4.49	0.67	1.48	0.60	2.75
1880	1.16	2.33	1.27		4.75	0.72	1.60	0.60	2.92
1881	1.14	2.27	1.27		4.68	0.71	1.55	0.60	2.86
1882	1.16	2.34	1.28		4.78	0.72	1.59	0.60	2.91
1883	1.15	2.32	1.28		4.74	0.71	1.58	0.60	2.89
1884	1.12	2.27	1.25		4.64	0.69	1.54	0.58	2.81
1885	1.12	2.27	1.22		4.61	0.69	1.53	0.55	2.77
1886	1.11	2.24	1.15		4.49	0.68	1.50	0.51	2.69
1887	1.10	2.24	1.14		4.48	0.68	1.49	0.49	2.66
1888	1.12	2.26	1.14		4.52	0.68	1.50	0.49	2.67
1889	1.17	2.39	1.18		4.73	0.71	1.59	0.50	2.80
1890	1.22	2.52	1.28		5.01	0.74	1.68	0.53	2.95
1891	1.20	2.47	1.25		4.93	0.73	1.64	0.52	2.89
1892	1.20	2.48	1.23		4.91	0.73	1.64	0.50	2.87
1893	1.20	2.47	1.18		4.85	0.72	1.62	0.48	2.82
1894	1.20	2.48	1.19		4.87	0.72	1.63	0.48	2.83
1895	1.20	2.48	1.20		4.88	0.72	1.63	0.48	2.83
1896	1.23	2.56	1.22		5.02	0.75	1.68	0.49	2.92
1897	1.29	2.67	1.28		5.24	0.79	1.74	0.51	3.04
1898	1.39	2.85	1.34		5.58	0.85	1.87	0.54	3.26
1899	1.49	3.07	1.50		6.06	0.92	2.01	0.62	3.55
1900	1.61	3.36	1.68		6.65	0.99	2.23	0.70	3.92
1901	1.61	3.28	1.65		6.54	1.00	2.13	0.70	3.83

TABLE 46 (cont.) (£ Thousand Million)

End of year	Gross capital stock					Net capital stock			
	Dwellings (1)	Other buildings and works (2)	Plant and machinery[a] (3)	Vehicles, ships and aircraft[a] (4)	Total (5)	Dwellings (6)	Other buildings and works (7)	Plant, vehicles, ships etc. (8)	Total (9)
1902	1.56	3.17	1.63		6.37	0.97	2.06	0.71	3.74
1903	1.55	3.22	1.65		6.41	0.97	2.11	0.72	3.80
1904	1.55	3.27	1.70		6.52	0.97	2.17	0.75	3.89
1905	1.56	3.25	1.74		6.56	0.98	2.13	0.78	3.89
1906	1.63	3.36	1.85		6.85	1.02	2.18	0.83	4.03
1907	1.71	3.52	1.95		7.18	1.08	2.27	0.87	4.22
1908	1.68	3.49	1.92		7.09	1.05	2.27	0.85	4.17
1909	1.68	3.49	1.95		7.12	1.05	2.25	0.84	4.14
1910	1.75	3.59	1.98		7.31	1.09	2.29	0.86	4.24
1911	1.83	3.70	2.08		7.60	1.14	2.32	0.86	4.32
1912	1.91	3.90	2.20		8.01	1.19	2.44	0.93	4.56
1913	1.98	4.18	2.33		8.50	1.22	2.66	0.98	4.86
1914	2.02	4.29	2.27		8.57	1.24	2.73	0.95	4.92
1919	5.02	10.49	5.74		21.24	2.87	6.26	2.37	11.50
1920[b]	5.95	12.76	7.15		25.86	3.39	7.64	2.95	13.98
	5.61	12.28	4.96	2.02	24.87	3.20	7.36	2.88	13.44
1921	4.69	10.43	3.38	1.93	20.43	2.67	6.17	2.22	11.06
1922	3.87	8.36	2.50	2.51	17.23	2.20	4.89	2.14	9.23
1923	3.69	7.91	2.53	1.78	15.91	2.10	4.58	1.83	8.51
1924	3.92	8.20	2.58	1.38	16.09	2.23	4.71	1.67	8.61
1925	4.05	8.29	2.55	1.38	16.26	2.31	4.72	1.67	8.70
1926	4.07	8.17	2.55	1.32	16.11	2.35	4.60	1.64	8.59
1927	4.14	8.14	2.58	1.16	16.02	2.42	4.54	1.60	8.56
1928	4.09	7.96	2.59	1.26	15.89	2.40	4.38	1.68	8.46
1929	4.23	8.03	2.72	1.29	16.28	2.50	4.39	1.77	8.66
1930	4.26	7.98	2.61	1.34	16.18	2.53	4.33	1.73	8.59
1931	4.21	7.83	2.50	1.34	15.87	2.51	4.22	1.68	8.41
1932	4.13	7.51	2.53	1.28	15.45	2.47	4.00	1.66	8.13
1933	4.20	7.42	2.59	1.21	15.42	2.53	3.92	1.63	8.08
1934	4.37	7.48	2.67	1.17	15.69	2.66	3.91	1.65	8.22
1935	4.61	7.69	2.81	1.26	16.37	2.84	3.97	1.75	8.56
1936	4.95	8.05	3.06	1.24	17.30	3.07	4.14	1.87	9.08
1937	5.35	8.59	3.58	1.31	18.82	3.34	4.39	2.13	9.86
1938[c]	5.60	8.96	3.61	1.35	19.52	3.51	4.56	2.16	10.23
1948[c]	15.46	21.23	9.63	2.93	49.25	9.20	10.35	5.42	24.97
1938[d]	5.30	7.64	3.80	1.27	18.01	..	..	..	..
1948[d]	14.76	18.71	10.25	2.89	46.61	9.1	8.3	6.4	23.8
1949	15.14	18.83	10.76	3.09	47.82	9.3	8.5	6.8	24.6
1950	15.76	19.16	11.46	3.36	49.74	9.7	8.7	7.4	25.8
1951	18.55	21.80	12.79	3.63	56.77	11.5	10.0	8.5	30.0
1952	20.76	23.43	14.73	4.19	63.11	12.9	10.9	9.8	33.6
1953	20.87	23.91	15.79	4.50	65.07	12.9	11.3	10.5	34.7
1954	21.19	24.28	16.40	4.66	66.53	13.2	11.5	11.0	35.7
1955	22.99	26.32	17.79	4.84	71.94	14.4	12.7	12.0	39.1
1956	24.68	27.86	19.44	5.18	77.16	15.6	13.9	13.7	43.2
1957	25.62	29.73	20.89	5.66	81.90	16.3	15.2	15.1	46.6
1958	26.33	31.25	22.14	6.08	85.80	16.5	16.0	15.9	48.4
1959	26.38	31.62	23.07	6.22	87.29	16.4	16.2	16.5	49.1

TABLE 46 (cont.) (£ Thousand Million)

End of year	Gross capital stock					Net capital stock			
	Dwellings (1)	Other buildings and works (2)	Plant and machinery[a] (3)	Vehicles, ships and aircraft[a] (4)	Total (5)	Dwellings (6)	Other buildings and works (7)	Plant, vehicles, ships etc. (8)	Total (9)
1960	27.21	32.46	24.22	6.53	90.42	17.3	17.4	17.9	52.6
1961	28.61	33.94	26.24	6.93	95.72	18.4	18.6	19.6	56.6
1962	30.44	36.64	27.89	7.11	102.08	19.7	20.5	20.5	60.7
1963	32.37	39.16	29.58	7.07	108.18	20.8	22.1	21.7	64.6
1964	33.76	41.51	31.93	7.34	114.54	22.0	23.9	23.8	69.7
1965	36.27	44.36	35.16	7.76	123.55	24.2	26.3	26.2	76.7

[a] Vehicles include railway rolling stock, trams, and motor vehicles. Horse-drawn vehicles, tractors etc. are included in plant and machinery etc.

[b] For 1855 to 1920 (first row) Southern Ireland is included; from 1920 (second row) onwards it is excluded.

[c] These estimates for 1938 and 1948 are comparable with the estimates for earlier years; see p. 199 for details of the discrepancy between these estimates and the 1938 and 1948 estimates marked d.

[d] These estimates for 1938 and 1948 are comparable with the estimates for 1949–65; see p. 199 for details of the discrepancy between these estimates and the 1938 and 1948 estimates marked c.

NOTE: Components may not add to total because of rounding.

TABLE 47 — NET DOMESTIC FIXED CAPITAL FORMATION AT CURRENT PRICES, BY TYPE OF ASSET, 1856–1965 (£M.)

	Dwellings (1)	Other new buildings and works (2)	Plants, vehicles, ships etc. (3)	Total (4)		Dwellings (1)	Other new buildings and works (2)	Plants, vehicles, ships etc. (3)	Total (4)
1856	−1	−1	−5	−7	1906	18	32	31	81
1857	−2	−1	−9	−12	1907	16	22	19	52[a]
1858	−1	0	−10	−11	1908	13	16	2	31
1859	−1	2	−9	−8	1909	13	9	13	35
1860	−1	1	−5	−5	1910	10	13	14	37
1861	−1	4	−3	0	1911	6	11	11	28
1862	1	6	−4	3	1912	3	15	9	27
1863	2	11	3	16	1913	0	19	25	44
1864	2	12	13	27	1914	−1	20	25	44
1865	1	16	13	30	1915	−13	−12	−4	−29
1866	2	14	4	20	1916	−22	−34	−20	−76
1867	3	9	−2	10	1917	−30	−44	−7	−81
1868	4	6	−1	9	1918	−38	−60	−5	−103
1869	6	3	−2	7	1919	−46	−21	−28	−95
1870	6	5	−1	10	1920[b]	5	9	21	35
1871	7	6	12	25	1921	58	−17	55	96
1872	9	9	11	29	1922	36	−23	46	59
1873	8	10	9	27	1923	27	−7	18	38
1874	10	19	13	42	1924	55	−4	32	83
1875	15	24	12	51	1925	79	8	42	129
1876	18	29	13	60	1926	103	−9	16	110
1877	16	27	13	56	1927	115	−11	35	139
1878	12	25	10	47	1928	76	−9	61	128
1879	7	22	0	29	1929	91	5	45	141
1880	8	16	9	33	1930	79	25	30	134
1881	8	14	9	31	1931	80	3	25	108
1882	7	13	11	31	1932	77	−18	−5	54
1883	7	16	14	37	1933	109	−20	−23	66
1884	7	17	6	30	1934	127	−9	17	135
1885	6	13	−1	18	1935	119	1	28	148
1886	5	8	−4	9	1936	120	13	57	190
1887	5	7	−4	8	1937	115	40	52	207
1888	5	5	4	14	1938	113	33	66	212
1889	6	6	10	22	1939	..	..	..	150
1890	5	10	7	22	1940	..	..	..	80
1891	5	16	7	28	1941	..	..	..	−20
1892	6	15	10	31	1942	..	..	..	−80
1893	8	17	4	29	1943	..	..	..	−260
1894	8	17	10	35	1944	..	..	..	−350
1895	9	18	7	34	1945	..	..	..	−290
1896	13	21	13	47	1946	..	..	..	235
1897	18	27	18	63	1947	..	..	..	329
1898	25	36	25	86	1948	176	88	310	574
1899	26	39	39	104	1949	166	158	360	684
1900	25	47	39	111	1950	161	212	374	747
1901	24	51	35	110	1951	176	219	393	788
1902	24	52	36	112	1952	270	249	347	866
1903	25	54	34	113	1953	405	275	390	1,070
1904	21	47	32	100	1954	417	325	470	1,212
1905	19	36	33	88	1955	392	414	562	1,368

TABLE 47 (cont.) (£M.)

	Dwellings (1)	Other new buildings and works (2)	Plants, vehicles, ships etc. (3)	Total (4)		Dwellings (1)	Other new buildings and works (2)	Plants, vehicles, ships etc. (3)	Total (4)
1956	368	526	625	1,519	1961	533	953	1,068	2,554
1957	341	585	764	1,690	1962	581	1,044	909	2,534
1958	303	630	768	1,701	1963	617	1,034	937	2,588
1959	377	684	831	1,892	1964	869	1,286	1,213	3,368
1960	460	779	948	2,187	1965	915	1,392	1,327	3,634

[a] The total differs from the sum of the components because it includes the change in work-in-progress, see p. 185.

[b] For 1855–1919 Southern Ireland is included; from 1920 onwards it is excluded.

TABLE 48 NET DOMESTIC FIXED CAPITAL FORMATION AT CONSTANT PRICES, BY TYPE OF ASSET, 1856–1965 (£M.)

	Vehicles, ships and aircraft[a] (1)	Plant and machinery (2)	Dwellings (3)	Other new buildings and works (4)	Total (5)		Vehicles, ships and aircraft[a] (1)	Plant and machinery (2)	Dwellings (3)	Other new buildings and works (4)	Total (5)
(i) 1856–1913 at 1900 prices						1902	38	26	59		123
						1903	38	27	61		126
1856	−4	−1	0		−5	1904	36	24	53		113
1857	−8	−2	0		−10	1905	38	21	43		102
1858	−8	−1	1		−8	1906	35	20	37		92
1859	−7	−1	3		−5	1907	20	18	25		58[b]
						1908	3	14	19		36
1860	−5	−1	3		−3	1909	14	14	11		39
1861	0	−1	6		5						
1862	−2	1	9		8	1910	14	11	15		40
1863	4	2	13		19	1911	12	7	13		32
1864	12	3	15		30	1912	9	3	15		27
1865	12	2	20		34	1913	24	0	19		43
1866	5	2	16		23						
1867	0	3	10		13	(ii) 1913–48 at 1938 prices					
1868	1	5	7		13	1913	35	0	38		73
1869	−1	6	6		11	1914	37	−3	42		76
						1915	−5	−19	−18		−42
1870	1	7	4		12	1916	−24	−26	−44		−94
1871	12	8	7		27	1917	4	−31	−50		−77
1872	9	9	10		28	1918	8	−33	−53		−78
1873	5	7	10		22	1919	−6	−31	−15		−52
1874	8	10	19		37						
1875	11	15	25		51	1920[c]	22	−2	3	7	30
1876	13	18	32		63	1921	7	27	42	−9	67
1877	15	17	28		60	1922	16	5	33	−17	37
1878	11	13	29		53	1923	7	12	26	−4	41
1879	2	9	25		36	1924	17	18	51	−2	84
						1925	15	27	73	12	127
1880	9	8	18		35	1926	−4	21	98	−5	110
1881	10	8	15		33	1927	10	36	110	−6	150
1882	11	7	16		34	1928	22	50	77	−7	142
1883	15	8	18		41	1929	15	39	91	9	154
1884	7	8	21		36						
1885	0	6	16		22	1930	−2	37	81	30	146
1886	−2	6	11		15	1931	−18	52	85	9	128
1887	−2	7	9		14	1932	−33	26	85	−13	65
1888	5	6	6		17	1933	−36	5	124	−19	74
1889	13	6	7		26	1934	−10	34	143	−4	163
						1935	−1	41	132	4	176
1890	10	6	11		27	1936	20	47	129	19	215
1891	10	6	19		35	1937	16	39	117	46	218
1892	13	8	19		40	1938	15	51	113	40	219
1893	5	10	22		37						
1894	11	11	21		43	1939	40		110		150
1895	10	12	22		44	1940	90		−20		70
1896	16	16	26		58	1941	40		−60		−20
1897	23	21	32		76	1942	20		−80		−60
1898	27	28	43		98	1943	−50		−110		−160
1899	41	28	43		112	1944	−70		−130		−200
						1945	−70		−100		−170
1900	39	25	47		111	1946	30		90		120
1901	38	24	56		118						

TABLE 48 (cont.)

(£M.)

	Vehicles, ships and aircraft[a] (1)	Plant and machinery (2)	Dwellings (3)	Other new buildings and works (4)	Total (5)		Vehicles, ships and aircraft[a] (1)	Plant and machinery (2)	Dwellings (3)	Other new buildings and works (4)	Total (5)
1947	90		105		195	1955	106	542	422	457	1,527
1948	80	45	70	35	230	1956	137	546	377	563	1,623
						1957	178	615	343	603	1,739
(iii) 1948–65 at 1958 prices						1958	178	590	303	630	1,701
1948	204	284	254	126	868	1959	222	613	385	691	1,911
1949	219	333	240	228	1,020	1960	272	670	465	789	2,196
1950	147	411	238	302	1,098	1961	205	825	522	953	2,505
1951	96	478	215	275	1,064	1962	99	759	548	1,001	2,407
1952	42	406	298	293	1,039	1963	103	786	561	953	2,403
1953	78	394	457	326	1,255	1964	185	942	780	1,162	3,069
1954	88	477	475	386	1,426	1965	153	1,016	790	1,219	3,178

[a] Including railway rolling stock, trams and motor vehicles.
[b] The total differs from the sum of the components because it includes the change in work-in-progress; see p. 185.
[c] For 1856–1919 Southern Ireland is included; from 1920 onwards it is excluded.

TABLE 49
BOOK VALUE OF STOCKS AND WORK
IN PROGRESS, SELECTED YEARS,
1856–1965 (£ Thousand Million)

End of year	
1856	(0.3)
1870	(0.4)
1900	(0.7)
1913	(0.9)
1920	3.0
1924	1.8
1930	1.6
1938	1.7
1948	5.3
1950	6.0
1955	8.0
1960	10.0
1965	12.9

SOURCE: 1856–1913: 40% of compromise estimate of G.D.P. (Table 4, column (5)).
1924–38: See Feinstein [**162**], Tables 2.80, 5.10 and 5.20.
1948–65: Book value at end-1967 from 1968 Blue Book [**75**, Table 68] less annual change in book value from Blue Books for 1957 to 1968.

TABLE 50
OVERSEAS ASSETS LESS LIABILITIES,
AT CURRENT PRICES, SELECTED
YEARS, 1856–1965 (£ Thousand Million)

End of year	
1856	0.26
1860	0.42
1870	0.79
1880	1.31
1890	2.06
1900	2.56
1913	4.18
1920	4.41
1930	5.45
1938	5.16
1948	—
1950	0.58
1955	0.52
1960	1.19
1965	0.92

SOURCE: Accumulated net investment abroad. See Imlah [**181**], pp. 70–2 and Table 15, column (16).

TABLE 51 INDEX OF INDUSTRIAL PRODUCTION, BY MAIN ORDERS, 1855–1965 (1913 = 100)

				Manufacturing							
	Total industrial production	Mining and quarrying	Total manufacturing industries	Chemicals and allied industries	Metal manufacture	Engineering and allied industries	Textiles, leather and clothing	Food, drink and tobacco	Other manufacturing industries	Building and contracting	Gas, electricity and water
1948 S.I.C.[a]	II–XVIII	II	III–XVI	IV	V	VI–IX	X–XII	XIII	III, XIV–XVI	XVII	XVIII
1958 S.I.C.[a]								III	XIII–XVI		
	(1)	(2)	(3)	(4)	(5)	(6)	(7)	(8)	(9)	(10)	(11)
1855	26.3	22.8	26.7	12.1	22.0	15.5	39.4	40.4	15.4	37.2	5.2
1856	28.1	24.7	28.9	13.4	24.6	16.6	42.9	43.8	15.9	38.5	5.5
1857	29.1	24.2	30.3	14.1	24.4	17.1	45.2	47.0	15.9	37.5	5.7
1858	28.5	24.0	28.9	13.4	24.1	16.0	40.7	47.8	17.4	44.3	6.0
1859	30.0	26.3	30.5	13.3	24.6	16.7	45.6	46.3	18.2	44.7	6.4
1860	31.7	29.1	31.9	14.7	25.9	17.2	48.0	47.7	19.6	47.2	7.0
1861	31.7	30.4	31.2	14.1	25.6	17.3	44.5	48.5	20.8	50.6	7.2
1862	32.4	30.0	29.4	14.0	27.9	18.6	32.2	53.8	23.3	59.7	7.6
1863	32.5	31.8	30.7	15.6	29.7	21.0	33.6	53.7	23.9	61.7	7.8
1864	35.0	34.2	32.7	15.9	30.7	23.4	36.4	53.7	26.7	71.0	8.7
1865	37.3	36.1	34.8	16.9	32.2	23.7	41.7	53.3	29.2	78.5	9.3
1866	38.7	37.1	35.8	16.1	31.0	21.9	45.7	54.7	31.1	84.5	10.1
1867	36.4	38.0	34.9	15.9	31.4	21.5	46.0	55.1	24.4	60.5	10.5
1868	36.4	37.6	36.4	17.4	32.8	22.5	49.0	59.1	21.3	47.1	10.7
1869	35.8	39.2	35.7	17.7	35.7	23.6	44.8	59.7	20.5	42.4	11.2
1870	40.2	40.4	39.5	19.8	38.4	25.4	53.0	58.9	25.4	61.4	11.8
1871	43.5	43.2	43.0	21.8	40.5	28.6	59.3	58.9	28.2	70.5	12.6
1872	44.8	45.0	44.0	22.3	41.1	31.4	58.0	61.6	29.8	72.7	12.9
1873	45.3	46.3	44.9	22.5	40.6	30.4	61.5	64.0	29.0	64.4	13.6
1874	46.4	45.4	45.9	20.8	38.3	30.3	62.6	67.9	31.2	72.6	14.1
1875	46.7	47.6	45.3	21.8	40.8	30.2	58.6	67.5	33.6	75.9	14.7
1876	47.5	48.4	45.5	23.5	42.2	29.8	60.0	65.1	34.6	81.2	15.4
1877	47.4	48.8	46.4	23.2	44.7	31.1	60.3	68.2	32.5	71.8	16.0
1878	47.3	48.2	45.4	21.3	43.5	30.2	57.3	69.0	34.1	80.4	16.8
1879	45.6	48.5	42.9	21.6	41.8	28.6	53.5	63.0	34.8	79.1	17.5
1880	50.3	53.1	49.8	26.7	52.2	35.1	65.0	66.8	36.0	76.6	19.7
1881	53.5	55.4	51.7	28.4	55.8	40.1	63.1	67.9	39.5	84.7	20.6
1882	55.7	56.3	55.0	30.8	60.2	45.2	66.8	69.8	39.9	81.3	21.5
1883	56.5	58.9	55.4	29.9	60.2	45.1	66.6	70.8	42.4	81.3	22.8
1884	54.4	57.8	52.6	27.5	56.7	37.6	66.1	69.5	42.5	80.5	23.9
1885	52.1	57.2	50.2	27.0	56.9	35.5	60.0	71.6	40.1	73.1	25.1
1886	51.0	56.4	49.8	28.3	54.5	35.1	62.7	67.1	38.3	65.1	26.2
1887	55.1	57.9	54.5	33.0	61.3	42.1	65.8	71.6	40.8	71.1	27.2
1888	58.3	60.7	58.2	36.6	68.0	48.3	68.9	72.2	43.0	73.2	28.2
1889	62.4	62.9	62.5	39.8	71.8	54.8	73.2	74.1	46.4	79.1	29.2
1890	63.3	64.6	63.0	39.2	69.2	53.0	74.4	77.0	49.5	82.6	30.7
1891	64.1	65.8	63.5	37.8	65.6	48.9	77.9	80.7	52.0	85.8	32.5
1892	61.0	64.4	59.5	36.0	61.7	45.3	69.0	79.8	52.3	84.7	33.6
1893	60.0	58.4	59.4	37.9	61.4	44.9	69.3	78.8	52.6	83.7	33.6
1894	63.5	66.5	61.4	43.1	60.6	45.0	73.6	80.2	54.2	84.7	34.9
1895	66.5	66.8	65.3	45.0	65.8	50.3	78.7	81.5	56.5	93.5	37.2
1896	71.4	68.5	70.8	51.5	74.8	60.0	78.8	84.5	64.9	104.0	38.9
1897	73.4	70.7	71.2	52.8	76.5	59.9	76.7	83.6	71.6	118.8	41.1
1898	77.0	70.7	75.2	53.6	76.3	63.2	82.5	88.2	76.1	128.2	43.1

TABLE 51 (cont.)

(1913 = 100)

	Total industrial production	Mining and quarrying	Manufacturing Total manufacturing industries	Chemicals and allied industries	Metal manufacture	Engineering and allied industries	Textiles, leather and clothing	Food, drink and tobacco	Other manufacturing industries	Building and contracting	Gas, electricity and water
1948 S.I.C.[a]	II–XVIII	II	III–XVI	IV	V	VI–IX	X–XII	XIII	III, XIV–XVI	XVII	XVIII
1958 S.I.C.[a]								III	XIII–XVI		
	(1)	(2)	(3)	(4)	(5)	(6)	(7)	(8)	(9)	(10)	(11)
1899	80.1	76.8	78.2	58.0	82.3	67.1	83.1	90.3	81.1	126.0	46.1
1900	80.1	78.5	77.4	58.8	80.4	67.0	80.9	89.3	81.7	125.4	48.1
1901	80.3	76.3	77.2	59.4	80.7	67.2	77.7	89.7	85.7	135.4	50.2
1902	81.7	79.2	77.4	61.0	77.4	66.0	77.5	91.8	88.3	145.0	52.3
1903	80.0	80.3	75.5	62.7	79.7	62.9	74.4	91.9	85.7	135.3	54.5
1904	81.0	81.0	76.0	65.6	77.8	65.6	71.4	92.1	89.6	138.6	57.2
1905	85.7	82.3	82.6	73.8	86.9	74.1	81.6	93.0	90.4	135.3	60.6
1906	89.3	87.5	86.4	80.8	93.8	81.5	84.3	93.2	90.7	130.0	64.4
1907	91.0	93.2	88.8	85.2	94.3	81.6	91.1	93.7	90.9	119.6	68.4
1908	83.7	91.1	81.2	75.5	82.2	66.0	88.8	92.5	83.8	97.8	71.2
1909	84.3	91.6	82.2	83.1	87.9	70.2	85.5	94.5	81.7	92.7	75.1
1910	85.5	92.0	83.1	92.6	93.3	69.3	83.7	95.7	85.9	92.8	79.8
1911	91.5	94.6	90.2	92.1	91.4	85.3	90.5	98.7	88.2	100.5	85.4
1912	93.9	90.6	93.9	94.9	89.2	86.3	100.0	99.4	92.1	101.4	92.5
1913	100.0	100.0	100.0	100.0	100.0	100.0	100.0	100.0	100.0	100.0	100.0
1914	93.7	92.9	93.2	96.2	93.5	..	88.9	98.3	..	90.6	107.1
1915	95.5	88.0	98.0	98.1	94.7	..	108.5	97.1	..	70.3	109.5
1916	90.4	88.2	91.8	101.9	91.9	..	95.9	95.3	..	..	..
1917	84.4	85.7	85.0	102.6	94.9	..	87.2	81.0	..	..	..
1918	81.5	79.3	82.5	103.7	96.7	..	75.9	77.3	..	..	..
1919	89.8	79.9	92.2	104.6	83.9	..	93.8	97.4	..	..	..
1920[b]	99.8	81.0	101.5	112.6	92.3	110.8	83.4	107.5	110.9	103.4	128.2
	97.9	80.9	99.7	112.0	92.0	110.1	82.6	100.8	109.0	101.1	126.3
1921	79.7	57.9	77.6	80.6	44.8	84.4	62.5	93.1	78.6	140.1	115.5
1922	92.2	86.2	90.3	95.4	64.6	86.4	83.0	93.0	93.2	116.0	118.5
1923	97.6	95.9	96.7	104.1	91.1	102.2	74.1	97.2	113.4	96.4	128.3
1924	108.4	94.0	106.5	110.5	98.4	115.4	83.4	99.7	121.3	152.9	139.5
1925	112.7	86.6	109.8	106.8	91.2	124.2	83.7	102.3	129.3	195.1	147.0
1926	106.6	48.1	106.3	98.4	63.2	120.6	81.7	102.9	130.9	226.9	152.8
1927	122.8	90.1	117.5	112.6	106.8	133.5	86.7	106.4	145.4	249.7	163.6
1928	119.5	85.7	117.2	118.1	99.7	134.5	83.6	109.5	142.0	201.1	172.5
1929	125.5	93.1	122.0	124.1	104.7	141.9	84.0	112.4	152.8	217.3	182.8
1930	120.1	88.5	116.8	117.8	94.4	134.1	77.2	113.4	149.9	200.7	186.2
1931	112.3	79.8	108.8	113.1	73.4	113.0	79.6	110.3	145.8	189.6	191.0
1932	111.9	75.7	109.4	120.6	75.2	107.4	83.9	110.1	147.4	178.8	195.9
1933	119.3	75.8	117.5	126.3	88.1	113.1	90.2	113.8	158.2	207.8	207.4
1934	131.2	81.4	128.2	136.3	108.3	135.7	92.5	120.6	170.2	234.4	222.9
1935	141.2	82.2	139.8	148.1	119.4	158.6	95.9	128.9	179.4	239.9	243.3
1936	153.9	85.0	152.8	154.3	134.0	182.6	103.2	134.6	192.3	262.7	268.6
1937	163.1	89.6	162.1	164.4	150.4	200.9	104.0	142.2	198.9	273.8	291.2
1938	158.7	85.2	157.4	155.9	125.0	201.6	96.7	146.2	193.2	262.5	301.8
1946	162.6	66.3	164.7	234.1	154.8	241.5	71.4	161.4	173.9	201.6	404.4
1947	171.3	68.2	174.2	237.9	164.8	256.0	76.7	164.3	189.3	210.2	419.2
1948	186.0	72.3	190.0	257.6	184.0	278.0	86.3	168.3	210.5	229.1	445.7
1949	196.8	74.7	202.1	266.3	184.9	297.9	93.1	174.8	230.1	239.6	476.5

REAL PRODUCT TABLES

TABLE 51 (cont.)   (1913 = 100)

	Total industrial production	Mining and quarrying	Manufacturing							Building and contracting	Gas, electricity and water
			Total manufacturing industries	Chemicals and allied industries	Metal manufacture	Engineering and allied industries	Textiles, leather and clothing	Food, drink and tobacco	Other manufacturing industries		
1948 S.I.C.[a]	II–XVIII	II	III–XVI	IV	V	VI–IX	X–XII	XIII	III, XIV–XVI	XVII	XVIII
1958 S.I.C.[a]								III	XIII–XVI		
	(1)	(2)	(3)	(4)	(5)	(6)	(7)	(8)	(9)	(10)	(11)
1950	208.0	75.5	216.0	302.1	194.3	317.7	99.6	173.4	255.5	239.9	519.7
1951	214.8	78.0	225.2	317.3	206.1	337.6	97.8	179.3	270.7	230.8	552.1
1952	210.0	79.1	217.1	301.6	211.9	339.7	84.3	182.4	241.2	237.7	569.1
1953	222.0	78.7	230.5	337.8	207.0	351.1	97.3	189.6	263.6	254.3	597.6
1954	235.6	79.7	246.0	379.2	221.1	376.0	98.8	192.5	294.9	264.3	646.2
1955	247.6	78.8	261.7	402.3	239.7	413.2	98.2	197.6	312.6	264.9	680.9
1956	248.6	79.0	260.4	419.3	243.2	406.0	97.8	203.1	304.3	279.6	712.5
1957	253.1	78.5	266.2	435.9	246.2	419.5	97.7	205.8	309.5	278.7	737.9
1958	250.3	75.1	262.8	435.9	223.6	422.5	90.2	210.6	310.5	277.4	771.1
1959	263.1	73.1	278.6	482.5	233.6	442.8	96.9	218.2	334.7	292.9	791.2
1960	281.6	70.5	301.2	534.4	271.0	475.7	101.9	224.8	367.6	309.3	852.1
1961	285.1	69.5	301.7	543.5	254.9	479.5	100.5	232.1	370.4	331.4	891.4
1962	288.1	71.4	303.0	564.0	241.0	485.0	97.9	236.4	374.1	334.8	962.3
1963	297.9	71.3	315.4	605.0	252.2	502.8	101.4	242.2	389.3	335.6	1,025.6
1964	320.9	71.5	340.3	660.8	285.9	539.9	107.0	249.2	430.6	375.3	1,059.5
1965	330.2	68.9	351.6	690.9	298.7	560.2	109.1	254.9	440.2	383.0	1,120.4

[a] The classification follows the 1948 S.I.C. for 1913–48 and the 1958 S.I.C. for 1948–65. Even where the headings and order numbers are the same there are minor differences between the two classifications. For 1855–1913 the classification is broadly comparable with later years.

[b] For 1855 to 1920 (first row) Southern Ireland is included; from 1920 (second row) onwards it is excluded.

TABLE 52 INDEX OF INDUSTRIAL PRODUCTION,
SELECTED MANUFACTURING INDUSTRIES, 1855-1948 (1913 = 100)

	Ferrous metal (1)	Ship-building (2)	Mechanical engineering[a] (3)	Electrical engineering[a] (4)	Vehicles[b] (5)	Textiles (6)	Clothing[c] (7)	Food[d] (8)	Drink[d] (9)	Paper and printing (10)
1855	16.4	16.3	15.7			38.5	37.6	38.6	44.5	6.5
1856	18.3	12.2	18.1			42.4	40.6	40.7	49.9	7.0
1857	18.6	12.3	19.0			43.3	39.1	44.0	53.5	7.3
1858	17.7	10.8	17.9			40.3	36.9	45.0	54.0	7.5
1859	18.9	9.5	19.1			45.8	39.2	39.9	56.8	8.4
1860	19.6	10.2	19.6			48.3	43.3	40.6	59.4	8.7
1861	19.0	9.9	19.4			44.6	39.9	44.7	55.9	8.7
1862	20.1	12.4	20.4			31.3	21.8	52.4	59.0	8.9
1863	23.1	17.6	23.1			32.5	23.7	52.4	58.3	9.3
1864	24.4	22.5	24.6			34.9	26.3	49.0	62.9	9.9
1865	24.8	22.8	24.6			41.0	31.6	45.9	65.7	10.1
1866	23.5	19.1	22.9			44.3	35.6	43.5	72.3	10.9
1867	24.7	15.2	24.0			46.1	37.4	44.5	72.0	10.3
1868	25.9	17.3	25.0			49.2	37.5	53.7	69.5	10.8
1869	28.5	19.4	25.9			45.5	34.4	53.0	71.9	10.6
1870	31.1	22.7	27.5			53.5	40.6	51.4	72.2	11.4
1871	34.9	24.4	31.6			60.5	46.4	51.0	75.0	12.5
1872	36.1	30.2	32.8			57.5	45.4	54.2	74.8	12.6
1873	35.9	28.1	33.1			61.8	49.0	53.1	82.0	13.6
1874	33.4	35.6	30.8			62.9	51.7	58.2	84.9	14.1
1875	35.7	25.4	32.7			57.9	48.7	56.7	85.6	15.3
1876	37.3	19.3	33.9			59.7	51.7	52.8	84.6	16.3
1877	38.0	25.1	33.2			60.3	51.1	56.8	86.9	17.4
1878	37.4	28.3	31.7			56.6	49.6	61.0	83.5	18.3
1879	35.6	26.4	29.7			55.2	46.5	56.4	74.5	19.3
1880	46.1	31.3	37.6			66.1	55.5	59.6	79.7	21.8
1881	50.7	39.9	42.8			64.7	55.3	61.9	79.4	23.7
1882	54.8	50.8	46.3			68.0	55.8	65.5	79.3	26.4
1883	54.0	58.7	43.9			68.9	55.5	67.7	78.6	28.6
1884	49.2	36.9	38.8			67.3	54.0	63.6	80.8	29.3
1885	48.0	25.2	38.0			60.5	47.0	68.5	79.3	29.3
1886	48.2	19.6	40.0			64.8	50.7	60.3	79.0	31.3
1887	55.5	24.7	49.3			67.6	54.2	67.3	80.9	33.0
1888	59.4	38.8	53.6			71.4	56.3	67.9	81.2	35.9
1889	62.7	58.2	56.7			74.1	60.0	67.5	86.5	37.9
1890	60.9	55.0	55.0			75.4	65.7	69.6	90.5	41.0
1891	56.2	52.7	50.0			77.5	72.1	75.2	91.7	42.9
1892	51.3	50.6	46.1			69.1	61.8	73.8	91.1	44.0
1893	52.8	39.7	47.3			67.9	65.8	71.9	91.2	43.7
1894	54.3	47.0	45.8			71.5	73.8	74.1	91.3	46.9
1895	58.3	46.6	53.4			78.5	75.1	75.2	93.1	48.4
1896	68.5	53.3	63.9			76.2	80.3	76.8	98.0	53.6
1897	71.5	46.1	66.1			74.0	79.8	73.1	100.4	57.5
1898	71.3	64.8	66.0			81.4	87.7	79.3	102.9	60.6
1899	77.2	71.0	70.8			79.4	87.8	80.9	105.5	64.1
1900	75.3	71.1	69.5			75.2	85.7	80.1	103.3	65.9
1901	75.6	73.9	69.1			74.2	76.1	82.3	101.7	67.6
1902	74.0	71.1	67.4			75.5	76.4	86.9	100.3	71.0

REAL PRODUCT TABLES

TABLE 52 (cont.) (1913 = 100)

	Ferrous metal (1)	Ship-building (2)	Mechanical engineering[a] (3)	Electrical engineering[a] (4)	Vehicles[b] (5)	Textiles (6)	Clothing[c] (7)	Food[d] (8)	Drink[d] (9)	Paper and printing (10)
1903	75.6	57.3	67.4			73.4	76.2	87.3	99.7	73.0
1904	74.5	67.7	67.3			69.8	70.0	89.1	97.4	75.3
1905	84.1	81.3	77.0			81.6	84.4	92.3	95.0	77.6
1906	91.0	89.9	84.9			83.8	85.8	91.2	96.7	81.6
1907	91.5	81.2	85.7		27.0	91.8	94.7	92.0	96.1	84.4
1908	78.0	46.8	72.0		24.0	88.0	90.6	91.2	94.1	83.6
1909	84.9	49.6	78.2		25.0	84.4	86.3	97.2	91.6	83.2
1910	90.0	55.6	72.8		32.0	82.1	80.0	98.2	92.8	88.3
1911	88.5	88.9	84.9		43.0	90.1	90.1	100.2	96.9	90.3
1912	86.8	88.4	86.8		50.0	98.2	100.5	102.1	96.3	96.3
1913	100.0	100.0	100.0		100.0	100.0	100.0	100.0	100.0	100.0
1920	92.0	99.0	92.6	145.5	163.3	88.6	68.8	113.9	92.2	120.5
1920[e]	91.7	99.0	92.0	145.5	161.2	88.4	66.5	108.1	84.5	118.6
1921	42.9	79.9	60.5	124.5	142.9	58.7	71.2	103.7	74.6	70.3
1922	63.4	56.4	73.6	97.8	163.0	84.3	78.6	112.8	66.4	110.9
1923	89.9	47.0	92.2	128.5	195.8	71.1	78.0	117.9	70.4	124.7
1924	94.5	63.9	96.5	154.8	227.9	82.0	82.8	121.1	72.1	131.9
1925	84.4	44.8	110.0	175.2	245.3	81.5	85.5	125.3	72.6	134.8
1926	53.8	33.7	96.2	160.4	257.8	78.4	86.6	128.6	70.0	139.5
1927	100.8	67.5	107.1	174.5	285.1	82.8	92.6	133.6	71.6	145.9
1928	90.7	59.6	112.8	181.9	282.0	77.9	93.5	139.2	71.2	145.7
1929	98.6	70.2	116.7	186.1	304.1	78.7	94.5	142.7	72.0	153.9
1930	87.9	61.2	103.5	188.2	291.4	68.8	94.1	145.9	71.0	154.9
1931	66.6	23.1	84.5	181.0	249.1	72.5	93.3	149.3	64.3	154.1
1932	70.6	7.2	74.6	195.2	242.5	78.5	93.4	158.8	57.0	161.2
1933	82.2	8.9	76.2	196.6	270.8	85.3	98.7	161.3	60.9	165.4
1934	100.5	30.8	89.5	241.3	318.7	88.0	100.0	169.6	65.9	170.8
1935	110.0	37.8	106.6	280.2	379.8	91.5	102.5	182.9	69.7	174.8
1936	123.7	58.1	115.6	314.1	454.5	99.8	106.5	190.3	73.0	184.0
1937	138.8	75.3	123.6	339.0	504.3	100.5	108.5	198.2	78.8	188.5
1938	111.8	61.6	125.6	333.6	512.2	91.3	107.2	203.8	81.2	186.9
1948	158.0	67.8	198.1	545.5	637.8	88.7	78.9	234.5	91.4	194.7

NOTE: For 1913–48 the classification by industry is based on the 1948 S.I.C. For 1855–1913 the classification conforms broadly to this basis but with certain exceptions some of which are indicated in notes a to d below.

[a] For 1855–1913 this is essentially an index of iron and steel output for use by fabricators in products other than shipbuilding and rails. It thus covers such items as locomotives (S.I.C. Order VII) and certain other metal goods from S.I.C. Order VIII.

[b] For 1907–13 covers only output of motor vehicles.

[c] For 1855–1913 manufacture of boots and shoes is included with leather (S.I.C. Order XI) and not with clothing.

[d] For 1855–1913 output of table waters is included with food, not with drink.

[e] For 1855 to 1920 (first row) Southern Ireland is included; from 1920 (second row) onwards it is excluded.

TABLE 53 INDEX NUMBERS OF OUTPUT AT CONSTANT FACTOR COST, DISTRIBUTION AND OTHER SERVICES, 1855–1965 (1913 = 100)

	Distributive trades (1)	Insurance, banking and finance (2)	Ownership of dwellings (3)	Professional and scientific services (4)	Miscellaneous services (5)	Public administration and defence (6)
1855	26.6	2.2	54.1	20.6	39.8	36.1
1856	28.6	2.2	54.7	21.4	39.8	39.2
1857	29.1	2.2	55.2	22.2	40.8	40.2
1858	28.6	2.2	55.2	23.0	41.8	39.2
1859	30.0	2.2	55.8	23.8	42.3	40.2
1860	32.0	2.2	56.4	24.6	42.9	40.2
1861	32.3	2.2	57.0	25.4	43.4	40.2
1862	32.6	4.4	57.6	26.2	43.9	40.2
1863	32.9	4.4	58.1	27.0	44.9	40.2
1864	33.7	4.4	58.7	27.0	45.9	39.2
1865	35.1	4.4	59.3	27.8	46.9	40.2
1866	36.6	6.7	59.9	28.6	47.4	40.2
1867	36.0	6.7	60.5	29.4	48.0	40.2
1868	38.0	6.7	61.6	29.4	49.5	40.2
1869	38.0	8.9	62.2	30.2	50.5	39.2
1870	40.3	8.9	62.8	31.0	51.5	40.2
1871	43.7	11.1	63.4	31.7	52.6	40.2
1872	43.7	11.1	64.0	32.5	53.1	41.2
1873	45.1	11.1	64.5	34.1	54.1	41.2
1874	46.6	13.3	65.7	34.9	55.1	42.3
1875	47.4	13.3	66.3	36.5	56.6	43.3
1876	47.7	13.3	66.9	38.1	57.7	43.3
1877	47.7	15.6	67.4	38.9	58.7	44.3
1878	48.0	15.6	68.6	40.5	59.7	44.3
1879	46.3	17.8	69.2	42.1	61.2	44.3
1880	51.7	17.8	69.8	43.7	62.2	45.4
1881	52.6	20.0	70.9	45.2	63.8	46.4
1882	54.3	20.0	71.5	46.8	64.3	48.5
1883	56.6	22.2	72.1	47.6	65.8	48.5
1884	54.9	22.2	72.7	49.2	67.3	49.5
1885	54.0	24.4	73.3	50.0	68.4	51.5
1886	54.0	24.4	73.8	51.6	69.4	52.6
1887	56.6	26.7	74.4	53.2	70.9	53.6
1888	59.4	28.9	75.6	54.8	71.9	54.6
1889	63.4	28.9	76.2	55.6	73.5	55.7
1890	63.7	31.1	76.7	57.1	75.0	56.7
1891	65.1	31.1	77.3	58.7	76.0	58.8
1892	63.7	33.3	78.5	60.3	77.0	59.8
1893	62.0	35.6	79.1	61.9	77.0	60.8
1894	66.3	37.8	80.2	63.5	77.6	62.9
1895	68.9	40.0	81.4	65.1	78.6	63.9
1896	72.3	42.2	82.0	66.7	78.6	64.9
1897	73.4	44.4	83.1	68.3	79.6	67.0
1898	76.3	46.7	84.3	69.8	80.6	69.1
1899	78.0	48.9	85.5	71.4	80.6	70.1
1900	77.7	51.1	86.0	73.0	81.6	78.4
1901	78.9	53.3	87.2	75.4	82.1	86.6
1902	80.3	55.6	88.4	77.0	83.2	88.7
1903	79.4	60.0	89.0	78.6	85.2	82.5
1904	80.6	62.2	90.1	81.0	86.2	78.4

TABLE 53 (cont.) (1913 = 100)

	Distributive trades (1)	Insurance, banking and finance (2)	Ownership of dwellings (3)	Professional and scientific services (4)	Miscellaneous services (5)	Public administration and defence (6)
1905	83.7	66.7	91.3	82.5	87.2	81.4
1906	86.3	68.9	91.9	84.1	89.3	82.5
1907	88.9	73.3	93.0	86.5	90.3	85.6
1908	84.9	77.8	94.2	88.9	91.8	88.7
1909	86.6	82.2	95.3	90.5	93.4	89.7
1910	88.0	86.7	96.5	92.9	94.9	92.8
1911	91.7	91.1	97.7	95.2	96.4	95.9
1912	96.0	95.6	98.8	97.6	98.5	97.9
1913	100.0	100.0	100.0	100.0	100.0	100.0
	96.6	94.1	105.1	110.3	66.6	160.3
1920[a]	92.7	92.0	100.3	106.1	64.1	155.3
1921	81.3	79.8	100.5	107.7	60.3	126.7
1922	89.9	83.5	101.1	107.9	58.6	111.8
1923	91.3	87.1	102.2	107.3	58.5	106.1
1924	93.7	91.3	102.9	108.5	60.3	105.1
1925	96.1	94.2	103.9	110.3	61.3	105.8
1926	93.2	97.7	106.0	112.9	61.6	105.1
1927	99.4	104.9	108.5	114.2	63.2	105.3
1928	99.6	110.4	110.7	115.9	64.2	104.6
1929	101.7	102.9	112.4	116.8	65.2	106.2
1930	100.8	102.1	114.8	118.2	66.2	107.9
1931	102.1	92.2	116.3	119.8	66.4	109.8
1932	101.8	95.1	117.9	122.0	66.2	109.7
1933	105.2	99.6	119.4	123.8	67.6	109.8
1934	109.4	103.2	121.8	125.5	69.1	110.9
1935	113.0	106.9	125.1	127.0	70.7	114.1
1936	117.4	111.2	128.3	128.3	72.5	117.8
1937	119.4	112.6	131.7	129.0	74.0	124.3
1938	116.5	108.4	134.5	130.2	74.6	133.9
1946	95	106	143	133	63	321
1947	103	112	144	138	64	235
1948	107	113	145	145	65	205
1949	114	115	147	151	62	199
1950	119	121	147	159	61	193
1951	117	122	147	163	61	203
1952	114	122	147	167	60	208
1953	121	127	149	171	61	210
1954	128	134	152	177	62	207
1955	133	139	155	181	63	201
1956	135	139	159	189	63	199
1957	138	145	162	195	64	195
1958	140	151	165	201	65	188
1959	149	166	168	207	68	184
1960	154	175	172	211	71	182
1961	159	181	175	221	73	182
1962	159	184	178	229	75	182
1963	164	193	182	233	77	186
1964	170	206	185	239	82	188
1965	174	211	190	249	83	190

[a] For 1855 to 1920 (first row) Southern Ireland is included; from 1920 (second row) onwards it is excluded.

TABLE 54 INDEX NUMBERS OF OUTPUT AT CONSTANT FACTOR COST, GREAT BRITAIN, 1855–1920

(1913 = 100)

	Agriculture, forestry and fishing (1)	Industrial production (2)	Transport and communication (3)	Distribution and other services (4)	Gross domestic product (5)
1855	98.0	23.2	19.5	30.1	30.0
1856	98.0	25.1	20.9	31.2	31.4
1857	99.0	25.8	21.4	32.0	32.1
1858	99.0	25.6	20.9	32.1	32.0
1859	100.0	27.0	22.7	32.9	33.2
1860	100.0	28.8	23.6	34.0	34.4
1861	100.0	29.0	24.1	34.4	34.8
1862	101.0	28.5	24.1	35.0	34.9
1863	101.0	30.0	25.0	35.4	35.8
1864	102.0	32.3	25.0	36.1	37.0
1865	102.0	34.7	26.8	37.0	38.6
1866	102.0	36.2	28.2	38.0	39.7
1867	102.9	33.9	27.7	38.3	39.0
1868	111.8	33.7	29.1	39.4	40.0
1869	106.9	33.3	29.1	39.8	39.8
1870	107.8	37.4	30.9	41.0	42.2
1871	105.9	41.0	33.2	42.6	44.4
1872	101.0	42.2	33.2	43.1	44.9
1873	102.9	42.5	34.1	44.1	45.6
1874	111.8	43.7	35.5	45.4	47.4
1875	111.8	44.2	36.4	46.4	48.1
1876	102.9	45.2	36.8	47.1	48.5
1877	96.1	45.0	37.7	47.6	48.3
1878	104.9	45.1	38.2	48.4	49.3
1879	83.3	43.6	38.2	48.5	47.6
1880	102.0	49.0	41.4	51.1	52.2
1881	101.0	51.5	42.7	52.4	53.8
1882	96.1	53.8	44.5	53.7	55.3
1883	102.0	54.8	46.4	55.1	56.7
1884	105.9	52.8	45.9	55.4	56.2
1885	102.0	50.3	45.9	55.8	55.2
1886	106.9	49.5	46.4	56.6	55.6
1887	99.0	53.5	49.1	58.3	57.8
1888	100.0	56.7	50.9	60.3	60.1
1889	103.9	60.7	53.6	62.3	63.1
1890	105.9	61.7	54.5	63.3	64.1
1891	106.9	62.7	56.4	64.5	66.2
1892	103.9	59.7	55.9	64.9	64.0
1893	98.0	58.7	55.5	64.9	63.3
1894	102.0	61.4	58.6	67.3	66.0
1895	99.0	64.9	61.4	69.1	68.3
1896	101.0	70.1	64.5	70.9	71.6
1897	99.0	72.2	65.9	72.2	73.1
1898	101.0	75.8	68.6	74.2	75.7
1899	98.0	79.0	70.0	75.6	77.6
1900	96.1	79.0	70.9	77.0	78.3
1901	96.1	79.5	72.3	78.9	79.4
1902	100.0	81.0	74.1	80.4	81.0
1903	91.2	79.0	75.0	80.5	80.0
1904	96.1	80.2	76.8	81.3	81.2

TABLE 54 (cont.)

	Agriculture, forestry and fishing (1)	Industrial production (2)	Transport and communication (3)	Distribution and other services (4)	Gross domestic product (5)
1905	98.0	84.9	79.5	83.7	84.6
1906	98.0	88.4	82.3	85.7	87.1
1907	100.0	90.3	85.5	87.7	89.2
1908	102.9	83.2	83.6	87.8	86.3
1909	105.9	83.9	85.9	89.6	87.8
1910	105.9	84.9	88.6	91.5	89.4
1911	102.0	91.3	92.3	94.4	93.4
1912	101.0	93.6	96.4	97.2	95.9
1913	100.0	100.0	100.0	100.0	100.0
1920	92.7	99.5	98.0	97.4	97.6

TABLE 55 MID-YEAR HOME POPULATION OF GREAT BRITAIN AND IRELAND, 1855–1965[a]

(Thousands)

	United Kingdom			Great Britain			Ireland		
	Persons (1)	Males (2)	Females (3)	Persons (4)	Males (5)	Females (6)	Persons (7)	Males (8)	Females (9)
1855	27,822	13,575	14,247	21,807	10,629	11,178	6,015	2,946	3,069
1856	28,011	13,661	14,350	22,038	10,735	11,303	5,973	2,926	3,047
1857	28,187	13,739	14,449	22,268	10,841	11,427	5,919	2,898	3,022
1858	28,390	13,829	14,561	22,499	10,947	11,552	5,891	2,882	3,009
1859	28,591	13,916	14,675	22,729	11,050	11,679	5,862	2,866	2,996
1860	28,778	13,997	14,781	22,957	11,152	11,805	5,821	2,845	2,976
1861	28,976	14,086	14,891	23,188	11,254	11,934	5,788	2,832	2,957
1862	29,245	14,218	15,026	23,469	11,391	12,078	5,776	2,827	2,948
1863	29,471	14,330	15,142	23,753	11,530	12,223	5,718	2,800	2,919
1864	29,681	14,432	15,249	24,040	11,670	12,370	5,641	2,762	2,879
1865	29,925	14,553	15,372	24,330	11,812	12,518	5,595	2,741	2,854
1866	30,148	14,656	15,492	24,625	11,955	12,670	5,523	2,701	2,822
1867	30,409	14,782	15,626	24,922	12,101	12,821	5,487	2,681	2,805
1868	30,690	14,917	15,773	25,224	12,248	12,976	5,466	2,669	2,797
1869	30,978	15,057	15,921	25,529	12,397	13,132	5,449	2,660	2,789
1870	31,257	15,189	16,068	25,838	12,547	13,291	5,419	2,642	2,777
1871	31,556	15,332	16,224	26,158	12,701	13,457	5,398	2,631	2,767
1872	31,874	15,485	16,389	26,501	12,869	13,632	5,373	2,616	2,757
1873	32,177	15,629	16,548	26,849	13,039	13,810	5,328	2,590	2,738
1874	32,501	15,789	16,712	27,202	13,213	13,989	5,299	2,576	2,723
1875	32,839	15,957	16,881	27,560	13,388	14,172	5,279	2,569	2,709
1876	33,200	16,137	17,062	27,922	13,565	14,357	5,278	2,572	2,705
1877	33,576	16,325	17,251	28,290	13,746	14,544	5,286	2,579	2,707
1878	33,932	16,508	17,424	28,661	13,928	14,733	5,271	2,580	2,691
1879	34,304	16,688	17,616	29,038	14,113	14,925	5,266	2,575	2,691
1880	34,623	16,844	17,778	29,420	14,301	15,119	5,203	2,543	2,659
1881	34,935	16,995	17,940	29,789	14,476	15,313	5,146	2,519	2,627
1882	35,206	17,122	18,084	30,105	14,625	15,480	5,101	2,497	2,604
1883	35,450	17,238	18,212	30,426	14,776	15,650	5,024	2,462	2,562
1884	35,724	17,367	18,357	30,749	14,927	15,822	4,975	2,440	2,535
1885	36,015	17,505	18,509	31,076	15,081	15,995	4,939	2,424	2,514
1886	36,313	17,646	18,667	31,407	15,236	16,171	4,906	2,410	2,496
1887	36,598	17,780	18,818	31,741	15,393	16,348	4,857	2,387	2,470
1888	36,881	17,912	18,970	32,080	15,551	16,529	4,801	2,361	2,441
1889	37,178	18,053	19,126	32,421	15,712	16,709	4,757	2,341	2,417
1890	37,485	18,197	19,288	32,767	15,874	16,893	4,718	2,323	2,395
1891	37,802	18,347	19,455	33,122	16,041	17,081	4,680	2,306	2,374
1892	38,134	18,504	19,629	33,500	16,222	17,278	4,634	2,282	2,351
1893	38,490	18,674	19,816	33,883	16,406	17,477	4,607	2,268	2,339
1894	38,859	18,852	20,007	34,270	16,592	17,678	4,589	2,260	2,329
1895	39,221	19,027	20,194	34,661	16,780	17,881	4,560	2,247	2,313
1896	39,599	19,209	20,390	35,057	16,970	18,087	4,542	2,239	2,303
1897	39,987	19,396	20,591	35,457	17,162	18,295	4,530	2,234	2,296
1898	40,381	19,587	20,795	35,863	17,357	18,506	4,518	2,230	2,289
1899	40,773	19,774	20,999	36,271	17,552	18,719	4,502	2,222	2,280
1900	41,155	19,957	21,198	36,686	17,752	18,934	4,469	2,205	2,264
1901	41,538	20,142	21,396	37,091	17,946	19,145	4,447	2,196	2,251
1902	41,893	20,318	21,575	37,458	18,124	19,334	4,435	2,194	2,241
1903	42,246	20,491	21,754	37,828	18,302	19,526	4,418	2,189	2,228
1904	42,611	20,672	21,939	38,203	18,484	19,719	4,408	2,188	2,220

TABLE 55 (cont.) (Thousands)

	United Kingdom			Great Britain			Ireland		
	Persons (1)	Males (2)	Females (3)	Persons (4)	Males (5)	Females (6)	Persons (7)	Males (8)	Females (9)
1905	42,981	20,854	22,128	38,582	18,667	19,915	4,399	2,187	2,213
1906	43,361	21,039	22,322	38,963	18,852	20,111	4,398	2,187	2,211
1907	43,737	21,221	22,516	39,349	19,038	20,311	4,388	2,183	2,205
1908	44,124	21,410	22,714	39,739	19,226	20,513	4,385	2,184	2,201
1909	44,520	21,605	22,915	40,133	19,417	20,716	4,387	2,188	2,199
1910	44,916	21,798	23,118	40,531	19,610	20,921	4,385	2,188	2,197
1911	45,268	21,962	23,306	40,887	19,775	21,112	4,381	2,187	2,194
1912	45,436	22,052	23,384	41,068	19,870	21,198	4,368	2,182	2,186
1913	45,649	22,150	23,499	41,303	19,980	21,323	4,346	2,170	2,176
1914	46,049	22,353	23,696	41,715	20,187	21,528	4,334	2,166	2,168
1915	46,340	22,440	23,900	42,062	20,329	21,733	4,278	2,111	2,167
1916	46,514	22,457	24,057	42,241	20,349	21,892	4,273	2,108	2,165
1917	46,614	22,432	24,182	42,341	20,319	22,022	4,273	2,113	2,160
1918	46,575	22,322	24,253	42,295	20,203	22,092	4,280	2,119	2,161
1919	46,534	22,323	24,211	42,182	20,120	22,062	4,352	2,203	2,149
1920[b]	46,821	22,479	24,342	42,460	20,269	22,191	4,361	2,210	2,151
	43,718	20,881	22,837				1,258	612	646
1921	44,072	21,056	23,016	42,814	20,446	22,368	1,258	610	648
1922	44,372	21,226	23,146	43,103	20,607	22,496	1,269	619	650
1923	44,596	21,328	23,268	43,337	20,719	22,618	1,259	609	650
1924	44,915	21,508	23,407	43,657	20,900	22,757	1,258	608	650
1925	45,059	21,567	23,492	43,802	20,959	22,843	1,257	608	649
1926	45,232	21,662	23,570	43,978	21,055	22,923	1,254	607	647
1927	45,389	21,733	23,656	44,139	21,129	23,010	1,250	604	646
1928	45,578	21,824	23,754	44,331	21,222	23,109	1,247	602	645
1929	45,672	21,876	23,796	44,432	21,277	23,155	1,240	599	641
1930	45,866	21,986	23,880	44,629	21,388	23,241	1,237	598	639
1931	46,074	22,087	23,987	44,831	21,486	23,345	1,243	601	642
1932	46,335	22,234	24,101	45,084	21,628	23,456	1,251	606	645
1933	46,520	22,331	24,189	45,262	21,721	23,541	1,258	610	648
1934	46,666	22,401	24,265	45,401	21,787	23,614	1,265	614	651
1935	46,868	22,503	24,365	45,597	21,885	23,712	1,271	618	653
1936	47,081	22,604	24,477	45,805	21,983	23,822	1,276	621	655
1937	47,289	22,726	24,563	46,008	22,102	23,906	1,281	624	657
1938	47,494	22,822	24,672	46,208	22,197	24,011	1,286	625	661
1939	47,761	22,962	24,799	46,466	22,332	24,134	1,295	630	665
	47,991	23,191	24,799	46,694	22,560	24,134	1,297	632	665
1940	48,226	23,304	24,922	46,927	22,670	24,257	1,299	634	665
1941	48,216	23,266	24,950	46,908	22,633	24,275	1,308	633	675
1942	48,400	23,336	25,064	47,071	22,688	24,383	1,329	648	681
1943	48,789	23,574	25,215	47,448	22,918	24,530	1,341	656	685
1944	49,016	23,672	25,344	47,659	23,007	24,652	1,357	665	692
1945	49,182	23,723	25,459	47,823	23,057	24,766	1,359	666	693
1946	49,217	23,782	25,435	47,867	23,120	24,747	1,350	662	688
1947	49,519	23,959	25,560	48,169	23,298	24,871	1,350	661	689
1948	50,014	24,254	25,760	48,652	23,587	25,065	1,362	667	695
1949	50,312	24,412	25,900	48,941	23,740	25,201	1,371	672	699
1950	50,565	24,537	26,028	49,188	23,863	25,325	1,377	674	703
1951	50,290	24,151	26,139	48,917	23,482	25,435	1,373	669	704
1952	50,431	24,217	26,214	49,056	23,547	25,509	1,375	670	705

TABLE 55 (cont.) (Thousands)

	United Kingdom			Great Britain			Ireland		
	Persons (1)	Males (2)	Females (3)	Persons (4)	Males (5)	Females (6)	Persons (7)	Males (8)	Females (9)
1953	50,593	24,317	26,276	49,209	23,642	25,567	1,384	675	709
1954	50,765	24,400	26,365	49,378	23,724	25,654	1,387	676	711
1955	50,946	24,509	26,437	49,552	23,830	25,722	1,394	679	715
1956	51,184	24,644	26,540	49,787	23,963	25,824	1,397	681	716
1957	51,430	24,777	26,653	50,032	24,096	25,936	1,398	681	717
1958	51,652	24,887	26,765	50,250	24,203	26,047	1,402	684	719
1959	51,956	25,043	26,913	50,548	24,357	26,191	1,408	686	722
1960	52,373	25,271	27,102	50,953	24,579	26,374	1,420	692	728
1961	52,808	25,525	27,283	51,380	24,829	26,551	1,428	696	732
1962	53,314	25,825	27,489	51,879	25,126	26,753	1,435	699	736
1963	53,636	25,993	27,643	52,190	25,288	26,902	1,446	705	741
1964	54,009	26,193	27,816	52,551	25,482	27,069	1,458	711	747
1965	54,361	26,359	28,002	52,892	25,643	27,249	1,469	716	753

[a] For 1915–20 and 1939 (second row) to 1950 the estimates are of total population, including members of the armed forces serving overseas and merchant seamen at sea, and excluding Commonwealth and foreign forces in the United Kingdom. For all other years the estimates are of the population actually in the country.

[b] For 1855 to 1920 (first row) Southern Ireland is included; from 1920 (second row) onwards it is excluded.

TABLE 56 POPULATION OF THE UNITED KINGDOM, CLASSIFIED BY AGE, 1861–1965[a] (Millions)

	Persons			Males			Females		
	0–14 (1)	15–64 (2)	65+ (3)	0–14 (4)	15–64 (5)	65+ (6)	0–14 (7)	15–64 (8)	65+ (9)
1861	10,155	17,410	1,355	5,117	8,328	613	5,038	9,082	742
1871	11,350	18,557	1,574	5,707	8,871	722	5,643	9,686	852
1881	12,648	20,538	1,696	6,342	9,857	772	6,306	10,681	924
1891	13,134	22,722	1,876	6,583	10,903	835	6,551	11,819	1,041
1900	13.38	25.83	1.99	6.70	12.40	0.87	6.68	13.43	1.12
1901	13.41	26.10	2.03	6.71	12.53	0.89	6.70	13.57	1.14
1902	13.49	26.36	2.08	6.74	12.65	0.91	6.75	13.71	1.17
1903	13.50	26.62	2.13	6.76	12.79	0.93	6.74	13.83	1.20
1904	13.57	26.97	2.19	6.80	12.97	0.95	6.77	14.00	1.24
1905	13.57	27.18	2.23	6.80	13.07	0.97	6.77	14.11	1.26
1906	13.62	27.46	2.30	6.82	13.22	1.00	6.80	14.24	1.30
1907	13.67	27.71	2.35	6.84	13.34	1.02	6.83	14.37	1.33
1908	13.75	28.05	2.41	6.89	13.50	1.04	6.86	14.55	1.37
1909	13.78	28.29	2.48	6.90	13.64	1.07	6.88	14.65	1.41
1910	13.85	28.54	2.52	6.94	13.75	1.09	6.91	14.79	1.43
1911	13.95	28.72	2.60	6.99	13.85	1.13	6.96	14.87	1.47
1912	13.89	28.93	2.63	6.96	13.96	1.14	6.93	14.97	1.49
1913	13.88	29.13	2.66	6.96	14.05	1.15	6.92	15.08	1.51
1914	13.90	29.47	2.69	6.97	14.24	1.17	6.93	15.23	1.52
1915	13.90	29.77	2.72	6.97	14.34	1.18	6.93	15.43	1.54
1916	13.80	29.99	2.73	6.91	14.36	1.18	6.89	15.63	1.55
1917	13.69	30.16	2.77	6.87	14.37	1.20	6.82	15.79	1.57
1918	13.46	30.28	2.81	6.75	14.34	1.21	6.71	15.94	1.60
1919	13.20	30.39	2.86	6.63	14.38	1.23	6.57	16.01	1.63
1920[b]	12.34	28.77	2.63	6.21	13.57	1.12	6.13	15.20	1.51
1921	12.32	29.03	2.67	6.20	13.68	1.14	6.12	15.35	1.53
1922	12.29	29.31	2.72	6.20	13.84	1.17	6.09	15.47	1.55
1923	12.17	29.56	2.79	6.13	13.96	1.20	6.04	15.60	1.59
1924	12.08	29.95	2.83	6.09	14.17	1.22	5.99	15.78	1.61
1925	11.96	30.19	2.88	6.03	14.28	1.24	5.93	15.91	1.64
1926	11.84	30.39	2.98	5.97	14.39	1.28	5.87	16.00	1.70
1927	11.73	30.64	3.04	5.91	14.51	1.32	5.82	16.13	1.72
1928	11.57	30.86	3.12	5.84	14.62	1.35	5.73	16.24	1.77
1929	11.39	31.12	3.16	5.75	14.76	1.37	5.64	16.36	1.79
1930	11.25	31.37	3.25	5.68	14.89	1.42	5.57	16.48	1.83
1931	11.19	31.45	3.44	5.65	14.96	1.48	5.54	16.49	1.96
1932	11.17	31.65	3.52	5.65	15.07	1.52	5.52	16.58	2.00
1933	11.19	31.73	3.60	5.66	15.12	1.56	5.53	16.61	2.04
1934	11.19	31.78	3.69	5.66	15.15	1.60	5.53	16.63	2.09
1935	10.90	32.17	3.79	5.51	15.35	1.64	5.39	16.82	2.15
1936	10.69	32.51	3.88	5.41	15.51	1.68	5.28	17.00	2.20
1937	10.53	32.77	3.99	5.33	15.66	1.73	5.20	17.11	2.26
1938	10.42	32.97	4.09	5.28	15.77	1.77	5.14	17.20	2.32
1939	10.30	33.21	4.25	5.21	15.92	1.83	5.09	17.29	2.42
1940	10.23	33.64	4.35	5.18	16.25	1.87	5.05	17.39	2.48
1941	10.14	33.66	4.42	5.14	16.23	1.90	5.00	17.43	2.52
1942	10.11	33.73	4.56	5.13	16.25	1.95	4.98	17.48	2.61
1943	10.17	33.90	4.72	5.16	16.39	2.02	5.01	17.51	2.70

TABLE 56 (cont.)

(Millions)

	Persons			Males			Females		
	0–14 (1)	15–64 (2)	65+ (3)	0–14 (4)	15–64 (5)	65+ (6)	0–14 (7)	15–64 (8)	65+ (9)
1944	10.27	33.91	4.85	5.22	16.39	2.07	5.05	17.52	2.78
1945	10.34	33.87	4.97	5.26	16.35	2.12	5.08	17.52	2.85
1946	10.36	33.81	5.05	5.28	16.36	2.15	5.08	17.45	2.90
1947	10.69	33.74	5.15	5.45	16.37	2.18	5.24	17.37	2.97
1948	10.96	33.83	5.28	5.59	16.48	2.23	5.37	17.35	3.05
1949	11.15	33.85	5.36	5.69	16.51	2.25	5.46	17.34	3.11
1950	11.31	33.89	5.43	5.77	16.54	2.27	5.54	17.35	3.16
1951	11.38	33.45	5.45	5.81	16.11	2.24	5.57	17.34	3.21
1952	11.45	33.42	5.57	5.85	16.10	2.27	5.60	17.32	3.30
1953	11.53	33.45	5.63	5.89	16.15	2.28	5.64	17.30	3.35
1954	11.62	33.45	5.72	5.94	16.17	2.30	5.68	17.28	3.42
1955	11.70	33.50	5.77	5.98	16.23	2.31	5.72	17.27	3.46
1956	11.86	33.53	5.84	6.07	16.28	2.32	5.79	17.25	3.52
1957	11.96	33.56	5.94	6.12	16.33	2.35	5.84	17.23	3.59
1958	12.05	33.66	5.99	6.17	16.40	2.35	5.88	17.26	3.64
1959	12.11	33.83	6.04	6.20	16.51	2.35	5.91	17.32	3.69
1960	12.22	34.03	6.14	6.26	16.64	2.38	5.96	17.39	3.76
1961	12.33	34.24	6.21	6.32	16.82	2.39	6.01	17.42	3.82
1962	12.35	34.72	6.28	6.33	17.13	2.40	6.02	17.59	3.88
1963	12.40	34.96	6.32	6.36	17.28	2.40	6.04	17.68	3.92
1964	12.52	35.12	6.43	6.42	17.40	2.44	6.10	17.72	3.99
1965	12.67	35.21	6.56	6.49	17.46	2.49	6.18	17.75	4.07

[a] See note a of Table 55. The estimates for 1900–65 in this table differ, in the second place of decimals, from those in Table 55, either because of minor inaccuracies in the estimates of age distribution, or because the estimates in Table 55 take account of revisions made in the light of later censuses. For 1861–91 the figures in this table are from the Census and so differ from the mid-year estimates in Table 55.

[b] From 1920 onwards Southern Ireland is excluded.

POPULATION AND LABOUR FORCE TABLES

TABLE 57 WORKING POPULATION, EMPLOYMENT AND UNEMPLOYMENT, 1855–1965 (Thousands)

	Total in civil employment (1)	Armed Forces[a] (2)	Total in employment (3)	Unemployment[b] (4)	Working population (5)	Percentage unemployed[c] (6)
1855	11,760	250	12,010	450	12,460	(3.7)
1856	11,890	280	12,170	390	12,560	3.2
1857	11,910	230	12,140	520	12,660	4.2
1858	11,610	250	11,860	910	12,770	7.3
1859	12,280	270	12,550	330	12,880	2.6
1860	12,450	300	12,750	230	12,980	1.8
1861	12,320	300	12,620	470	13,090	3.7
1862	12,120	290	12,410	770	13,180	6.0
1863	12,390	280	12,670	610	13,280	4.7
1864	12,850	270	13,120	250	13,370	1.9
1865	12,960	270	13,230	240	13,470	1.8
1866	12,960	250	13,210	350	13,560	2.6
1867	12,570	250	12,820	840	13,660	6.3
1868	12,600	250	12,850	910	13,760	6.7
1869	12,810	240	13,050	800	13,850	5.9
1870	13,200	240	13,440	510	13,950	3.7
1871	13,580	250	13,830	220	14,050	1.6
1872	13,770	250	14,020	130	14,150	0.9
1873	13,860	240	14,100	150	14,250	1.1
1874	13,880	240	14,120	230	14,350	1.6
1875	13,900	240	14,140	310	14,450	2.2
1876	13,820	240	14,060	490	14,550	3.4
1877	13,770	250	14,020	630	14,650	4.4
1878	13,590	260	13,850	900	14,750	6.2
1879	13,040	250	13,290	1,560	14,850	10.7
1880	13,950	240	14,190	770	14,960	5.2
1881	14,300	240	14,540	520	15,060	3.5
1882	14,626	240	14,866	344	15,210	2.3
1883	14,740	240	14,980	390	15,370	2.6
1884	14,040	240	14,280	1,240	15,520	8.1
1885	14,000	250	14,250	1,430	15,680	9.3
1886	13,990	260	14,250	1,590	15,840	10.2
1887	14,530	270	14,800	1,200	16,000	7.6
1888	15,100	270	15,370	790	16,160	4.9
1889	15,720	270	15,990	340	16,330	2.1
1890	15,880	270	16,150	340	16,490	2.1
1891	15,810	280	16,090	570	16,660	3.5
1892	15,530	280	15,810	1,040	16,850	6.3
1893	15,500	290	15,790	1,260	17,050	7.5
1894	15,780	290	16,070	1,170	17,240	6.9
1895	16,150	300	16,450	990	17,440	5.8
1896	16,760	310	17,070	570	17,640	3.3
1897	16,950	310	17,260	580	17,840	3.3
1898	17,230	320	17,550	500	18,050	2.8
1899	17,560	340	17,900	360	18,260	2.0
1900	17,530	490	18,020	450	18,470	2.5
1901	17,550	530	18,080	600	18,680	3.3
1902	17,610	500	18,110	730	18,840	4.0
1903	17,720	420	18,140	870	19,010	4.7
1904	17,640	410	18,050	1,130	19,180	6.0

TABLE 57 (cont.)

(Thousands)

	Total in civil employment (1)	Armed Forces[a] (2)	Total in employment (3)	Unemployment[b] (4)	Working population (5)	Percentage unemployed[c] (6)
1905	18,000	400	18,400	950	19,350	5.0
1906	18,440	390	18,830	690	19,520	3.6
1907	18,600	380	18,980	710	19,690	3.7
1908	17,960	380	18,340	1,520	19,860	7.8
1909	18,140	390	18,530	1,510	20,040	7.7
1910	18,890	390	19,280	930	20,210	4.7
1911	19,390	400	19,790	600	20,390	3.0
1912	19,490	400	19,890	670	20,560	3.3
1913	19,910	400	20,310	430	20,740	2.1
1914	19,440	810	20,250	660	20,910	3.3
1915	18,400	2,490	20,890	200	21,090	1.1
1916	17,700	3,500	21,200	70	21,270	0.4
1917	17,100	4,250	21,350	100	21,450	0.6
1918	17,060	4,430	21,490	140	21,630	0.8
1919	19,030	2,130	21,160	660	21,820	3.4
1920[d]	20,810	760	21,570	430	22,000	2.0
	19,537	760	20,297	391	20,688	2.0
1921	17,417	491	17,908	2,212	20,120	11.3
1922	17,483	392	17,875	1,909	19,784	9.8
1923	17,758	348	18,106	1,567	19,673	8.1
1924	18,032	346	18,378	1,404	19,782	7.2
1925	18,238	350	18,588	1,559	20,147	7.9
1926	18,244	349	18,593	1,759	20,352	8.8
1927	18,789	347	19,136	1,373	20,509	6.8
1928	18,868	336	19,204	1,536	20,740	7.5
1929	19,146	333	19,479	1,503	20,982	7.3
1930	18,788	327	19,115	2,379	21,494	11.2
1931	18,340	325	18,665	3,252	21,917	15.1
1932	18,430	323	18,753	3,400	22,153	15.6
1933	18,813	323	19,136	3,087	22,223	14.1
1934	19,360	325	19,685	2,609	22,294	11.9
1935	19,704	333	20,037	2,437	22,474	11.0
1936	20,321	349	20,670	2,100	22,770	9.4
1937	20,987	377	21,364	1,776	23,140	7.8
1938	20,986	432	21,418	2,164	23,582	9.3
1939	21,800	480	22,300	1,340	23,600	5.8
1940	20,800	2,270	23,100	710	23,800	3.3
1941	20,600	3,380	24,000	250	24,200	1.2
1942	20,700	4,090	24,800	110	24,900	0.5
1943	20,200	4,780	25,000	80	25,100	0.4
1944	19,700	4,990	24,700	70	24,800	0.4
1945	19,100	5,130	24,200	100	24,300	0.5
1946	20,300	2,730	23,000	400	23,400	1.9
1947	21,600	1,460	23,100	300	23,400	1.4
1948	22,124	940	23,064	300	23,364	1.3
1949	22,300	790	23,090	270	23,360	1.2
1950	22,582	721	23,303	307	23,610	1.3
1951	22,751	838	23,589	253	23,842	1.1
1952	22,677	878	23,555	370	23,925	1.6
1953	22,841	868	23,709	342	24,051	1.5
1954	23,216	844	24,060	285	24,345	1.2

TABLE 57 (cont.)

(Thousands)

	Total in civil employment (1)	Armed Forces[a] (2)	Total in employment (3)	Unemployment[b] (4)	Working population (5)	Percentage unemployed[c] (6)
1955	23,542	805	24,347	235	24,582	1.0
1956	23,736	775	24,511	256	24,767	1.1
1957	23,775	693	24,468	319	24,787	1.3
1958	23,609	613	24,222	453	24,675	1.9
1959	23,836	562	24,398	457	24,855	1.9
1960	24,308	515	24,823	359	25,182	1.5
1961	24,607	469	25,076	338	25,414	1.4
1962	24,734	439	25,173	471	25,644	1.9
1963	24,785	426	25,211	540	25,751	2.1
1964	25,115	424	25,539	384	25,923	1.5
1965	25,342	422	25,764	338	26,102	1.3

[a] For 1943–59 includes ex-members of H.M. Forces on release but not yet in employment. For 1943–8 the numbers involved are (000s): 20, 20, 40, 700, 155, 92; in the remaining years the numbers are below 10,000.

[b] For 1921–38 includes persons temporarily stopped (see column (8) of Table 58); for 1855–1920 and 1939–65 covers only wholly unemployed persons. See also note c.

[c] For 1855–1918 and 1920 this is the percentage unemployed shown by (adjusted) trade union records (see pp. 225–6) and is applied to the civilian working population (column 5–column 2) to calculate numbers for column (4). For 1919 and 1921–65 it is calculated from the numbers unemployed (column 4) as a percentage of the civilian working population, and thus differs from the series in Table 58 or the post-war Ministry of Labour series, which have different denominators.

[d] For 1855 to 1920 (first row) Southern Ireland is included; from 1920 (second row) onwards it is excluded.

TABLE 58 — EMPLOYMENT AND UNEMPLOYMENT, 1920–38 (Thousands)

	Employees at work				Unemployment				Percent unemployed	
	Man-years of employment after deduction of time lost (1)	Addition for man-years lost: In trade disputes (2)	In short-time and part-time working etc. (3)	Number at work (1)+(2)+(3) (4)	Insured persons aged 16–64 (5)	Other (6)	Total (5)+(6) (7)	of which Temporarily stopped (on register) (8)	Insured unemployed as % of insured employees (9)	Total unemployed as % of total employees (10)
1920	17,738	94	431	18,263	..	..	..	..	..	..
1921	15,191	298	390	15,879	1,840	372	2,212	..	17.0	12.2
1922	15,315	73	459	15,847	1,588	321	1,909	..	14.3	10.8
1923	15,632	39	397	16,068	1,304	263	1,567	..	11.7	8.9
1924	15,862	31	439	16,332	1,168	236	1,404	..	10.3	7.9
1925	16,037	26	468	16,531	1,297	262	1,559	..	11.3	8.6
1926	15,602	563	364	16,529	1,463	296	1,759	448	12.5	9.6
1927	16,589	4	467	17,060	1,142	231	1,373	291	9.7	7.4
1928	16,668	5	450	17,123	1,278	258	1,536	309	10.8	8.2
1929	16,952	30	410	17,392	1,250	253	1,503	269	10.4	8.0
1930	16,567	16	433	17,016	1,979	400	2,379	528	16.1	12.3
1931	16,104	25	425	16,554	2,705	547	3,252	588	21.3	16.4
1932	16,174	24	446	16,644	2,828	572	3,400	574	22.1	17.0
1933	16,584	3	431	17,018	2,567	520	3,087	457	19.9	15.4
1934	17,146	3	401	17,550	2,170	439	2,609	369	16.7	12.9
1935	17,508	7	375	17,890	2,027	410	2,437	313	15.5	12.0
1936	18,149	7	357	18,513	1,749	351	2,100	252	13.1	10.2
1937	18,859	12	325	19,196	1,482	294	1,776	205	10.8	8.5
1938	18,879	6	358	19,243	1,800	364	2,164	380	12.9	10.1

NOTE: Column (5) covers persons aged 16–64 insured under Unemployment Insurance Acts (excluding the Agricultural Scheme) and recorded as unemployed.

Column (6) covers persons under 16 and over 64 and agricultural workers, private indoor domestic servants, non-manual workers with earnings greater than £250 p.a. etc. See Chapter 11.1.

Column (10) = column (7) as a percentage of columns (4)+(7).

TABLE 59   TOTAL PERSONS IN EMPLOYMENT,[a] BY INDUSTRY, 1920–38 AND 1948–65

(Thousands)

(i) *Main industrial orders*[b]

	1920	1921	1922	1923	1924	1925	1926	1927	1928	1929	1930	1931	1932	1933	1934	1935	1936	1937	1938
Agriculture and forestry	1,661	1,604	1,547	1,499	1,511	1,507	1,485	1,458	1,448	1,440	1,398	1,365	1,354	1,355	1,336	1,313	1,279	1,259	1,221
Fishing	80	65	73	72	71	69	67	65	63	62	62	60	59	58	58	57	56	54	51
Mining and quarrying	1,325	1,210	1,200	1,280	1,295	1,205	1,204	1,123	1,045	1,055	1,034	958	902	873	883	870	873	901	904
Manufacturing	7,208	5,665	5,927	6,083	6,187	6,227	6,054	6,434	6,428	6,522	6,066	5,659	5,744	5,963	6,235	6,387	6,737	7,077	6,970
Building and contracting	927	888	808	831	863	924	950	1,009	1,010	1,011	1,035	1,008	930	983	1,079	1,141	1,213	1,263	1,266
Gas, electricity and water	185	185	185	190	194	199	205	210	216	224	230	238	242	244	251	263	272	284	291
Transport and communication	1,641	1,544	1,504	1,532	1,555	1,558	1,562	1,592	1,600	1,601	1,595	1,558	1,537	1,524	1,548	1,579	1,620	1,678	1,692
Distributive trades	2,352	2,189	2,194	2,199	2,211	2,320	2,406	2,516	2,591	2,669	2,724	2,778	2,850	2,905	2,949	2,965	3,023	3,086	3,090
Insurance, banking and finance	369	334	345	361	369	381	394	398	402	408	410	410	417	430	443	452	459	470	475
National government:																			
Civilian	257	245	205	192	182	182	190	173	171	173	179	186	187	184	186	199	208	223	245
Armed Forces	760	491	392	348	346	350	349	347	336	333	327	325	323	323	325	333	349	377	432
Local government	380	389	393	397	411	417	420	433	444	464	485	499	500	506	512	519	529	542	556
Professional services	845	854	866	868	877	890	899	909	924	934	946	958	979	1,000	1,024	1,043	1,066	1,091	1,115
Miscellaneous services	2,307	2,245	2,236	2,254	2,306	2,359	2,408	2,469	2,526	2,583	2,624	2,663	2,729	2,788	2,856	2,916	2,986	3,059	3,110
Total	20,297	17,908	17,875	18,106	18,378	18,588	18,593	19,136	19,204	19,479	19,115	18,665	18,753	19,136	19,685	20,037	20,670	21,364	21,418

	1948[b]	1949	1950	1951	1952	1953	1954	1955	1956	1957	1958	1959	1960	1961	1962	1963	1964	1965
Agriculture, forestry and fishing	1,203	1,203	1,200	1,186	1,155	1,130	1,109	1,098	1,093	1,062	1,056	1,041	1,033	1,015	983	949	941	904	853
Mining and quarrying	881	885	883	861	863	883	888	877	871	866	874	860	841	774	742	717	689	663	630
Manufacturing	8,294	7,791	7,934	8,133	8,319	8,196	8,322	8,549	8,743	8,754	8,759	8,613	8,648	9,004	9,117	9,005	8,875	9,025	9,141
Construction	1,475	1,489	1,477	1,476	1,490	1,482	1,488	1,511	1,546	1,603	1,582	1,591	1,558	1,636	1,698	1,737	1,777	1,864	1,909
Gas, electricity and water	327	327	341	347	360	369	379	380	384	383	385	381	383	380	389	395	405	411	419
Transport and communications	1,840	1,837	1,835	1,840	1,801	1,808	1,783	1,763	1,759	1,771	1,757	1,741	1,728	1,721	1,746	1,751	1,728	1,715	1,702
Distributive trades	2,581	2,733	2,813	2,841	2,886	2,904	2,960	3,041	3,117	3,196	3,245	3,241	3,306	3,389	3,415	3,460	3,484	3,499	3,508
Insurance, banking and finance	445	445	456	451	456	462	468	482	494	498	517	523	552	566	584	601	629	651	665
National government:																			
Civilian	711	689	681	631	618	618	608	607	579	576	556	543	538	536	544	552	572	554	566
Armed Forces	940	940	790	721	838	878	868	844	805	775	693	613	562	515	469	439	426	424	422
Local government	710	663	682	705	694	705	691	697	703	693	717	733	752	757	769	787	818	767	772
Professional and scientific services	1,494	1,564	1,582	1,702	1,734	1,782	1,806	1,865	1,917	1,986	2,030	2,082	2,143	2,204	2,280	2,371	2,442	2,539	2,633
Miscellaneous services	2,163	2,498	2,416	2,396	2,355	2,339	2,346	2,346	2,338	2,321	2,297	2,293	2,321	2,326	2,340	2,409	2,425	2,523	2,544
Total	23,064	23,064	23,090	23,303	23,589	23,555	23,709	24,060	24,347	24,511	24,468	24,222	24,398	24,823	25,076	25,173	25,211	25,539	25,764

T 130

TABLE 59 (cont.)

(ii) Manufacturing industries[b]

(Thousands)

	1920	1921	1922	1923	1924	1925	1926	1927	1928	1929	1930	1931	1932	1933	1934	1935	1936	1937	1938
Food, drink and tobacco	619	590	598	616	629	644	652	658	657	664	653	642	662	681	697	705	726	753	767
Chemicals and allied trades	253	220	221	221	219	219	212	226	235	240	228	214	219	226	233	236	246	262	274
Iron and steel	541	279	307	352	360	342	289	362	351	358	308	258	247	278	317	330	363	395	357
Electrical goods	188	186	188	177	172	184	186	192	198	210	215	212	220	228	250	266	296	328	337
Mechanical engineering and shipbuilding[c]	1,313	861	714	733	733	715	662	716	719	738	670	544	499	515	586	635	733	830	882
Vehicles	353	301	327	365	403	426	432	456	467	479	476	443	439	455	489	513	549	588	623
Other metal industries[c]	515	364	390	429	434	444	439	450	455	468	438	395	402	424	459	481	514	542	532
Textiles	1,331	1,053	1,291	1,270	1,297	1,290	1,224	1,340	1,311	1,304	1,062	1,001	1,094	1,131	1,128	1,121	1,155	1,161	1,007
Clothing	896	764	817	816	817	812	812	826	811	811	792	776	779	797	800	804	814	825	814
Bricks, pottery, glass, cement etc.	209	170	188	211	227	235	223	250	248	256	246	231	227	242	264	273	287	304	298
Timber, furniture etc.	323	287	276	272	271	277	280	293	298	301	294	280	277	284	297	305	317	328	322
Paper, printing and publishing	393	355	371	385	392	404	412	420	428	440	441	435	444	454	460	463	474	490	492
Leather and other manufacturing industries	274	235	239	236	233	235	231	245	250	253	243	228	235	248	255	255	263	271	265
Total	7,208	5,665	5,927	6,083	6,187	6,227	6,054	6,434	6,428	6,522	6,066	5,659	5,744	5,963	6,235	6,387	6,737	7,077	6,970

	1948[b]	1949	1950	1951	1952	1953	1954	1955	1956	1957	1958	1959	1960	1961	1962	1963	1964	1965
Food, drink and tobacco	770	685	725	743	762	782	788	808	816	812	827	834	821	828	842	848	840	839	847
Chemicals and allied industries	443	425	437	453	464	467	469	482	497	506	510	514	522	534	535	520	516	514	520
Iron and steel	434	439	443	451	451	457	453	449	461	468	468	453	446	477	490	460	455	481	485
Electrical goods	531	524	511	532	562	595	591	630	690	676	706	713	736	790	811	830	839	886	894
Mechanical engineering and shipbuilding[c]	1,307	1,357	1,360	1,364	1,380	1,412	1,416	1,436	1,484	1,521	1,516	1,499	1,507	1,563	1,616	1,612	1,550	1,560	1,628
Vehicles	951	689	708	728	740	785	802	848	885	889	874	881	876	928	905	887	878	883	873
Other metal industries[c]	746	635	615	619	635	632	608	630	660	664	654	645	655	705	720	704	701	727	751
Textiles	1,006	1,008	1,045	1,089	1,113	972	1,047	1,074	1,027	1,004	1,001	927	910	912	903	856	837	841	828
Clothing	659	605	638	655	671	615	651	644	633	636	628	593	596	614	593	606	588	585	580
Bricks, pottery, glass, cement etc.	320	320	324	334	342	340	341	346	352	349	339	328	332	344	353	355	345	359	361
Timber, furniture etc.	316	309	319	321	326	307	315	319	324	310	310	303	311	320	318	315	311	318	325
Paper, printing and publishing	479	470	489	515	523	512	511	536	556	567	575	578	586	615	631	636	636	639	647
Leather and other manufacturing industries	332	325	320	329	350	320	330	347	358	352	351	345	350	374	378	376	379	393	402
Total	8,294	7,791	7,934	8,133	8,319	8,196	8,322	8,549	8,743	8,754	8,759	8,613	8,648	9,004	9,117	9,005	8,875	9,025	9,141

[a] Includes employees at work, employers and self-employed persons.

[b] For 1920–38 and 1948 (first estimate) the classification by industry is based on the 1948 S.I.C.; for 1948 (second estimate) to 1965 it is based on the 1958 S.I.C.

[c] For 1920–38 and 1948 (first estimate) scientific instruments etc. are included with other metal industries; for 1948 (second estimate) to 1965 they are included in mechanical engineering.

TABLE 60 CLASSIFICATION OF THE TOTAL WORKING POPULATION BY INDUSTRY, CENSUS YEARS 1861–1911

(Thousands)

Industry	1861	1871	1881	1891	1901	1911
1. Agriculture	3,470	3,060	2,790	2,560	2,360	2,340
2. Fishing	50	60	70	70	60	60
3. Mining and quarrying	490	570	680	840	1,020	1,290
4. Manufacturing	4,300	4,700	4,920	5,520	5,990	6,550
5. Building and contracting	550	660	830	840	1,090	1,030
6. Gas, electricity and water	25	30	40	60	100	120
7. Transport and communication	590	760	860	1,110	1,450	1,580
8. Distributive trades	850	1,050	1,300	1,640	1,990	2,460
9. Insurance, banking, finance	20	40	70	110	150	230
10. Public administration and defence						
(a) Central Government	40	40	50	70	80	120
(b) Local authorities	100	130	170	200	270	320
(c) Defence	310	250	240	280	530	400
11. Professional services						
(a) Education	140	160	210	240	280	310
(b) Medical and dental	65	70	80	100	120	150
(c) Other	130	160	240	260	320	370
12. Miscellaneous services						
(a) Private domestic service	1,510	1,790	1,850	1,940	1,980	2,000
(b) Catering, hotels etc.	200	240	350	430	460	610
(c) Other	250	280	320	390	430	450
Total	13,090	14,050	15,060	16,660	18,680	20,390

SOURCE: See text, pp. 223–4 and 226.

NOTES

The following notes indicate the classification used; the numbers given are the *reference numbers* adopted for the 1911 Census of England and Wales, vol. x, *Occupations and Industries* [**41**(a)], Table 25, p. 524. In addition to the numbers listed below (or the corresponding occupations – estimated where necessary – for 1861 to 1901) the following *general occupations* were allocated (as explained on p. 226) to two or more individual industries, but are *not* listed separately in industries 1–12 below:

Caretakers, office keepers (58–9)
Others engaged in service (64–5)
Commercial or business clerks (73)
Carmen, carriers, carters, van guards etc. (93, 95–6)
Messengers, porters, watchmen (115)
Carpenters, painters and other building workers (mainly 244–9, 254, 258–9 and 265)
General labourers[a] (463)
Engine-drivers, stokers etc. (464)

1. Agriculture: 117–29
2. Fishing: 130
3. Mining and quarrying:[b] 131–52
4. Manufacturing:[b] 155–200, 203–27, 230–9, 266–9, 271–2, 275–81, 283–9, 291–7, 299–305, 308–14, 316–22, 325–31, 333, 335–73, 376–81, 383, 385–9, 391–3, 395, 397–8, 402, 404, 406, 408, 410, 412–14, 417–18, 420, 422–4, 447–51, 465–7.
5. Building and contracting: 201–2 (plus majority of workers in 242–65)
6. Gas, electricity and water: 434–6
7. Transport and communication: 1–4, 78–92, 94, 97–114, 116 plus merchant seamen abroad less foreign seamen in U.K.
8. Distributive trades: 66–9, 71–2, 53–4, 228–9, 240–1, 273–4, 282, 290, 298, 306–7, 315, 323–4, 332, 334, 374–5, 382, 384, 390, 394, 399–401, 403, 405, 407, 409, 411, 415–16, 419, 421, 433, 443–6, 453–62
9. Insurance, banking, finance: 71, 74–7, 439–42
10. Public administration and defence
   (a) Central Government:[c] 5–6
   (b) Local authorities:[c] 7–9, 437–8
   (c) Defence: 10–18 plus Armed Forces abroad
11. Professional services
   (a) Teachers, lecturers etc: 34–5
   (b) Doctors, dentists, nurses etc.: 28–33
   (c) Other (including domestic service in hospitals, schools etc.): 19–27, 36–44, 57, 70
12. Miscellaneous services
   (a) Private domestic service: 51–5, 61–2
   (b) Catering, hotels etc.: 50, 56, 60, 425–32
   (c) Other (entertainment and sport, laundries, hairdressing, photography etc.) 45–9, 63, 270, 396, 452

[a] All general labourers in Ireland were allocated to agriculture following a note to that effect in the Census Reports (e.g. [**41**(a)], 1911, *General Report*, p. 280).

[b] A number of blacksmiths, fitters, turners and other general engineering workers (mainly 170–2) were allocated to mining and quarrying but the majority are in manufacturing.

[c] The following categories are *not* included: teachers, doctors, nurses and ancillary workers in local authority schools and hospitals, workers in government dockyards, manufacturing establishments etc. and in local authority trading services.

TABLE 61 PRICE INDICES FOR MAIN CATEGORIES OF GOODS AND SERVICES, 1870–1965[a]

(1913 = 100)

	Consumers' goods and services (1)	Public authorities' goods and services (2)	Capital goods (3)	Exports of goods and services (4)	Total final output (5)	Imports of goods and services (6)	Gross domestic product at factor cost (7)
1870	96.0	89.1	95.2	126.0	101.4	139.2	96.7
1871	97.6	90.7	98.1	123.2	102.5	129.5	99.6
1872	102.1	94.2	107.5	135.4	108.6	138.8	105.6
1873	105.3	97.8	116.8	139.3	111.5	138.8	109.2
1874	101.8	95.9	113.7	132.3	108.1	135.7	106.0
1875	99.6	94.1	103.6	124.9	104.0	128.7	101.7
1876	99.6	92.7	99.7	116.5	101.8	125.7	99.5
1877	98.8	92.6	98.2	114.3	100.5	129.4	96.7
1878	96.6	91.1	94.7	108.6	97.8	119.9	95.1
1879	92.3	88.7	90.1	102.7	93.6	113.9	90.6
1880	95.3	91.0	96.1	106.8	97.5	119.9	94.5
1881	94.2	89.9	94.2	102.9	95.8	118.8	92.5
1882	95.2	90.0	95.1	104.5	96.9	117.6	93.7
1883	94.7	88.9	93.5	101.3	95.7	115.2	92.9
1884	92.0	86.9	88.6	97.2	92.5	109.1	90.2
1885	89.2	86.3	86.2	92.9	89.5	102.6	87.8
1886	88.0	84.2	81.5	88.2	87.3	96.0	86.6
1887	87.4	84.1	80.3	87.9	87.2	93.9	87.0
1888	88.0	84.1	82.4	88.1	87.6	97.3	86.5
1889	89.3	84.9	85.0	89.8	89.1	98.4	87.9
1890	89.4	88.3	88.2	92.5	90.1	97.0	89.7
1891	89.3	87.5	84.7	92.1	89.8	97.9	89.2
1892	89.5	87.5	83.5	88.0	89.0	93.9	89.3
1893	89.0	86.6	80.7	87.2	88.2	91.6	88.6
1894	88.2	85.2	81.0	82.5	86.0	85.4	87.3
1895	87.2	85.5	80.3	79.5	84.8	82.7	86.2
1896	86.9	85.9	80.9	80.2	84.7	83.2	86.0
1897	88.1	86.9	82.5	79.4	85.5	83.0	87.0
1898	88.4	89.4	85.6	79.9	85.9	83.6	87.4
1899	88.9	89.9	91.1	83.0	87.4	85.4	88.9
1900	93.6	92.6	98.1	94.0	93.2	91.7	94.8
1901	94.0	91.7	93.4	89.8	92.3	88.6	94.1
1902	94.1	91.2	89.1	86.6	91.1	87.6	92.3
1903	94.3	91.6	87.5	86.7	91.3	89.0	92.1
1904	94.2	91.3	87.4	87.5	91.5	89.3	92.1
1905	94.5	92.1	86.0	87.5	91.9	89.4	92.6
1906	94.5	93.2	88.5	92.2	93.1	93.4	93.1
1907	95.7	84.9	90.8	96.9	95.4	97.6	94.9
1908	96.0	95.0	88.5	93.0	94.5	93.9	95.0
1909	96.6	94.2	88.7	90.6	94.6	95.0	94.6
1910	97.4	95.9	90.1	94.6	96.3	100.3	94.9
1911	97.5	96.1	91.9	95.4	96.7	97.7	96.3
1912	100.4	98.7	96.7	97.2	99.5	99.6	99.3
1913	100.0	100.0	100.0	100.0	100.0	100.0	100.0
1914	99.7	111.4	98.5	101.3	100.2	101.1	100.7
1915	112.3	119.8	120.7	133.6	114.2	125.5	111.6
1916	132.5	134.1	149.1	154.1	132.8	159.1	127.4
1917	166.0	155.1	173.5	234.5	165.2	206.1	161.1
1918	202.5	177.7	189.5	260.0	192.0	224.7	191.1
1919	222.9	205.3	221.4	277.1	224.2	239.7	225.1

TABLE 61 (cont.) (1913 = 100)

	Consumers' goods and services (1)	Public authorities' goods and services (2)	Capital goods (3)	Exports of goods and services (4)	Total final output (5)	Imports of goods and services (6)	Gross domestic product at factor cost (7)
1920	257.2	199.7	286.1	359.2	271.4	284.8	270.8
1921	235.0	197.3	237.0	247.2	229.9	189.9	242.3
1922	202.2	187.0	214.1	187.4	196.2	152.0	203.4
1923	190.0	180.0	183.1	178.1	184.5	149.1	187.1
1924	188.5	180.0	175.9	178.5	183.7	155.2	184.5
1925	189.2	179.9	172.7	173.1	183.5	155.1	185.0
1926	187.8	180.5	170.4	165.5	179.7	141.9	182.4
1927	183.2	179.3	162.5	157.9	174.8	135.7	178.1
1928	182.8	178.0	161.7	156.9	174.0	137.7	176.1
1929	181.2	178.6	161.7	152.6	172.2	134.9	175.5
1930	176.2	177.6	158.5	142.9	166.8	118.4	174.8
1931	168.6	173.3	151.6	126.8	158.0	96.0	170.6
1932	164.3	168.6	147.8	118.6	153.3	88.8	164.5
1933	160.9	166.4	147.3	116.1	150.7	85.8	162.2
1934	160.7	168.5	144.7	118.6	150.5	88.8	161.1
1935	161.8	170.8	148.5	119.3	151.8	89.8	162.5
1936	163.0	173.9	154.5	124.2	154.1	95.0	163.4
1937	168.6	179.4	165.9	142.9	162.1	109.1	169.5
1938	171.2	182.3	168.7	137.2	163.4	102.0	174.2
1939	182.1	194.4	172.9	137.9	172.1	102.5	181.9
1940	212.3	208.5	192.0	172.6	196.7	141.8	197.6
1941	235.3	230.9	220.3	201.5	218.0	162.2	215.3
1942	252.3	246.2	238.3	223.5	231.9	167.2	230.9
1943	260.7	259.2	277.4	248.5	244.4	188.0	241.4
1944	267.7	281.0	300.0	257.3	257.5	191.9	255.9
1945	275.4	286.6	312.5	262.1	263.9	200.7	263.6
1946	284.0	284.4	327.0	277.7	271.1	215.5	268.6
1947	304.2	306.4	363.6	320.8	302.6	261.6	292.9
1948	323.1	322.8	400.2	350.0	326.1	292.5	314.3
1949	330.5	342.6	405.9	358.5	334.9	300.5	323.6
1950	339.1	357.7	415.2	376.4	345.6	340.1	325.7
1951	371.0	390.7	459.7	463.3	388.8	447.4	349.8
1952	393.1	422.2	510.4	486.1	411.7	439.0	381.4
1953	401.1	431.1	515.5	459.2	413.6	396.8	392.9
1954	408.9	444.7	514.0	452.1	419.0	395.2	401.0
1955	423.4	467.0	539.2	463.7	435.5	406.4	415.6
1956	442.8	508.5	565.7	489.1	458.8	411.6	441.7
1957	457.7	539.4	585.3	501.4	474.9	421.2	459.5
1958	470.0	564.6	600.6	496.0	486.1	399.9	480.3
1959	473.0	590.9	595.5	497.4	490.4	399.9	487.9
1960	477.2	614.7	598.8	500.0	495.8	406.1	496.3
1961	491.4	640.8	613.2	506.6	509.4	406.3	512.0
1962	510.0	665.6	631.5	510.6	525.9	404.7	529.6
1963	516.7	690.7	643.1	517.8	535.1	414.6	539.9
1964	531.8	721.8	656.0	523.9	549.2	428.6	550.6
1965	555.9	761.3	681.6	534.6	572.1	433.0	570.8

[a] Each index is obtained by dividing the series at current prices in Tables 2 and 3 by the corresponding series revalued at constant prices in Table 5 and expressing the result as an index number with 1913 = 100. The indices are thus current weighted average value indices; and comparisons between any pair of years not including the base year may be affected by changes in weights. See also Chapter 1.1, pp. 5–6. Columns (1) to (6) relate to market prices and are affected by changes in taxes on expenditure and subsidies.

TABLE 62 PRICE INDICES FOR CONSUMERS' GOODS AND SERVICES, 1900-65[a] (1913 = 100)

	Food (1)	Drink and tobacco (2)	Housing (3)	Fuel and light (4)	Clothing (5)	Durable household goods[b] (6)	Other goods[c] (7)	Transport and communication[d] (8)	Other services[e] (9)
1900	86.7	87.6	91.5	104.7	83.2	92.1	94.2	93.3	85.1
1901	87.4	88.2	93.3	99.1	84.5	91.4	92.7	94.8	86.5
1902	88.7	88.7	94.7	94.2	84.0	91.4	92.2	95.4	87.0
1903	89.7	89.9	96.2	92.7	85.1	92.9	94.2	96.3	88.2
1904	88.7	89.0	97.1	90.7	86.6	90.8	95.7	99.4	88.8
1905	89.2	90.1	97.2	90.0	89.9	92.9	95.5	98.6	89.8
1906	89.2	90.7	98.0	92.2	91.4	92.1	96.3	100.2	91.1
1907	90.4	90.4	97.8	98.7	92.6	94.4	98.7	100.5	93.7
1908	91.5	90.7	97.8	95.5	92.6	94.4	97.9	98.5	93.0
1909	92.4	94.1	100.3	92.7	92.6	93.6	99.0	98.9	93.7
1910	94.7	100.0	99.3	89.5	93.9	92.9	99.0	100.7	94.9
1911	94.3	99.7	98.5	90.7	96.1	95.1	98.7	100.1	95.8
1912	98.9	100.0	98.7	106.5	99.3	97.8	99.4	101.6	98.4
1913	100.0	100.0	100.0	100.0	100.0	100.0	100.0	100.0	100.0
1914	96.3	108.5	100.3	98.7	95.9	99.4	98.8	99.9	100.7
1915	123.5	109.6	101.0	104.5	99.1	114.8	109.7	102.0	108.9
1916	149.6	141.4	101.0	126.9	124.4	137.8	132.1	103.7	118.2
1917	192.1	190.7	101.6	141.0	167.2	189.1	161.3	135.6	136.7
1918	219.5	230.1	104.5	178.6	300.0	240.1	195.1	139.5	169.1
1919	226.7	256.9	110.7	204.5	338.2	286.1	219.9	156.1	204.9
1920	265.9	298.9	117.4	228.9	386.6	317.2	227.7	171.5	245.3
1921	232.6	309.3	136.5	257.7	285.8	273.0	215.4	165.5	230.0
1922	185.5	306.5	140.4	212.3	226.4	213.5	183.5	158.4	193.3
1923	174.9	283.4	136.7	193.3	211.0	193.1	166.7	147.0	183.5
1924	174.2	282.3	135.1	196.2	212.7	189.1	161.5	145.4	183.0
1925	177.0	281.1	135.1	191.1	215.6	188.2	158.2	143.1	184.4
1926	172.6	137.0	137.0	201.1	207.6	182.8	167.6	141.4	183.9
1927	166.7	281.7	139.2	186.0	199.8	178.1	162.8	137.6	181.6
1928	165.7	283.7	138.9	175.7	204.1	177.5	161.9	135.4	181.4
1929	163.8	284.2	140.7	179.3	201.9	174.9	155.0	131.4	180.7
1930	154.2	284.8	141.4	180.4	194.6	173.6	151.9	127.8	176.8
1931	140.3	289.9	142.0	181.5	180.3	166.3	149.2	125.3	171.9
1932	133.6	305.1	141.6	180.4	173.4	153.6	142.4	123.3	168.2
1933	129.0	289.6	142.5	178.0	167.8	154.3	142.0	120.2	166.1
1934	130.0	283.7	142.9	176.0	168.5	156.7	142.4	118.6	165.6
1935	134.0	283.7	143.9	173.0	170.0	156.4	139.0	116.1	166.5
1936	135.7	283.1	145.4	177.5	170.6	160.9	138.4	113.4	168.1
1937	141.3	282.8	145.8	180.6	181.6	179.0	144.5	113.9	172.6
1938	143.5	281.7	146.4	181.5	186.2	187.3	149.9	114.9	175.4
1939	158.9	306.2	150.1	192.6	192.3	172.8		125.9	172.1
1940	189.0	398.6	152.3	211.6	248.9	202.1		141.3	191.2
1941	208.2	459.2	154.0	223.6	306.5	244.5		149.9	203.3
1942	210.2	576.9	155.2	232.7	332.9	278.7		147.1	214.0
1943	208.9	671.9	158.3	243.9	323.8	276.9		141.1	224.7
1944	210.9	698.9	160.7	244.7	334.4	279.0		147.4	234.5
1945	215.5	684.0	168.2	259.9	344.1	291.9		150.6	245.9
1946	200.2	712.7	172.9	255.6	345.0	380.9	258.4	160.6	302.9
1947	215.5	813.0	183.0	256.6	353.0	314.5	275.4	175.8	322.7
1948	228.3	937.5	185.1	277.3	390.5	442.7	286.1	176.8	331.9

TABLE 62 (cont.) (1913 = 100)

	Food (1)	Drink and tobacco (2)	Housing (3)	Fuel and light (4)	Clothing (5)	Durable household goods[b] (6)	Other goods[c] (7)	Transport and communication[d] (8)	Other services[e] (9)
1949	239.2	932.3	188.7	285.9	406.5	442.7	283.8	177.1	342.8
1950	252.8	917.9	194.6	291.6	411.5	460.9	288.4	181.0	354.3
1951	282.4	932.3	206.8	311.2	477.1	538.3	319.6	195.0	386.0
1952	313.5	942.7	216.2	340.3	476.1	552.0	338.1	215.1	412.5
1953	327.5	946.8	227.2	358.9	472.1	532.0	326.8	219.3	427.6
1954	339.5	947.8	233.7	374.2	476.1	525.2	321.2	223.0	439.1
1955	360.1	951.9	241.5	394.7	478.1	536.0	333.2	230.2	459.9
1956	374.9	983.9	249.8	431.5	488.6	570.2	352.4	246.8	483.3
1957	383.5	1,010.7	266.7	456.8	496.1	571.3	366.4	257.7	504.1
1958	388.9	1,031.4	296.6	477.3	500.6	569.0	376.9	264.3	520.2
1959	393.6	1,009.7	312.4	479.2	498.1	561.1	374.3	263.5	532.2
1960	391.6	1,025.2	321.6	481.6	504.6	561.6	376.2	266.1	544.7
1961	397.5	1,071.6	336.4	499.2	513.2	571.9	392.4	274.3	563.9
1962	411.1	1,132.4	357.4	517.8	528.2	582.7	407.1	278.8	583.7
1963	418.1	1,146.9	381.5	530.7	535.7	579.8	409.7	268.2	596.2
1964	429.4	1,208.7	404.9	543.1	544.2	595.8	424.8	269.0	609.2
1965	444.2	1,327.4	429.2	551.7	555.7	613.4	440.6	282.5	633.6

[a] Each index is obtained by dividing the series at current prices in Table 24 by the corresponding series revalued at constant prices in Table 25 and expressing the result as an index number with 1913 = 100. The indices are thus current weighted average value indices; and any comparisons between any pair of years not including the base year may be affected by changes in weights. See also Chapter 1.1, pp. 5–6.

[b] Rows 8 and 9 of Table 24.
[c] Rows 10, 11 and 12 of Table 24.
[d] Rows 7, 13 and 14 of Table 24.
[e] Rows 15, 16 and 17 of Table 24.

NOTE: For further details of the composition of individual items see the notes to Table 24.

TABLE 63 PRICE INDICES FOR CAPITAL GOODS, 1855–1965 (1913 = 100)

	Buildings (including dwellings)[a] (1)	Other construction work (2)	Buildings (other than dwellings) and works[a] (3)	Plant and machinery (4)	Ships[b] (5)	Railway rolling stock[b] (6)	Road vehicles (7)
1855	92.9	83.7	..	108.7	158.8	..	..
1856	87.7	81.5	84.5	108.7	126.1	97.7	..
1857	89.3	81.7	84.8	105.8	126.1	90.9	..
1858	87.0	78.5	81.2	103.9	119.3	83.1	..
1859	86.2	78.7	80.3	100.0	117.4	85.5	..
1860	86.5	79.8	81.3	97.1	116.0	87.2	..
1861	84.8	78.5	80.2	96.1	111.7	81.1	..
1862	84.1	77.3	78.8	99.0	115.1	81.8	..
1863	86.0	79.2	81.0	101.0	115.6	87.9	..
1864	87.4	82.0	84.0	102.9	127.5	89.7	..
1865	86.0	81.1	82.2	103.9	127.1	88.7	..
1866	89.3	83.2	84.9	103.9	130.3	87.6	..
1867	87.9	81.1	83.4	101.0	126.5	83.6	..
1868	86.7	81.1	83.8	100.0	122.0	83.1	..
1869	87.9	82.9	85.7	100.0	118.9	84.1	..
1870	89.3	84.4	87.4	102.9	119.9	86.5	..
1871	90.7	85.6	89.1	107.8	123.6	85.7	..
1872	99.3	95.5	97.9	110.7	152.5	103.8	..
1873	109.0	107.6	108.6	112.6	162.7	113.3	..
1874	105.5	103.5	104.9	112.6	159.8	106.0	..
1875	98.8	93.3	96.0	110.7	147.7	95.4	..
1876	96.4	90.8	93.6	109.7	134.2	91.2	..
1877	94.8	89.6	91.8	105.8	127.1	89.0	..
1878	90.3	86.3	88.1	103.9	121.6	84.6	..
1879	87.7	82.7	84.9	101.9	117.6	76.9	..
1880	92.9	88.4	90.2	101.0	121.4	87.6	..
1881	90.0	84.9	86.9	100.0	112.7	84.7	..
1882	91.0	86.7	88.8	99.0	114.6	85.2	..
1883	88.9	84.9	86.7	96.1	113.8	81.6	..
1884	85.5	82.2	83.0	93.2	110.2	77.9	..
1885	84.9	81.0	81.9	90.3	105.1	76.1	..
1886	83.0	78.5	79.3	82.5	92.9	76.1	..
1887	81.8	78.0	78.8	82.5	85.4	77.9	..
1888	82.0	78.2	79.3	82.5	86.6	77.9	..
1889	84.6	82.7	83.4	84.5	87.7	80.2	..
1890	87.5	86.9	87.2	90.3	91.0	85.9	..
1891	85.6	83.7	84.3	87.4	88.2	81.5	..
1892	84.6	83.0	83.5	84.5	85.3	80.0	..
1893	83.2	81.1	81.5	80.6	79.1	79.5	..
1894	82.2	80.6	80.9	79.6	79.6	77.3	..
1895	81.1	79.8	80.0	79.6	79.1	79.1	..
1896	82.2	81.5	81.7	79.6	80.3	81.0	..
1897	84.4	83.0	83.4	81.6	81.9	82.7	..
1898	88.4	87.2	87.3	82.5	84.2	84.8	..
1899	92.9	92.2	92.4	89.3	90.3	94.6	..
1900	98.3	99.8	99.3	97.1	96.2	102.3	113
1901	96.5	93.1	94.1	92.2	91.4	90.9	115
1902	91.2	87.7	88.5	88.3	89.1	89.0	116
1903	88.6	87.9	88.0	86.4	87.7	91.2	118
1904	86.9	88.2	87.7	86.4	86.3	87.3	119

TABLE 63 (cont.)   (1913 = 100)

	Buildings (including dwellings)[a] (1)	Other construction work (2)	Buildings (other than dwellings) and works[a] (3)	Plant and machinery (4)	Ships[b] (5)	Railway rolling stock[b] (6)	Road vehicles (7)
1905	86.3	85.1	85.5	86.4	86.3	92.1	120
1906	88.6	86.0	86.8	89.3	88.2	94.4	122
1907	91.7	88.4	86.6	92.2	90.7	96.3	123
1908	88.4	87.9	88.0	89.3	89.0	93.1	123
1909	87.5	86.9	87.3	89.3	89.4	89.8	123
1910	90.0	87.7	88.5	89.3	91.1	91.3	123
1911	93.3	88.6	90.4	92.2	94.1	92.6	123
1912	97.2	92.6	94.4	96.1	99.5	97.4	123
1913	100.0	100.0	100.0	100.0	100.0	100.0	100
1914	101.2	101.2	101.2	95.1	99.2	98.6	100
1915	121.8	114.0	117.7	121.4	103.6	112.5	109
1916	142.2	139.1	141.0	144.7	136.7	145.4	147
1917	163.7	161.9	166.0	186.4	176.7	174.9	176
1918	203.3	192.2	198.0	204.9	186.3	183.0	206
1919	252.6	236.3	246.9	239.8	203.8	229.3	195
1920	297.2	288.2	306.5	241.3	269.2	231.6	210
1921	243.1	252.4	258.7	170.3	253.8	233.4	188
1922	196.5	196.7	203.4	128.7	402.2	238.5	164
1923	184.9	183.6	193.2	122.3	268.4	149.8	148
1924	191.9	186.2	196.3	124.6	166.2	142.8	141
1925	192.2	184.9	191.7	124.2	163.0	140.5	141
1926	186.5	182.2	189.3	121.7	152.4	132.3	129
1927	183.2	181.7	182.2	123.9	122.4	116.6	122
1928	176.0	178.5	182.1	125.6	145.1	119.3	115
1929	176.8	176.6	177.9	129.0	147.6	119.3	110
1930	173.0	173.0	173.9	117.6	148.4	128.0	114
1931	166.4	171.3	171.9	109.9	150.8	127.2	114
1932	158.8	163.0	162.1	109.6	148.4	126.3	105
1933	155.7	160.2	166.3	105.3	148.4	127.5	98
1934	156.1	160.0	162.2	111.8	137.0	127.9	89
1935	159.2	161.8	165.7	114.5	161.4	133.4	90
1936	165.4	167.1	173.1	122.1	147.6	131.2	89
1937	173.7	177.5	179.5	140.0	161.4	127.4	91
1938	177.0	187.4	183.9	140.8	165.4	132.8	96
1939	186.4	..	179.6	147.1	..	..	..
1940	209.7	..	192.4	162.7	..	..	..
1941	233.0	..	213.8	181.5	..	..	..
1942	261.0	..	239.4	200.2	..	..	..
1943	293.6	..	269.4	231.5	..	..	..
1944	330.8	..	303.6	244.1	..	..	..
1945	372.8	..	342.1	244.1	..	..	..
1946	400.8	..	367.7	244.1	..	..	..
1947	438.0	..	397.7	281.6	..	..	..
1948	466.0	..	427.6	312.9	501.1	360.5	205.4
1949	468.7	..	427.0	318.2	444.0		212.8
1950	478.8	..	428.8	326.8	459.8		223.3
1951	554.8	..	482.0	350.7	456.8		263.5
1952	608.6	..	511.3	389.9	524.5		295.0
1953	595.8	..	514.3	403.8	592.2		279.5
1954	589.1	..	513.7	404.8	608.8		274.6

TABLE 63 (cont.)

	Buildings (including dwellings)[a] (1)	Other construction work (2)	Buildings (other than dwellings) and works[a] (3)	Plant and machinery (4)	Ships[b] (5)	Railway rolling stock[b] (6)	Road vehicles (7)
1955	624.7	..	547.3	424.4	626.1		274.6
1956	655.6	..	568.7	449.3	651.7		294.0
1957	667.1	..	593.8	466.0	710.4		304.5
1958	672.4	..	610.9	478.4	752.5		308.9
1959	659.7	..	603.5	479.9	757.8		297.1
1960	665.0	..	604.1	485.6	769.8		291.9
1961	685.9	..	611.5	501.4	789.4		296.2
1962	714.1	..	639.0	510.0	783.4		302.4
1963	741.0	..	661.6	518.6	780.4		281.7
1964	748.4	..	675.6	532.5	774.4		287.9
1965	778.7	..	696.4	558.3	806.7		289.7

SOURCE:

1855–1938: (1) and (2): Indices of costs of labour and materials compiled by Maywald [208], pp. 192–3.

(3): Table 39, column (5) ÷ Table 40, column (5).

(4), (5) and (6): 1855–1920: Indices of costs of labour and materials described in Chapter 9.0, pp. 188 and 190.

1920–38: (4): Table 39, column (3) ÷ Table 40, column (3).

(5): Maywald [209], p. 50.

(6): Feinstein [162], p. 150.

(7): 1900–20: Table 24, row (7) ÷ Table 25, row (7).

1920–38: Feinstein [162], pp. 158–9. (NOTE: This is a current weighted average of the indices used in [162] for goods vehicles, buses and taxis and passenger cars.)

1938–48: Blue Book [75], 1957, Tables 48 and 49 for 1938 relative to 1948; and Redfern [235], p. 171, for interpolation for 1939–47.

1948–65: Blue Book [75], 1968, Tables 56 and 57, and 1963, Tables 54, 55 and 59.

NOTES:

[a] From 1948 column (1) covers only dwellings.
[b] From 1949 includes aircraft; the combined index for railway rolling stock, ships and aircraft for 1948 (1913 = 100) is 431.2.

TABLE 64 PRICE INDICES FOR EXPORTS AND IMPORTS OF GOODS, AND TERMS OF TRADE, 1870–1965

(1963 = 100)

	Exports of United Kingdom products (1)	Total imports (2)	Re-exports (3)	Terms of trade (1) as % of (2) (4)		Exports of United Kingdom products (1)	Total imports (2)	Re-exports (3)	Terms of trade (1) as % of (2) (4)
1870	122	134	109	91	1919	277	240	192	115
1871	122	127	113	96	1920	358	285	225	126
1872	135	136	118	99	1921	269	190	125	142
1873	140	136	119	103	1922	201	152	116	132
1874	132	133	118	99	1923	190	149	126	128
1875	124	126	112	98	1924	189	155	132	122
1876	114	123	108	93	1925	184	155	115	119
1877	110	126	108	87	1926	174	142	108	123
1878	106	117	103	91	1927	165	136	100	121
1879	99	112	101	88	1928	165	138	101	120
					1929	161	134	95	120
1880	103	118	105	87					
1881	99	116	102	85	1930	154	118	79	131
1882	101	115	100	88	1931	138	96	61	144
1883	97	112	96	87	1932	129	89	54	145
1884	94	106	92	89	1933	128	86	57	149
1885	90	100	87	90	1934	129	89	64	145
1886	86	93	79	92	1935	129	90	61	143
1887	86	92	82	93	1936	132	95	68	139
1888	86	94	80	91	1937	143	109	81	131
1889	87	96	81	91	1938	146	102	70	143
					1939	145	103	70	141
1890	91	95	81	96					
1891	90	95	81	95	1940	177	142	86	125
1892	86	91	77	95	1941	201	164	105	123
1893	86	89	78	97	1942	234	168	113	139
1894	82	84	74	98	1943	250	190	113	132
1895	79	81	72	98	1944	266	192	113	139
1896	79	82	73	96	1945	270	202	137	134
1897	78	81	72	96	1946	286	217	136	132
1898	79	82	73	96	1947	324	263	152	123
1899	82	84	76	98	1948	354	297	..	119
					1949	363	301	..	121
1900	95	90	82	106					
1901	90	87	80	103	1950	385	344	258	112
1902	86	86	79	100	1951	466	455	391	102
1903	86	88	81	98	1952	490	443	333	111
1904	87	88	83	99	1953	480	395	284	122
1905	87	89	85	98	1954	475	395	290	120
1906	92	93	93	99	1955	486	406	..	120
1907	96	97	95	99	1956	503	410	..	123
1908	93	93	89	100	1957	513	414	..	124
1909	89	95	93	94	1958	517	384	..	135
					1959	519	381	..	136
1910	93	101	104	92					
1911	95	98	100	97	1960	527	384	..	137
1912	96	100	101	96	1961	532	380	..	140
1913	100	100	100	100	1962	537	375	..	143
1914	102	101	101	101	1963	546	389	..	140
1915	129	126	121	102	1964	557	400	..	139
1916	168	159	146	106	1965	567	401	..	141
1917	225	206	181	109					
1918	253	224	190	113					

NOTES: The indices in columns (1) to (3) are current weighted (Paasche) unit value indices obtained by dividing values at current prices by fixed weight (Laspeyres) volume indices. Any comparisons between any pair of years not including the base year may thus be affected by changes in weights. The volume indices used are from Imlah [**181**], pp. 96–8 and 206–7, for 1870–1913, and from Board of Trade series [**67**] for 1913–65. See Chapter 6.1, p. 117, for further details and for the actual base years used in each sub-period.

TABLE 65   INDICES OF WAGE RATES, WAGE EARNINGS AND RETAIL PRICES, 1855–1965   (1913 = 100)

	Average weekly wage rates (1)	Average weekly wage earnings (2)	Retail prices (3)		Average weekly wage rates (1)	Average weekly wage earnings (2)	Retail prices (3)
1855	72	59	112	1905	92	90	90
1856	72	59	112	1906	94	92	91
1857	69	57	115	1907	94	97	93
1858	68	56	104	1908	94	95	91
1859	68	57	106	1909	94	95	92
1860	69	58	111	1910	94	95	94
1861	69	58	110	1911	95	96	95
1862	70	58	111	1912	98	99	98
1863	71	60	113	1913	100	100	100
1864	74	60	113	1914	101	101	101
1865	76	62	111	1915	108	117	121
1866	78	66	112	1916	118	133	143
1867	77	66	112	1917	139	170	173
1868	76	64	111	1918	179	211	199
1869	76	64	109	1919	215	241	211
1870	78	66	108	1920	257	278	244
1871	81	69	111	1921	256	260	222
1872	86	76	118	1922	198	209	179
1873	90	83	120	1923	176	193	171
1874	91	81	113	1924	178	196	172
1875	89	80	109	1925	181	198	173
1876	88	79	108	1926	181	193	169
1877	87	78	108	1927	179	197	164
1878	85	75	102	1928	177	194	163
1879	83	73	99	1929	176	195	161
1880	83	73	103	1930	175	193	155
1881	83	73	101	1931	173	189	145
1882	83	76	100	1932	170	185	141
1883	84	76	100	1933	168	184	137
1884	84	76	95	1934	168	186	138
1885	83	74	89	1935	170	189	140
1886	83	73	87	1936	173	194	144
1887	83	74	86	1937	180	199	152
1888	83	76	86	1938	185	207	153
1889	86	81	87	1939	187	..	158
1890	90	84	87	1940	207	269	179
1891	90	84	87	1941	226	294	197
1892	89	84	88	1942	242	331	210
1893	88	84	87	1943	254	364	217
1894	88	84	83	1944	267	370	222
1895	87	84	81	1945	280	368	226
1896	88	84	81	1946	302	383	236
1897	89	85	83	1947	313	412	249
1898	91	88	86	1948	329	449	268
1899	93	90	84	1949	337	468	275
1900	97	95	89	1950	344	490	283
1901	95	94	83	1951	373	538	311
1902	94	92	88	1952	403	582	338
1903	93	92	89	1953	422	617	349
1904	93	90	90	1954	441	657	355
				1955	470	713	371

TABLE 65 (cont.) (1913 = 100)

	Average weekly wage rates (1)	Average weekly wage earnings (2)	Retail prices (3)		Average weekly wage rates (1)	Average weekly wage earnings (2)	Retail prices (3)
1956	507	771	389	1961	606	978	437
1957	533	813	404	1962	628	1,012	455
1958	552	841	416	1963	651	1,055	465
1959	567	864	418	1964	681	1,147	480
1960	581	914	422	1965	711	1,240	503

NOTES:

Column (1): This index measures the average movement in the level of full-time weekly rates of wages. It covers, broadly speaking, the main categories of manual workers, but the coverage is rather limited before 1920. The index does not reflect changes in earnings due to such factors as changes in the composition of the labour force (by sex, age, occupation, wage grade or industry), changes in unemployment or hours actually worked, or changes in the earnings of piece workers and others paid by result which are due to variations in output. For 1855–1914 it is an unweighted average; thereafter constituent industries are weighted according to their wage-bills in the following years: 1914–38:1924; 1938–48:1934; 1948–Jan. 1956:1946; Jan. 1956–1965:1955. The constituent indices are linked together and shown with 1913 = 100.

Column (2): This is a current weighted index of the average movement in actual average weekly earnings for manual workers in the main industries and services. It reflects changes in weekly wage rates as well as in actual hours worked and in the composition of the labour force, and also the effect of variations in output under systems of payment by results.

Column (3): This is a measure of the change in the average level of prices of a representative collection of goods and services. It differs from the indices in Tables 61 and 62 in that it is a Laspeyres or base-weighted index and until 1956 the weights were based on the expenditure of working-class families only and only essential items were covered. The base years for the expenditure weights used are: 1880–1914:1904; 1914–38:1914; 1938–Jan. 1952:geometric mean of 1938 and 1950; Jan. 1952–Jan. 1956:1950 expenditures revalued at Jan. 1952 prices; Jan. 1956–Jan. 1962:1953/4 expenditure revalued at Jan. 1962 prices; Jan. 1962–1965:for each year expenditure in the three years ended in the previous June revalued at the prices ruling in January of the given year. The constituent base-weighted indices are linked at overlapping dates and shown with 1913 = 100.

SOURCES:

Column (1): 1855–1902: Wood [260], pp. 102–3; 1902–14: Bowley [132], p. 6; 1914–20: Bowley [129], p. 106 and L.C.E.S. [273]; 1924–38: E.C. Ramsbottom's index as given in Chapman [146], p. 33; 1938–65, *Ministry of Labour Gazette* [87], e.g. May 1966, p. 268.

Column (2): 1855–60: Wood [260] p. 102; 1860–1924: Bowley [126], p. 459, and [132], p. 30, with interpolation from 1914 to 1920 on the basis of Table 2.1, p. 35, above, and from 1920–4 as for 1924–38; 1920–38: Chapman [146], p. 33, Table 13 (wage-bill divided by number in employment); 1938–65: *Ministry of Labour Gazette* [87], e.g. May 1966, p. 268, adjusted to include workers in agriculture, coal mining, railways and certain other industries not covered by the April and October enquiries – for this adjustment see [87], e.g. December 1957, p. 427, and also L.C.E.S. [273], N.S. 13, March 1955, p. xiv.

Column (3): 1855–1914: Bowley [132], pp. 121–2; 1914–36: 22nd *Abstract of Labour Statistics* [1], pp. 122–5, with adjustment for the difference between July 1914 and average 1914; 1936–Jan. 1952: L.C.E.S. [273] N.S. 13, March 1955, p. xiv; Jan. 1952–65: *Ministry of Labour Gazette* [87], e.g. May 1966, p. 272.